上图 / 1947年，陈敬熊的大同大学毕业照

下图 / 1950年，陈敬熊的交通大学毕业照

上图 / 1957年，陈敬熊（前排左四）在北京大学讲课后与学员合影
下图 / 1961年，陈敬熊（前排中）与同事在京郊合影

上图 / 1963年，陈敬熊被授予少校军衔后留影

下图 / 1978年，陈敬熊（前排右三）与同事在中国历史博物馆前合影

上图 / 1980年，陈敬熊在加拿大魁北克参加第十届“天线与传播”国际年会
下图 / 1983年，陈敬熊在美国休斯敦参加第十三届“天线与电磁理论”国际年会

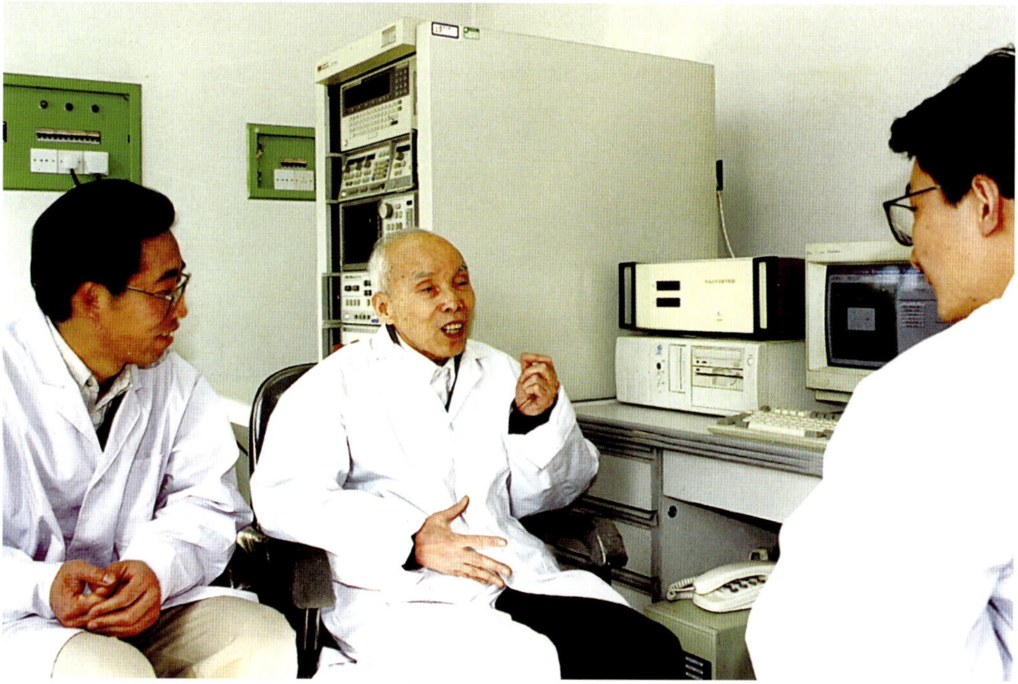

上图 / 陈敬熊在实验室

下图 / 陈敬熊与青年科技工作者讨论天线测试问题

上图 / 1991年，陈敬熊（前排右一）参加国防计量测试技术“八五”发展计划项目技术方案论证评审会时与代表们合影

下图 / 1991年，陈敬熊（二排右十六）参加国家自然科学基金委信息学部第六次基金评审会时与代表们合影

上图 / 1998年，陈敬熊与常菊芳在湖南参观毛泽东同志故居

下图 / 2000年11月，陈敬熊为宁波镇海院士风采馆题词

上图 / 2013年，陈敬熊与二院院长宋欣（中）、院长助理程臻（右）亲切交谈

下图 / 陈敬熊（二排右一）90寿辰之际，与23所所领导、老同事及学生合影

陈敬熊院士传记

Academician Chen Jingxiong's Biography

《中国航天院士传记丛书》总编委会 组织编写

张姚俊 苏恩惠 吕成冬 著

中国宇航出版社
·北京·

图书在版编目(CIP)数据

陈敬熊院士传记 / 张姚俊，苏恩惠，吕成冬著；《中国航天院士传记丛书》总编委会组织编写. --北京：中国宇航出版社，2015.12

(中国航天院士传记丛书)

ISBN 978-7-5159-0939-4

Ⅰ. ①陈… Ⅱ. ①张… ②苏… ③吕… ④中… Ⅲ. ①陈敬熊－传记 Ⅳ. ①K826.16－53

中国版本图书馆 CIP 数据核字(2015)第 116170 号

责任编辑　牟宁宁
责任校对　裴燕娜　　装帧设计　文道思

出版发行　中国宇航出版社

社　址　北京市阜成路 8 号　邮　编　100830
(010)60286808　(010)68768548

网　址　www.caphbook.com

经　销　新华书店

发行部　(010)60286888　(010)68371900
(010)60286887　(010)60286804(传真)

零售店　读者服务部
(010)68371105

承　印　三河市君旺印务有限公司

版　次　2015 年 12 月第 1 版
2015 年 12 月第 1 次印刷

规　格　787×960

开　本　1/16

印　张　19.75　彩　插　8 面

字　数　258 千字

书　号　ISBN 978-7-5159-0939-4

定　价　68.00 元

《中国航天院士传记丛书》
总编委会名单

《陈敬熊院士传记》编审委员会名单

编审委员会

主　任　马　杰

副主任　李　陟

委　员　吕大波　严　华　严荣祥　张向群　唐应伟
罗　霄　盛　利　李　芸　金立亮　文树梁
吴国庆　鲁耀兵　张世溪　韩志平　刘　珂
路海东　曹建中　申屠燕冬　夏　溧

编审委员会办公室

主　任　侯萍梅

副主任　邸　帅　韩　宁

成　员　李　嵚　余国辉　张福祥　李卫民　沙元昌
纪军丽　马丽丽　安　洁　吕慧英　刘方方
幸小雷　王　昕

序　一
Preface I

中国航天事业自 1956 年创建以来，已经走过 50 多年的发展历程。在党中央、国务院、中央军委的亲切关怀和英明领导下，中国航天人团结一心、顽强拼搏、勇于创新、无私奉献，不仅取得了以“两弹一星”、载人航天工程和月球探测工程为代表的辉煌成就，孕育形成了航天传统精神、“两弹一星”精神和载人航天精神，也造就了一支技术精湛、作风优良的航天人才队伍。

航天系统的中国科学院院士和中国工程院院士就是这支队伍的杰出代表。中国航天科技集团公司和中国航天科工集团公司先后有 50 多位科学家和航天工程专家当选为两院院士。其中，有 7 位院士获得过“两弹一星”功勋奖章，2 位院士获得过国家最高科学技术奖。他们不仅是航天成就的主要创造者，也是航天精神的重要孕育者和忠实践行者。

中国航天事业是在新中国成立不久，工业实力、科技实力、综合国力都很薄弱，帝国主义严密封锁，苏联撕毁协定、撤走专家的情况下发展起来的。以航天院士为代表的中国航天人，自力更生，艰苦奋斗，奋发图强，顽强拼搏，在一穷二白的基础上，独立自主地创建起了中国的航天事业。

航天型号研制是复杂的系统工程，涉及很多领域，需要众人参与，必须大力协同、集智攻关才能完成。以航天院士为代表的中国航天人，在航天工程研制实践中，齐心协力，密切配合，实现了一次又一次技术突破，铸造了一项又一项辉煌成就。他们为祖国的航天事业作出了巨大贡献，却淡泊名利，不计得失，将个人利益置之度外。

航天事业属于尖端技术领域，难度大、风险高、技术复杂，在发展历程中碰到过很多难题，经历过各种坎坷，甚至遭受过重大失利。以航天院士为代表的中国航天人，在困难和失败面前不动摇、不退缩，树立百折不挠、锲而不舍、脚踏实地、严谨务实的工作作风，不断攻坚克难、勇攀高峰，取得了一个又一个胜利，树立了一座又一座丰碑。

今天，在由航天大国向航天强国迈进的征程中，航天院士的科学思想、创新意识、坚定信念和爱国情怀是全体航天人宝贵的精神财富。中国航天科技集团公司和中国航天科工集团公司决定出版《中国航天院士传记丛书》，不仅是为了宣传航天院士的科研成就，总结航天院士的成长规律，更是为了传承航天院士的宝贵精神，使之生生不息、薪火相传，为“续航天梦、筑强军梦、圆中国梦”的伟大实践提供精神动力和思想源泉。

许达哲

2014 年 1 月

序　二

Preface Ⅱ

中国航天事业创建半个多世纪以来，培养和塑造了一大批功勋卓著、德高望重的中国科学院院士和中国工程院院士。他们具有坚定的理想信念和强烈的爱国情怀，理论功底深厚，技术水平高超，善于引领科学发展和技术创新，在中国航天事业发展的关键时期发挥了重要作用，为中国航天事业取得辉煌成就、孕育航天精神作出了突出贡献。

为了全面、系统地总结航天院士的成长规律，把航天院士的科学思想和创新方法记录下来、传承下去，为中国航天事业积累精神财富，为航天强国建设提供有益借鉴，中国航天科技集团公司和中国航天科工集团公司研究决定，组织编写一套《中国航天院士传记丛书》（以下简称《丛书》）。

党的十八大描绘了坚持中国特色社会主义道路、全面建成小康社会、实现中华民族伟大复兴的宏伟蓝图，同时也为加强国防和军队现代化建设、推进我国由航天大国向航天强国迈进指明了方向。在中国航天事业“续航天梦、筑强军梦、圆中国梦”的新形势下，出版这套《丛书》，具有重大的现实意义和深远的历史意义。

记载航天历史。航天院士是中国航天事业的宝贵财富，他们的成长历程反映了航天事业的发展轨迹。这套《丛书》不仅是航天院士个人的传记，也从不同侧面记载了中国航天从技术到管理、从思想到精神的真实历史。

弘扬航天文化。宣传航天院士，就是站在科学的高度，向社会各界全面宣传航天事业，弘扬航天文化，使其成为中华民族文化宝库的重要组成部分，增强中华民族的自信心、自豪感和凝聚力，提升国家的软实力。

传承航天精神。航天精神是包括航天院士在内的几代航天人，在中国航天事业发展历程中，不断积累、提炼、传承而逐渐形成的，是民族精神、时代精神与航天实践相结合的产物，是中国航天事业之魂。《丛书》全面反映了航天院士的学术成就、科学作风和思想品格，有助于航天精神薪火相传。

培育航天人才。中国航天事业已经完成了新老交替，一代航天新人正在茁壮成长。《丛书》是泽被后世的人才工程，对于培育航天人才、发展航天事业、铸造新的辉煌将产生积极的促进作用。

总之，《丛书》是一套具有航天特色的爱国主义教材，是不可多得的精神食粮。相信这套《丛书》的出版发行，必将吸引更多的年轻人热爱航天、投身航天、奉献航天，以饱满的热情和昂扬的斗志再攀高峰，使中国航天事业后继有人，蓬勃发展，续写辉煌。

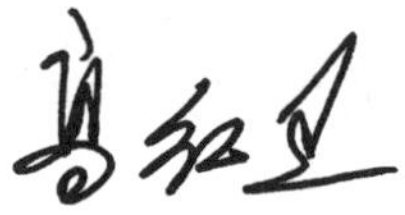

2014 年 1 月

目　录
Contents

第一章 甬江沪上路渐宽

从镇海乡下到宁波城里，再举家迁往大上海，少年陈敬熊的求学之路既鲜花盛开，亦不乏荆棘。凭借强烈的求知欲，勤学好问的他，在知识的海洋里尽情遨游。

尽管在北京住了60多年，怎么说也算得上是“老北京”了，但陈敬熊的谈吐中依然充盈着宁波韵味。家中订阅着《宁波日报》，餐桌上偏爱的是海鲜美味，亲朋故旧多在上海。岁月的打磨不曾遮蔽南方人特有的精明眼神，他与来自同一故乡的老伴儿“阿拉侬伊”的亲密私语间，宛如又回到东海之滨、杭州湾畔那一片充满勃勃生机的热土。这块中国近代工商业的发祥地就是陈敬熊出生、成长的地方，也是他求学深造、完成知识储备、形成世界观和人生观、迈出人生坚实步伐的起点。

1. 经商传家，抑或读书自立

1921年，推翻千年帝制的中华民国进入第十个年头，国内政局却迟迟未能稳定下来。在北方，军阀混战不已，“城头变幻大王旗”；在广东，革命力量不断集结，新的国民革命风暴正在酝酿中。相比之下，中国最富庶的江浙沿海一带还算安宁。

10月16日，陈敬熊出生在被喻为“浙东门户”的宁波。他家所在的村落名叫压赛堰，属于镇海县西管乡五都二图。压赛堰村如今尚在，但已融入宁波市区，由江北区甬江街道管辖。

宁波因“襟山带海，地狭民稠”，单凭耕织农业，百姓难求富足生活。早在明末清初，经商在当地已渐成气候，故有“乡人耕读外，多出而营什一之利”

之说。在乐于冒险的宁波人眼中，“航海梯山，视若户庭”，依靠便利的海运水道从事商业，是大自然赋予他们的更好的谋生之道。宁波商帮遂成为一支活跃在商界的新生力量。

鸦片战争后，甬沪两地开埠，工商业日臻鼎盛，宁波商帮凭借难得的商机脱颖而出，成功实现近代转型，而传统的徽商、晋商反倒衰败下去。民国年间，宁波商帮的行商坐贾遍及海内外，在进出口贸易、金融业和民族工业等新式工商业方面经营得风生水起，被时人视为“商界翘楚”。

宁波商帮尽管表面声名显赫，在中国近现代史上出尽风头，但是商海无常、竞争惨烈，加上政局动荡、外患不止，荣辱沉浮、悲欢离合的个体故事每天都有发生，内中的酸甜苦辣只有置身其中的当事者方能真切体会。

陈敬熊家族就是宁波商帮中的普通一员。他的祖父陈仰辉是一位从事纸业贸易的商贾，在小敬熊出生之前已经去世。后来从父母口中，小敬熊才知晓这又是一个充满悲剧色彩的商界故事。祖父的生意原本经营得法，家道殷实，在乡下还有三十多亩田地。可后来不知是何缘故突然大额亏蚀，陈仰辉因此抑郁成疾，不幸英年早逝。

陈敬熊的祖父陈仰辉娶有两房太太。大太太接连生了五个女儿，直到第二房太太进门，才生下一个男孩。祖父为这个家中唯一的男孩起名叫陈葆珊，字永年。他就是陈敬熊的父亲。陈仰辉去世后，陈葆珊早早地接过了家庭的重担，继承父业，在宁波协成昌纸行悉心打理生意，兢兢业业，勉力重振，生意逐渐起死回生，家境重新好转。

幼年的陈敬熊生活在一个温暖的大家庭中。母亲刘金英是一位传统的家庭妇女，勤俭持家，尽心哺育六个子女。敬熊排行老二，大哥陈敬亚，三弟陈敬鹏，四弟陈敬蛟，大妹陈佐华，小妹陈佐夏，他们兄妹的名字里包含着手足之间“互敬互佐”之意。大哥敬亚有长兄风范，对敬熊多方呵护。敬熊个子虽小，个性却很倔强。他平日里要是与同村小伙伴扭打起来，多半是大哥出来帮忙“摆平”。

陈家的祖屋，楼上楼下宽大敞亮，堂屋里还摆放了一张沙发，那可是在城里才有的稀罕物。这“洋玩意”看起来与祖屋里的其他家具格格不入，但很受陈敬熊兄妹的喜爱。他们在其间嬉笑打闹，屋里时而欢声笑语，时而传出孩童间的争执啼哭和母亲的呵斥与抚慰。

压赛堰村依水傍河，童年时代的陈敬熊自然少不了下河洗澡和摸鱼捉虾之乐。不过，最令敬熊兴奋的还是父亲每趟从城里回家之时。陈葆珊常年在宁波城里为生意忙碌，一般十天半月才返家一次。每次回家前，他总会在城里买上一大堆各种各样的

陈敬熊（右一）、常菊芳（左一）
夫妇返乡探亲时在祖屋前留影

糕点零食。家中子女众多，小孩子们最爱的糖果蜜饯之类自然是少不了的。若是遇到年节，陈葆珊捎回家的东西就更多了，需得雇佣挑夫随行。陈敬熊记得过年时，父亲肯定会买一只美味的大鹅回来！

儿时的生活无忧无虑，童年的味道令人回味，渐渐长大的敬熊逐渐地感知到，家中境况也在发生着变化。由于宁波的纸业商户逐年增多，同行竞争愈发激烈，父亲的生意变得难做起来，所获利润十分微薄。敬熊 12 岁那年，也就是 1933 年，父亲最终决定放弃在宁波经营多年的买卖，离开家乡，前往上海谋生。

“到上海去”，是宁波人养家糊口、谋求发展的惯常路径。鸦片战争后开埠通商，使得上海发展为中外商贸、金融机构的聚集地，崛起为中国最繁华的商业城市与对外贸易中心。宁波与上海，仅一水之隔，民国初年又开通了沪杭甬铁路，两地间有着天然的地利之便，历年赴沪经商谋生者络绎不绝。有数据显示，到 20 世纪 30 年代，在沪的宁波人已达 100 万，占当时全市人口的五分之一。另据 1936 年编印的《上海工商人名录》统计，在 1836 位沪上工商界名人之中，宁波籍商贾有 453 人，占了近四分之一。

陈葆珊此番上海之行，是接受同乡兼挚友李康年的邀请，到中国国货公司任职。

上海自开埠以后，洋货乘虚而入，大有泛滥之势。有感于外商倾轧，中国民族工业举步维艰，上海的群众性“国货运动”不断涌现，高潮迭起，李康年就是上海国货运动的标志性人物。李康年是宁波鄞县人，早年在宁波城也曾从事过纸业，15岁即入宁波乾大昌纸号当学徒，满师后当上了账房，在当地纸商同业中小有名气。1925年，他来到上海，谋求更好的发展机遇。1929年，他加盟宁波同乡、爱国实业家方液仙开办的中国化学工业社，出任总务科长。

1931年“九一八”事变爆发，举国上下再掀抵制日货、倡用国货的高潮。次年9月初，李康年向方液仙建议联合其他华资厂商，在“九一八”事变周年纪念日当天举办国货展销会，借以宣传抗日爱国思想，进一步抵制日货。这一提议立刻被方液仙采纳。

1932年9月18日当天，中国化学工业社与美亚织绸厂、五和织造厂、华生电器厂、鸿兴布厂、华昌钢精厂、中华珐琅厂、亚浦灯泡厂、华福帽厂等9家民族资本企业，借用南京路（今南京东路）绮华公司开办9厂国货临时联合商场。一时间，上海市民竞相购买，营业鼎盛。见百姓对国货的热情如此高涨，李康年又想出一个好主意，建立专门销售国货的百货公司，与舶来品相抗衡。方液仙与李康年一拍即合，还动员中华职业教育社的负责人潘仰尧等共同筹资组建中国国货公司。

1933年2月9日，中国国货公司在南京路慈淑大楼（今南京东路353号）开门迎客。方液仙任总经理，李康年任经理。公司的巨幅招牌是李康年手书的。国货公司创立之初，各方面都需要人手，尤其是财务管理涉及企业的长远发展，来不得半点马虎。这时，李康年想到了陈葆珊。陈葆珊在商界驰骋多年，是财务方面的行家里手，为人又很正直厚道，是国货公司财务负责人的不二人选。于是，李康年向方液仙力荐自己的这位好友。

方液仙祖籍镇海，镇海方氏家族在当地是名门望族，世代经商。因此，方液仙与陈葆珊也算是乡党。方液仙在听了李康年的介绍后，对陈葆珊也颇为满意，同意了这一任命。很快，陈葆珊收到了李康年的来信，邀他赴沪履职。陈葆珊接信后，再三权衡，最终决定放弃在宁波惨淡的生意，回函表示应允。然而，上海毕竟是五方杂处之地，鱼龙混杂，初闯上海滩，拖家带口甚是不便。于是，陈葆珊把家里的一切安顿妥当，恋恋不舍地告别了妻儿，只身来到浦江之畔。

李康年果然慧眼识珠，陈葆珊工作勤勉，待人谦逊，深得公司管理层的肯定与赞扬。伴随着中国国货公司的日渐发展壮大，陈葆珊也得到了施展才干的良机，逐步升迁，担任出纳主任。1937 年，方液仙又联合吴鼎昌等人创办了中国国货联营公司，先后在南京、宁波、汉口等各大城市设立分支机构，对扶持民族工业、抵制洋货发挥了积极作用。方液仙被时人誉为“国货大王”。从这个意义上讲，陈葆珊算是“国货大王”的账房先生。他一直为公司勤勤恳恳服务近 20 年，直到 1953 年中国国货公司歇业。

陈葆珊毕生在商界闯荡，谈不上大富大贵，但也算是小康富足，在那个战乱连年的年代已属不易。有一事令他感到特别遗憾，那就是平生读书不多。由于过早挑起家庭重担，陈葆珊仅仅读了数年私塾，虽说在传统教育模式的熏陶下，练就了一手工整的好字，还能熟练运用算盘记账，但在十里洋场的上海，西方新兴的科学技术催生了太多的新事物、新行当、新商机，对于没有接受过新式教育、已到壮年的陈葆珊来说，属于他的机会并不多。然而，对于陈敬熊兄妹来说，因为父亲工作的关系，迁居大上海，却是他们人生的一大转折。

在宁波，乡人素来“崇商”，对于子女的教育问题，却并不十分尽心。民国时期的《鄞县通志》是这样描述当地的教育风气的：“本邑为通商大埠，习与性成，兼之生计日绌，故高小毕业者，父兄即命之学贾。而肄业中学者，其志亦在通晓英、算，为异日得商界优越之位置，往往有毕业中学不逾时即改为商。即大学毕业或自欧美留学而归者，一遇有商业高等地位，亦尽弃其学而为之。”

在许多宁波人看来，对后代的教育目标就是简单的“学以致商”，甚至为了尽早挣钱，不惜让子女“辍学经商”。但在上海，教育的氛围却完全不一样。基础教育体系完备不说，各类国立、私立以及外国教会所办的高等学府也很多。职场上身居高位的基本都是受过良好教育的精英人才，即便是蓝领工人，大多也通过补习学校提高自己的文化水平。因此，上海的教育风气之浓、教育水平之高，在国内领先。

陈葆珊到上海后，耳濡目染社会上注重教育的风气，眼界为之豁然开朗。在路上行走，遇到背着书包上学去的孩童，陈葆珊有时亦会忍不住多看几眼，此刻他想的是，自己未能实现的读书梦或许可以寄托在孩子们身上。然而，六个孩子都在乡下，根本没有接受良好教育的机会，只有把他们都接到上海来，日后才有出人头地的可能。

作为国际大都市，此时上海的房价已属昂贵，特别是抗战爆发后，租界因其特殊的政治背景，安全得以暂时的保障，所以租界里的住宅更是变得一屋难求，没有较强的经济实力根本租不到像样的住房。陈葆珊一家老小全赖他一个人的薪水供养，还要在寸土寸金的租界内添置住房，其开销不可谓不大。但陈葆珊还是顶住了生活的重压，于 1938 年夏天，把妻儿全部接到了上海。上海的居住条件虽不比宁波乡下宽敞，却令陈敬熊他们能在动荡年代里拥有了一个较为安稳的教育环境。以陈敬熊的话来说：“乡下的话很难有出息，一到上海我们全‘活’了。”

陈葆珊为人正直，习惯于安分守己，做好本职工作，与生意人惯常的世故圆滑、八面玲珑大相径庭。看多了生意中的尔虞我诈、商人们的利欲熏心；看腻了商人群体命运沉浮、财富聚散的反复无常，陈葆珊对商界的是是非非多有微词。因此，他期望儿女们长大后远离经商的行当，莫要涉足商界，以免重蹈覆辙。

陈葆珊对儿女的教育基本上是自由宽松式的，少有约束，多半是通过自身的言行，以无声的力量传递着关爱和期盼。在小敬熊眼中，父亲平日早出晚归、忙于生计，在家的时间较少，话语也不多，但只要有机会，父亲就反复教导他们：“好好读书，掌握本领，将来靠自己的本事吃饭。”起初，小敬熊对这句话并不以为然，但随着年龄的增长，他越来越感到此话背后的深邃含义。父亲的这句话经常回响在陈敬熊的耳边，激励了他一辈子。

2．"谁说乡下孩子不如城里小孩"

压赛堰村的競时私塾坐落于压赛河南岸的一座白墙黛瓦、古朴高大的房屋里。民国年间，科举制度早已不复存在，但在宁波乡下遍布的大多还是此类科举时代留下来的传统私塾。競时私塾有三个开间，中间大厅是教室，用木质门窗与大厅隔开的两侧是教书先生们的备课处和休息室。上课时，先生和学童在大厅内诵读古文、操练算盘；下课后，先生就到休息室喝茶、看书、闲聊，而小学童们则到堂前的空地上嬉戏，或去堂后的压赛河边尽情地戏水。

陈家就在競时私塾的斜对岸，过压赛桥，二百米左右的距离。每天从这里传出的琅琅读书声，经常吸引着奔跑玩耍的小敬熊驻足倾听。1928 年，也就是小敬熊 7 岁那年，带着隐隐约约的好奇心，他被母亲送入競时私塾念书，从此开始了曲折而漫长的求学之路。

从晚清到民国初年，在"西学东渐"的冲击下，中国教育经历了一段由传统向现代转型的阵痛过程。期间，新旧学堂并立、中西教育体系杂陈、学制屡次调整，加之政局动荡、区域发展失衡等因素的叠加效应，旧时国人文盲率相当高，总的人均受教育年限非常低。在这一大背景下，陈敬熊能从基础教育出发直至完成高等教育，为以后的学术人生奠定知识基础，可以说是时代的"幸运儿"，这当然得益于其相对富裕的家庭条件的支持，同时也离不开他坚持不懈的奋发努力和对科学知识的热切追求。

入学伊始，首先迎接小敬熊的是庄严的拜师仪式。孔圣人的画像悬挂案头，案几上摆放香炉贡品，私塾先生们端坐案几两侧。在香烟袅袅中，数位童子按照指点排队而入，朝着孔圣人和私塾先生们依次行跪拜之礼。小敬熊"依葫芦画瓢"，学着样子也拜过了先生。"一日为师，终身为父"，尊师重道本是一项美德，然而尊崇到极致又会产生信仰绝对权威、抑制求索创新的副作用，这也是传统儒学教育无法适应知识快速更新的重要原因。不过，对于喜欢探索新知、性格上又有些“较真”的小敬熊来说，这样具有浓郁象征意义的仪式并没有起到多少束缚作用。

“人之初，性本善……”，这是陈敬熊在私塾学的人生第一课。私塾先生教授的是传统的国学经典，遵循的则是填鸭式的教育方法，入学学生首先从背诵《三字经》《弟子规》《百家姓》开始，此后四书五经等儒家经典、唐诗宋词等中国古典文学精粹，被源源不断地灌输到学生头脑中。对于这些古文诗词，幼年的敬熊听得似懂非懂，谈不上有多大兴趣，只是仗着记性好，全盘背诵下来。不过，私塾启蒙有着潜移默化的作用，他十分喜欢李白的诗歌和韩愈的散文，熟稔唐朝名将薛仁贵的故事，对古诗词和中国历史的爱好伴随了他一生。繁忙工作之余，读一读古诗和散文，对他来说，是一剂消除疲劳、修身养性的“营养剂”。

私塾里也零星教一点算术知识，虽不是教学的重点，这却是敬熊最喜欢的课，学起来如鱼得水，轻轻松松。也许是受到做生意的父亲的影响，敬熊从小本能地对数字和计算有兴趣。他觉得算术在日常生活中非常有用，购物、做买卖都离不开计算；算盘珠子更是神奇，每当父亲拨弄算盘珠子时，他总是在一旁看得入神，“噼里啪啦”的响声好似一曲美妙旋律，让小敬熊陶醉其中。不过，总体而言，私塾教授的内容太浅了，远远无法满足他对新知识的渴求。

1935 年，陈敬熊在私塾里已接受了 7 年的小学教育。在乡下，对于许多经济条件一般的家庭来说，孩子能识字、会算账，已经可以送到商号去当学徒了，也能为家中减轻负担。但陈家却不一样，作为一家之主，陈葆珊已在上海发展两年有余，事业基本稳定下来，也有能力为子女们提供更好的读书条件。大哥陈敬亚早在宁波城里读书，切身感受到城里教育质量要好于乡下，极力主张二弟也到城里来读书。

按照敬熊的受教育年限，小学读了 7 年，应该能升初中了。但是，乡下的私塾教育相对城里落后，主要是偏重语文教育，对数学和自然科学等新知识缺乏相应的教学力量，与城里的初中教育无法完全接轨。为此，敬熊需要在宁波补上高小的课程。

略带着乡下人进城时的羞怯和不安，敬熊被大哥送到宁波的考场，接受人生首次重要的入学考试，且顺利通过。这令父母和大哥喜出望外，大家原本有些担忧乡下的教育跟不上，但是敬熊的聪颖和勤奋弥补了客观环境的不足。“谁说乡下孩子不如城里小孩”。陈敬熊第一次有了自信，忐忑不安的心终于放下了。

凭借着优异的成绩，陈敬熊直接就读宁波市立四眼碶小学的二年级。四眼碶小学（该校创建于

1913 年 2 月，原名鄞县第二高等小学校，1929 年 8 月更名为宁波市立四眼碶小学，1949 年 9 月改名为宁波市立江东中心小学，1956 年 2 月复名为宁波市四眼碶小学，1985 年 9 月增挂“宁波市江东区实验小学”的校牌）是当时宁波城里数得上的新式学校，距压赛堰村约 4.5 千米。为了更好地接受正规化教育，年纪尚小的陈敬熊第一次独立生活，住宿在学校里，每两周才回家一次。

新学校的教师们大多受过西式教育，上课时尽心尽力，讲得颇为生动，给陈敬熊留下了很好的印象。陈敬熊全力以赴学好各门功课，学习态度非常认真。在第一学期期末考试中，他的总成绩名列全班第一。看到这张优异的成绩单，陈敬熊有些沾沾自喜，自满情绪不自觉膨胀起来，学习也放松了。结果到了第二学期，考试分数大幅下降，期末总成绩仅仅排名第六。童年的这一小小挫折，让陈敬熊一直记忆犹新，成绩的跌落使他第一次懂得了“胜不骄，败不馁”的道理，让他意识到躺在以前的荣誉上面止步不前，只会导致失败的结果。

一年后，陈敬熊顺利完成高小阶段的教育，在选择就读哪所中学时，他听从了大哥的意见，报考正始中学。因为陈敬亚在这所学校就读，他认为该校教学质量不错，离家很近，况且哥俩在同一所学校也可以相互照应。1936 年，陈敬熊以优异的成绩，考入正始中学。

鄞县私立正始初级中学（今宁波市鄞州区正始中学）是当地历史最悠久的一所农村普通中学，创始于 1931 年，前身为宁波（鄞县）高级工科中学（今浙江工业大学前身之一）附设初中，1934 年开始独立办学。正始中学采用正规的课程体系，开设有国文、英语、算学、劳作、公民、动物、历史、地理、卫生、图画、音乐、植物、童子军共 13 门课。正始中学以教学严、质量高而闻名宁波，该校毕业生成绩连续多年在全省毕业会考中名列前茅。

正始中学位于宁波江北泗洲塘，距陈敬熊家约 5 千米路程，陈敬熊进入初中后，每天步行一个小时去上学。学习方面，数学是陈敬熊的优势项目，而对于其他科目，他的原则是“只要过得去就行”，因此他的成绩总体说来算是优良。陈敬熊初一年级第一学期的总平均分数为 79.31 分，第二学期的总平均分数为 80.46 分。

1937 年 7 月 7 日，北平卢沟桥畔响起隆隆枪炮声，抗日战争全面打响。陈敬熊原本平静的校园生活就此画上休止符。继攻陷平津之后，日本侵略军进一步将战火引向上海。8 月 13 日，历时三个多月的淞沪抗战爆发，邻近的宁波也未能幸免。9 月 20 日，日舰首次来犯镇海沿岸，炮击岸上的威远、宏远炮台。此后，日机不时轰炸宁波市区，城内到处是残垣断壁，平民伤亡无数。面对突如其来的战事，刚刚读了一年初中的陈敬熊和同学们被迫放下课本，停学在家。此时陈葆珊也从炮火连天的上海赶回宁波，由于镇海县地处宁波东部沿海，地势平坦，无险可守，又面临来自海上日本舰队炮击的威胁，出于生存考虑，乡亲们多半出逃外地，陈葆珊则携全家躲入附近慈溪山中临时避难。

3. 沪上求学，萌生爱国情怀

1937 年 11 月 12 日，淞沪会战失败，上海华界和公共租界的北部地区（今虹口、杨浦两区的一部分）尽数为日军侵占，数十万国民政府军队的撤退演变为溃逃，以致南京于 12 月 13 日沦陷，苏南和浙北一带也全部失陷。此时，上海法租界和公共租界苏州河以南区域因得到英、法、美等国家的庇护，宣布中立，成了处于日军团团包围中的一座“孤岛”，苏浙一带的难民纷纷涌入上海租界。1938 年 5 月，江南的战事稍稍缓和，陈葆珊重新返回上海，继续在中国国货公司任职，帮助李康年在乱世中维系生意。这次，全家老小也跟着陈葆珊来到上海，一家人住在公共租界慕尔鸣路（今茂名北路）235 弄 16 号内。那是一栋狭小的新式里弄房子，即俗称的“石库门”住宅，居住空间比乡下一下子小了许多。陈葆珊一人要供养六个孩子，薪水显得捉襟见肘，但陈敬熊母亲善于精打细算，勤俭持家，也能勉强维持生活和孩子们的学习开支。在畸形繁荣的“孤岛”内，陈敬熊幸运地获得了相对稳定而正常的学习和生活条件。

进入上海租界后，陈敬熊一家的生活暂时安定下来。经过将近一年颠沛流离的逃难生活，陈敬熊重又捧起久违的书本。远在宁波的正始中学无法继续就读了，于是他转入开设于公共租界的宁波效实中学上海分校就读。

上海沦陷后，沪上的学校除去整体或部分西迁外，留下的大多迁入了租界。江南地区的一些学校，如扬州中学、常州中学、苏州中学、南通中学等，也为躲避战乱而搬进上海租界。租界“孤岛”的弹丸之地由此集中了各类学校334所。陈敬熊就读的效实中学就是从宁波迁入公共租界的。

1938年，日机轰炸宁波，效实中学部分师生逃难来沪，校长冯度在宁波籍工商业者支持下，开办了效实上海分校。1941年12月，该校改名为储能中学。效实—储能的校名出自严复翻译的《天演论》中的“物竞天择，效实储能”。从校名就能得知办学者爱国主义的办学理念——要为在激烈的国力竞争中已大大落后的中国奋起直追而学习西方实用之学，储备能量，夯实基础。

效实—储能中学是一所具有光荣革命传统的学校，在抗战和新民主主义革命时期，始终以“民主运动堡垒，爱国之士的摇篮”而闻名沪上。陈敬熊在效实中学读书时，正值该校迁入上海的最初两年。当时，学校老师和同学们刚从宁波迁至公共租界，许多师生亲睹日本侵略者对其家园的猖狂轰炸和对我同胞的杀戮，对敌人充满了民族的义愤和刻骨的仇恨。但是，公共租界也是在日军的强大压力下苟且偷生，师生们不得不在校园里偷偷进行抗日宣传活动。入学伊始，陈敬熊也加入到这场隐蔽的抗日宣传潮流中。

“今宵离别后，何日君再来……”每日早课前，效实中学各个班级里传出这首深情款款的歌曲。《何日君再来》本是风行在上海滩的一首探戈舞曲，由作曲家刘雪庵创作，经填词后的歌曲本来作为情歌广为流传，言说男女之间的依依惜别之情。

起先，陈敬熊不太明白为什么一首成年人的舞曲在学校传唱开来，所以最初只是被动地跟着学唱。后来，随着歌曲天天传唱，他渐渐地听出了歌声里如泣如诉的味道，领会了在当时的社会背景下，师生们其实是想通过这首歌曲传递出对国破家散的深切痛心和对退往内地的抗日力量重新回归上海的热切期盼。一首缠缠绵绵的《何时君再来》就这样成为师生们隐晦表达爱国情怀的特殊载体。受这一情绪的感染，陈敬熊也坚定地加入到这一行列，与同学们一起放声高歌，抒发爱国主义情怀，传递抗战必胜的坚定信念。

传唱《何日君再来》的活动日盛一日，抗日爱国的思潮在校园里四处激荡，声势浩大起来，师生们对日本侵略者的声讨由隐蔽转向了公开，他们书写反日的标语和文章，表达心中强烈的愤懑。

中华民族遭遇如此国难，民族义愤积压心头，不甘心当亡国奴的陈敬熊也拿起笔来，在作文中写下了讨伐日本帝国主义的文章，言辞犀利，他痛斥日本侵略者想吞并中国是痴心妄想：“想进入中国，去你的吧！要占领中国，比登月还难！”

然而，这股师生自发的反日宣传浪潮最后惊动了校长。租界当局因屈服于日军的淫威，禁止“孤岛”内的一切反日宣传。由此，临危受命的校长为了维持学校的生存，同时出于保护师生安全的考虑，下令禁止在校内传唱《何日君再来》，不允许学生再写反日的宣传文章。校方的强硬表态使得师生们不得不暂停了爱国活动，但是他们对日本侵略行径的痛恨从来没有停止过。他们始终关切着抗日时局的变化，期盼着最后胜利的到来。

效实中学上海分校的课程设置与正始中学基本相同，除国文、英语、算学、动物、历史、地理、植物学等，又增加了物理、化学等科目。在校期间，陈敬熊的学习成绩一贯名列前茅，初二年级平均分为 89.85 分，初三年级平均分为 85.4 分，初中毕业

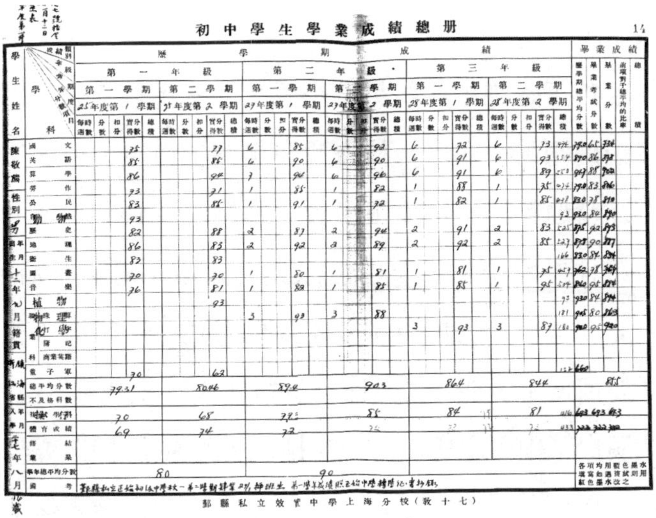

初中學生學業成績總冊 14

學生姓名：陳敬熊　性別：男　出生年月：十二年九月　籍貫：浙江鎮海　入學年月：二十七年八月

學科	第一年級 第一學期（25年度第1學期）實分得數	第一年級 第二學期（25年度第2學期）實分得數	第二年級 第一學期（27年度第1學期）每時週數	實分得數	第二年級 第二學期（27年度第2學期）每時週數	實分得數	第三年級 第一學期（28年度第1學期）每時週數	實分得數	第三年級 第二學期（28年度第2學期）每時週數	實分得數	總積	歷學期總平均分數	畢業考試分數	畢業分數
國文	75	77	6	85	6	92	6	72	6	73	474	790	65	734
英語	85	85	6	90	6	90	6	91	6	93	534	890	86	878
算學	86	94	7	94	6	96	6	91	6	89	550	917	88	902
勞作	73	71	1	85	1	82	1	88	1	75	474	790	83	806
公民	83	85	1	91	1	72	1	82	1	85	498	830	78	810
動物	93										93	930	84	890
歷史	82	88	2	87	2	94	2	91	2	83	525	875	92	893
地理	86	83	2	92	2	89	2	92	2	85	527	878	90	877
衛生	83	83									166	830	84	834
圖畫	70	70	1	80	1	81	1	81	1	75	457	762	78	769
音樂	76	81	1	82	1	85	1	85	1	95	504	840	95	874
植物		93									93	930	84	894
物理			3	93	3	88					181	905	80	863
化學							3	93	3	87	180	900	95	920
簿記														
商業常識														
童子軍	70	62									132	660		
總平均分數	79.31	80.46		89.4		90.3		86.4		84.4		85.5		
不及格科數														
操行成績	70	68		77.5		85		84		81	416	693	693	693
體育成績	69	74		72		76		72		72	433	722	722	700
修業結果														
學年總平均分數	80			90										

備考：鄞縣私立正始初級中學校一第二學期肄業二月，轉班生，第一學年成績照正始中學轉學證書抄錄

各項均用藍色墨水填寫，如遇補試則用紅色墨水改之

鄞縣私立效實中學上海分校（教十七）

陈敬熊在效实中学的成绩单

总成绩平均分为 85.5 分。

陈敬熊一如既往地在数学学习方面最拿手，而教数学的是一位名叫乌凤仙的女老师。乌凤仙 1915 年出生于宁波，从效实中学高中毕业后，考入交通大学化学系，1937 年大学毕业后在大夏大学附中教书。1938 年春，效实中学在上海开设分校后，她回到母校任教。“学生大部分亦是从宁波逃难来的，容易教，教绩不差，我亦成为受欢迎的教师了。”乌凤仙后来回忆说。

不过，陈敬熊一开始对乌老师的到来很不以为然，按照惯例，他认为女教师必不擅长教授数学。但是，陈敬熊很快发现，乌老师上课特别善于调动学生的积极性，教学水平很高，令人耳目一新。陈敬熊在课堂上算题既快又准，经常受到乌老师的表扬，师生之间互动良好，他对数学的学习兴趣更加浓厚了。

英语是陈敬熊的另一个强项，这得益于表兄林修锐的帮助。当时，林修锐在美商上海电力公司工作，精通英语。每天下班后，林修锐就到陈敬熊家里给他补习英语。学习之余，两人常常聊天谈心，表兄向他介绍美国科学技术如何发达、美国的工程师如何博学多能，他每次都听得津津有味。渐渐地，他明白了中国之所以落后挨打，屡屡遭受外邦欺辱，关键原因就是科技落后，造不出先进的武器来保卫

乌凤仙（后右一）与交通大学1937届毕业女生合影

国家。一个明确的梦想——学习工科、走工程报国的道路，开始在陈敬熊心中慢慢升腾起来。

4. 倔强少年，挑战“先生”

1940 年夏天，陈敬熊从效实中学毕业，考入上海育德中学读高中。育德中学是一所新开办的学校，成立于 1939 年夏，名义上为私立中学，实际上有“国立”的背景。它是国民政府教育部出于对抗日本奴化教育的目的，在“孤岛”秘密设立的。除了育德中学外，租界里的晓光、肇光、思源、新建、大光等中学都属于这一类。由于这些学校得到了国民政府的经费扶持，便以低廉的学费招收学生，对于像陈敬熊这样的中等收入家庭的子弟们有很大的吸引力。

育德中学虽然开办时间不长，但学校的运行管理得法，加上资金较为充裕，租界内又人才济济，一时间吸纳了一批经验丰富的优秀教师。几何老师张照敬就是一位让陈敬熊终生难忘的老师。张照敬的授课技巧高超，能把枯燥乏味的几何题目讲得深入浅出，通俗易懂，在黑板上随手一挥，就可以画出一个非常漂亮的圆，让陈敬熊很是佩服，也使他对平面几何、立体几何更加着迷。

进入高中后，数学课本上的知识已远远不能满足陈敬熊的求知欲望，他把目光转向了课外书籍。然而家中给他的零用钱十分有限，为了买书，他不得不节衣缩食，即便这样，书店里刚刚上架的新书，对他来说还是“奢侈品”，于是他经常出入福州路旧书市场，淘一些相对便宜的旧书，从中汲取大量的课外知识。

福州路，民国年间俗称“四马路”，素有“中华文化第一街”的美誉，是当年上海滩最重要的图书聚散地。因为这里有《申报》《新闻报》《时报》三大报馆，形成三足鼎立之势；中华、大东、世界、传薪、开明、商务印书馆等大型书局（店）也先后开设于此；沿路还散布着许多中小书店与报摊，新版的、古旧的、中文的、外文的各式图书，琳琅满目，是爱书人心目中的“圣地”。

在旧书摊上，陈敬熊淘到两本重要的数学教科书。一本是日本数学家上野清编写的《大代数学讲义》，该书译本由商务印书馆1908年出版，另一本是Hall与Knight编写的*Higher Algebra*。关于这两本数学书的情况，著名历史学家、清华大学何兆武教授在其回忆录《上学记》中有过一段生动的描述：

高二的时候学大代数，用的是Fine的本子，叫《范氏大代数》，那也是美国的教科书，写得非常深，尤其是后面的部分，几乎是高等数学，而且编排得不好，系统性很差，忽然讲这个，忽然讲那个，不是很连贯。除此之外还有一本代数书，是Hall和Knight两个人合编的，更是零零碎碎的，所以不是必修。可是这本书有个优点，它介绍了很多非常巧妙的方法，我零星地读过一些，没有全看。后来有个叫上野清的日本人把这两本书综合起来，写了一本很完整的教科书，叫作《大代数学讲义》，汇集了前两本书的优点，而且编得很系统，所以这本书在当时的中学里边非常流行，凡是数学拔尖的同学都读，叫作“开小灶”，不过我没看过，因为那时候我在准备跳级统考，课业太重了。

从何兆武的描述中不难发现，这两本数学书都是数学拔尖、学有余力的学生才会阅读的课外材料，尤其是 *Higher Algebra* 介绍了很多解题的巧妙方法，陈敬熊读起来有滋有味，受益匪浅。通过超前的学习，陈敬熊开阔了视野，在班上数学成绩非常突出，因此成为了数学方面的小“权威”，同学们经常向他请教问题。在他的带领下，班里几个喜欢数学的同学还成立了数学兴趣小组，他们利用课余时间，经常讨论一些有趣的数学问题及各种数学名人轶事。

然而，随着世界反法西斯战争进一步扩大，“孤岛”的安全形势岌岌可危。1940 年，由于欧洲战事爆发，驻扎于公共租界的英军撤回国内，租界的防守力量更加空虚，环伺周围的日本军队对租界虎视眈眈。翌年 12 月 7 日，太平洋战争爆发。第二天上午 10 时许，日本陆海军士兵分路开进公共租界，宣布武装占领租界。次日，英、美正式对日宣战。有着“国立”背景的育德中学在日军刺刀的威胁下被迫停开，陈敬熊和同学们又一次面临失学的危险。

性格倔强的陈敬熊“越挫越勇”，不甘心半途荒废学业。“孤岛”陷落，使得本就因战争而十分脆弱的上海经济更是雪上加霜，生活物资短缺，物价飞涨，民不聊生。然而即便如此，陈葆珊还是咬紧牙关，从并不宽裕的家庭收入中挤出一些经费，让儿子陈敬熊能够在求学道路上继续走下去。1942 年春，陈敬熊转入上海私立致远中学读书。

致远中学创办于1939年，位于福煦路（今延安中路）384号，是一所收费比较低廉的完全私立中学，初中部每学期收费100元，高中部每学期收费120元。学校还专设免费生名额，约占总名额的30%。在这所面向寒门子弟的学校里，陈敬熊念完了余下的高中课程。

在艰辛曲折的求学路上，陈敬熊从乡下到城里，从宁波到上海，先后读了两所小学、两所初中和两所高中，期间又因为日本侵华战争而两度失学。尽管求学之路一波三折，屡遭磨难，但陈敬熊却始终保持着强烈的求知欲，刻苦钻研，善于思考，涉猎广泛，遇到弄不明白的问题，总爱问个为什么。

“师者，传道授业解惑也。”陈敬熊一直把韩愈在《师说》中提及的为师者的真谛铭记于心。他把先生当作可以答疑解惑的“师者”。在课堂上，陈敬熊总是开动脑筋思考，不断冒出各种千奇百怪的想法。面对他的精灵古怪、咄咄逼人和超出一般学生知识水平的问题，有时连老师也感到无能为力。

有一次，在初中物理课上，物理老师正在讲授光学知识，他介绍了光有7种颜色，合起来就是白光，而用一张红纸挡光，那么只能是红色的光通过；用一张蓝纸挡光，只能是蓝色的光通过。听到这里，陈敬熊突然举手，向老师发问：“那么，为什么盯着太阳看一会儿，之后眼睛一闭全是红色的？”这个极富跳跃性的问题，令老师为之一怔。这时，陈敬熊却自问自答说：“是不是因为血是红色的？”老师只能顺势而下，含混地说道：“可能是吧。”但是，陈敬熊打破砂锅问到底，继续追问。老师被他逼问得无言以对。

对于这样聪明伶俐、勤学好问的学生，不管能不能为学生“解惑”，多数老师从内心充满了喜欢和爱惜，但是也有个别老师自身学识和涵养不够，将学生的高难度提问视为故意刁难、有意挑战老师的权威。

在高中学习期间，陈敬熊就因为自己的提问带来了不小的“麻烦”。在一堂数学课上，陈敬熊向数学老师请教一个数学题目：“log(i)等于什么？”这是一个对中学生来说很难的数学问题，但题目本身并没有超出中学范畴。结果，老师回答不出来，在众多学生面前很尴尬，一时自觉下不来台。下课后，这名老师认为陈敬熊是搞恶作剧，有意刁难老师，破坏课堂秩序，就到校长处告状。校长在没有完全了解事情本末的情况下，就贸然给陈敬熊以记大过处分，这意味着陈敬熊有可能被学校开除。这么重的处分对一贯品学兼优的陈敬熊来说是不公平的。很少流眼泪的他，躲在无人的角落里哭了起来。他不知道如何向辛勤劳作、对自己寄予厚望的父母交代，更不理解自己只不过是向老师提问，何以招来如此重罚？幸运的是，没过几天，校长也意识到对陈敬熊的处罚过于鲁莽，便悄悄地撤销了处分。

对于少年陈敬熊来说，这是一段刻骨铭心的委屈经历。这是陈敬熊读书期间受过的唯一一次处分，尽管来的“莫名其妙”，走的“悄无声息”，但这个“教训”并没有改变他一直以来求真务实的态度和执着的秉性。在未来的岁月中，即使冒着挑战权威的种种压力，性格倔强的他依然初衷不改。

陈敬熊

陈敬熊院士传记

Academician Chen Jingxiong's Biography

第二章

“大同” “交大” 学业成

象牙塔里的六年寒窗苦读，令陈敬熊受益终生。在拿到研究生毕业证书的那一刻，他已经准备好将自己的一切奉献给新中国的科技事业。

上海大同大学和交通大学是青年陈敬熊进入电信领域、从事专业研究起步的地方。为了追求学业上的进步，他几经抉择，不断进取，分别获得了电机本科、电信硕士学位，从而奠定了扎实的专业基础，培养了浓厚的理论兴趣。在此期间，陈敬熊从懵懂少年成长为朝气蓬勃的青年，他亲眼目睹了国民党政府的颓败，满心欢喜地迎接上海解放，决意用科学知识为新中国建设贡献自己的一份力量。

1. 大同，“大不同”

1943 年，抗日战争进入第 6 个年头，在这样的烽火岁月里，陈敬熊的学业屡断屡续，艰难维系。这年夏天，陈敬熊高中毕业，开始面临人生的一大抉择——到底投考哪所大学？

事实上，留给陈敬熊的选择并不多。日本侵华战争彻底击碎了上海高等教育的繁荣局面，并使之日渐萧条。同济、大夏、复旦、暨南等校的主体部分被迫迁离上海，转移到内地办学；以交通大学为代表的一些国立大学虽搬入租界避难，却也处境艰难。太平洋战争爆发后，交大留沪部分被日伪接管。

与国立大学的困境不同，滞留在“孤岛”的私立大学由于办学体系相对独立，境遇稍好一些。私立大学中也有类别的区分，那些有教会背景的学校主要面向富裕阶层子弟，收费昂贵；国人自办的私立大学大多学费较为低廉，受到工薪阶层子弟的青睐，私立大同大学就是其中较为典型的一所。

大同大学以数理工科目见长，该校的工学院下设电机工程、化学和土木系，这些专业都与社会经济发展紧密联系，就业前景广阔。数理学科正好是陈敬熊最擅长的，凭借过硬的成绩，他顺利地被大同大学工学院电机工程系录取，于 1943 年秋天跨进了大同的校门。

1943年大同大学新生录取名册（左起第十列第三人为陈敬熊）

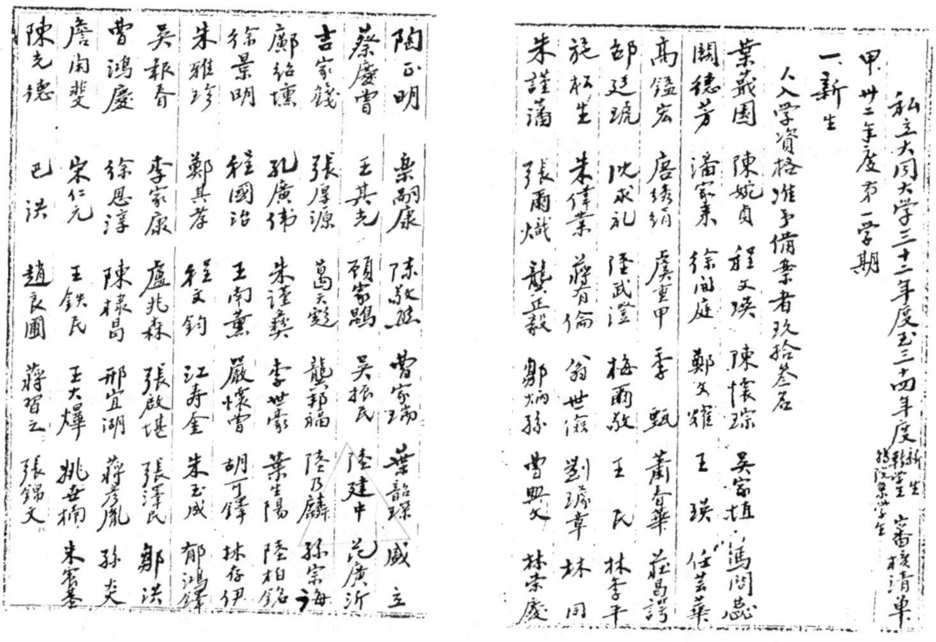

大同大学创办于1912年3月19日，初名大同学院。校名取意于《礼记·礼运》篇的大同理想。虽名为“大同”，但是它的筹办过程却与一般学校“大不同”。该校的创建既没有官方参与，也无实业家和外国教会势力的支持，而是由原在北京清华学堂（清华大学前身）任教的11位血气方刚的教书先生组建，创始人之首胡敦复是有名的数学教育家。1911年，这批知识分子由于不甘忍受美国方面在清华学堂对中国文化的肆意践踏和对中国教员的任意摆布，愤然辞职，离开北京，相约来沪，组织立达学社，旨在兴办教育，培养人才。经过积极筹办，终于在南市肇周路南阳里开办起大同学院，胡敦复出任院长，校董会由马相伯、蔡元培、范源濂等组成。它是中国知识分子执着追求教育救国、科学救国道路的产物。

大同学院创立之初，经费拮据，主要依靠几位创校的教授义务教课，不取薪金，同时，他们还在其他学校兼课，并将所得的一部分收入捐助该校。学院在南阳里的校舍也是租赁来的，不久校舍又迁址南市丰记码头。1913年，大同在南市沪杭火车站北首（今南车站路）购地近十亩，自建两座大厦，作为校舍。1922年11月，经北洋政府教育部备案，大同学院升格为大同大学。大同大学经过辛苦的孕育、惨淡的经营，日渐壮大。到了抗战前夕，已经颇具规模，学校占地扩充到百余亩，建筑物达20余座，图书、仪器及其他设备也比较充足，在国内私立大学中，占有相当的地位。

1935年出版的《三十年之上海教育》对大同大学有过这样的评价：“该校办理，处处经济，绝不浪费。教员刻苦耐劳，精神贯注，学生朴素，教师辅导学生自动研究，尤为可贵。”

在“八一三”事变之中，这所由中国知识分子用血汗换来的高等学校几乎毁于一旦，校舍只剩下残垣断壁，大部分图书、仪器和教学设备也遭破坏。大同师生因无经济实力转移后方，于是迁入公共租界，四处租房，寄人篱下，艰难维持。1939 年，大同大学在新闸路购得土地 5 亩，自建了一座 4 层楼，学校终于有了稳定的安身之处，迎来了新一轮的发展，办学规模不断扩大。上海沦陷后，多数高校选择了内迁，留下许多失学青年；而沦陷区又有大量青年来到“孤岛”，这就给选择坚守在上海的大同大学一个难得的发展契机。于是，大同大学顺势扩招学生，增添科系。抗战爆发前的 1937 年 4 月，大同大学连同附属中学的学生总数将近 1000 人。从 1939 年起，学生总数开始突破 2000 人，并逐年增长。到 1945 年 5 月，该校学生共计 3825 人，其中大学部就有 1381 人。

陈敬熊入学时，恰逢大同大学快速复兴期。由于生源大增，校舍不敷使用，学校只好将新闸路的四层教学楼加盖成了五层楼。即便如此，教室也很是紧张。由于场地狭小，学校既无运动场，也没有学生宿舍，学生们一律走读，自行解决住宿问题。更让学生们感到头晕的是，每个班级连固定的教室都没有，教室的安排情况每日都会变动，甚至学生上午在这间教室上课，下午就被通知去另一间教室上课。

陈敬熊早上 7 点出发去学校，中午回家吃饭，下午再前往学校，每日都得如此往返两趟。幸好，他从家里步行到学校，只需一刻钟时间。可是，住得较远的同学就没那么省力了。陈敬熊的大学校友、就读于商学院的陈先亚因为家住在法租界内，在有限的午休时间里再返回家中不太现实，只好就近到静安寺公墓找一个地方休息，复习功课。由于学生们只有在上课时才见面，课后便星散，彼此之间的友情也变得淡漠了不少。

陈敬熊所读的电机工程系是大同大学的热门专业。该系早先起步于 1929 年，当时在物理系下添设电机工程科目，购置了电机设备数套，供学生实验，之后不断增加电机设备，1932 年开设电机室以供学生实习，发电机、电动机、变压器、整流器等各种实验设备齐全，逐渐奠定了成立电机工程系的基础。1937 年夏，国民政府教育部正式批准大同大学设立工学院，下设电机工程系和化学工程系。不幸的是，电机工程系成立不久，即遭遇日军轰炸。师生们冒着生命危险，抢运出部分贵重的仪器设备，重建了电机实验室，使得在抗战的艰苦环境下能勉强维持基本的实验条件。从 1943 年到 1945 年抗战胜利，学校都在集中财力扩充工学院设备。至 1947 年陈敬熊毕业，大同大学有电机、机器实习室 4 个，还有两家实习工厂。通过兼聘交大等名校教授的方式，电机系的师资力量也大为扩充。电机系在职和兼职教授共计 13 名，他们大多都有留学欧美的背景。电机系是大同大学各院系中师资数量最多、教学力量最强的一个系。我国电磁场理论与技术专家黄席椿就曾是电机系的兼职教授。

陈敬熊在大同大学的学习课程，除国文和德文外，公共课程和专业课程如英文、数学、物理、化学、电工原理、机械画图、直流电机、交流电机、电机试验、交流电路、无线电工程等都用的是英文教材，老师也是用英语授课。这使得一些英语基础薄弱的学生颇感吃力。陈先亚是从外地转来的，他听课时都会在教材重点部分做上标记，课后还得借助英汉字典来温习功课，学业压力着实不小。

好在陈敬熊的英语功底扎实，对全英语授课方式适应很快，学习起来轻轻松松、游刃有余。这些专业课程的学习为陈敬熊进入电信研究领域打下了理论基础。

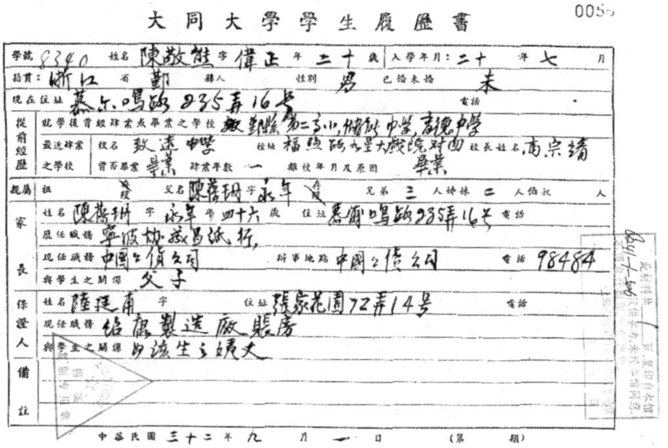
0055
大同大學學生履歷書
學號 8340 姓名 陳敬熊 字 偉正 年 二十 歲 入學年月：二十 年 七 月
籍貫：浙江 省 鄞 縣人 性別 男 已婚未婚 未
現在住址 慕尔鸣路 235弄16号 電話
從前經歷 就學後曾經肄業或畢業之學校 鄞縣第二高小，储能中学，高德中學
最近肄業之學校 校名 致遠中學 校址 福煦路大星大戲院对面 校長姓名 高宗靖
曾否畢業 畢業 肄業年數 一 離校年月及原因 畢業
親屬 祖 殁 父名 陳蔭琳 字 永年 存 兄弟 三 人 姊妹 二 人 伯叔 人
家長 姓名 陳蔭琳 字 永年 年 四十六 歲 住址 慕尔鸣路235弄16号 電話
歷任職務 寧波協盛昌紙行
現任職務 中国公债公司 辦事地點 中国公债公司 電話 98484
與學生之關係 父子
保證人 姓名 陸廷甫 字 住址 張家花園72弄14号 電話
現任職務 鸿康製造廠賬房
與學生之關係 為該生之姨丈
備註
中華民國 三十二 年 九 月 一 日 （第 期）

陈敬熊填写的大同大学学生履历书

陈敬熊一如既往，并不满足于课堂上学到的知识，对教授们显赫的留学背景也并不迷信。他经常向老师们提出各种稀奇古怪的问题，对一些知识真理的渴求往往超过了课堂教学的范畴。面对陈敬熊的突然“发难”，老师也往往无法回答出来。幸运的是，较之中学，大学的学习氛围要宽松许多，老师们的修养也很好，尽管有时被搞得很难堪，但绝不会因此而处分好问的学生。

在大同读书期间，陈敬熊的主要兴趣依然聚焦于数学推理。课余时间他最着迷的事情是与一些志同道合的同学结成兴趣小组，一起破解玄奥的方程。他从数学推理的过程中，感受到征服难题的兴奋和喜悦。

2. 与交大数学系擦肩而过

1945 年 7 月，又到了一年一度的暑假，距离“八一三”事变发生的那个暑假整整过去了 8 年。但这年的假期却显得与众不同，因为 8 月 15 日，日本政府宣布无条件投降。在家休假的陈敬熊得知这一消息后欣喜若狂。那天，陈敬熊的母亲特地烹饪了一桌美味佳肴，全家围坐在一起，把酒言欢，庆祝这个中国人民扬眉吐气的日子。忆起 8 年前日军轰炸宁波，一家人逃难到山里，后又举家来到上海的种种往事，陈敬熊唏嘘不已。“彻底击败了侵略者，中国终于可以走自己的强盛之路了。”高兴之余，陈敬熊又不免有些忧伤，毕竟祖国在经受了长达 8 年的战争蹂躏之后，变得满目疮痍，遍地焦土。在此百废待兴之时，他恨不得尽快掌握更多的科学文化知识，为国家建设服务。

9月，学校开学了。这是大学三年级第一个学期，陈敬熊兴冲冲地返回校园上课。师生见面，互致问候，大家还沉浸在抗战胜利的喜悦之中。课余时间，同学们在兴奋地传递着各种抗战“复员”的消息，最让陈敬熊感兴趣的是，抗战期间许多迁往内地的知名高校将要搬回上海啦，他最心仪的交通大学也名列其中。

交通大学是中国历史最为悠久的大学之一，其前身是创办于1896年的南洋公学，创办人是晚清洋务运动的著名代表人物、清末大实业家盛宣怀。1921年改名为交通大学，隶属于交通部，是国内以理工管结合为主要特色的一流高校，抗战前享有“东方MIT”（MIT即美国麻省理工学院的英文缩写）的美名，被蔡元培先生誉为“全国造就建设人才最高学府”。交大工学院电机工程系是交大规模最大的王牌系，其学生人数占了全校的六分之一，它起步于1908年，为国内高校同类专业中创办最早的院系。经过近30年的发展，到抗战前，其师资、课程和设备方面已十分完善，历年毕业生近千人，他们大多服务于实业界和相关机构，成绩卓著，人才辈出，故该系素有“中国电机工程师摇篮”之称。

然而，抗战爆发后，交通大学的发展面临生死存亡的严峻考验。交大先是迁入法租界，租用震旦大学和中华学艺社校舍上课。随着日本侵略战争的扩大，租界生存环境日益恶化，交大因属国民政府所办的国立大学，成为日伪政权重点盯防和改造的对象。远在重庆后方的交大校友关心母校的安危，他们热心奔走，得到教育部、铁道部的支持，于 1940 年秋在重庆成立交大分校。为应对局势、保全校产、继续办学，1941 年 9 月，身处租界的交大对外改称私立南洋大学。

1942 年 8 月，在汪伪政府威胁接管交大沪校的危急关头，国民政府宣布交大分校迁往重庆九龙坡，改为交大本部，上海法租界内的校区称为分校。不久，在敌人刺刀的威逼下，交大分校被迫接受汪伪政府的管辖，直至抗战胜利。

1945 年 9 月，重庆交大开始组织师生返回上海，接收被日本东亚同文书院霸占多年的徐家汇校园及在法租界内的交大分校。由于路途遥远、交通不便，师生们只得分批分期返沪，一直到 1946 年 8 月，才全部完成复员返校的任务。在这一过程中，先到者先行开学，教育秩序逐步恢复。1946 年 6 月，交大新一轮招生工作也随之启动。

这是日本投降后交大的第一次复校招生。消息传来，来自四面八方的高中生蜂拥而至，一下子考生爆棚，考录比例高达 35 比 1。由于电机工程系久负盛名，加上就业出路比较好，投考电机工程系的学生更是云集，排名交大各院系报考人数的榜首，竞争异常激烈。除了招收新生外，面对抗战后许多大学要进行重组、甄别和合并的新形势，交大还根据各个年级的缺额情况，招收一部分来自其他高校的插班生，电机工程系大学四年级就有数名缺额。

陈敬熊得知这一信息，萌生了转学到交大电机工程系的想法，于是他走进了交大考场。上海交通大学档案馆中至今还保留着陈敬熊参加这次招考的成绩单。可以说，这是一张令人满意但略带遗憾的成绩单。

共有 15 人报考电机工程系四年级插班生，其中 11 人报考该系的电力组，4

人报考电信组。陈敬熊参加的是电力组的考试。电力组考试包括基础课与专业课两部分，基础课考核分为国文、英文、数学（甲）、物理、化学、中外史地及公民六门，专业课考核有热力学热力工程和交流电机、交流电路两门。他在考试中发挥得不错，总成绩排名第四。然而，在电力组最终录取的 4 名学生里却没有陈敬熊的名字。

从这份成绩单上看，在被录取的 4 名考生中，有 3 名是总成绩排名前三位的，还有 1 名是排名第五的钱易倩。巧合的是，他也来自大同大学，是陈敬熊的同窗，不过他的总分落后陈敬熊 24 分之多。

到底是什么原因造成这一情况呢？最合理的一种可能是，交大考虑到院系的平衡和各个专业的情况，做了一定程度的调整和统筹安排，没有完全按照总成绩排名录取。比较陈敬熊和钱易倩的成绩，陈敬熊总成绩远远超过钱易倩，数学尤其突出，考了 39 分，排名电力组第二名，而钱易倩数学仅仅考了 8 分；钱易倩占优势的是专业课“交流电机、交流电路”一门，超出陈敬熊 14 分。交

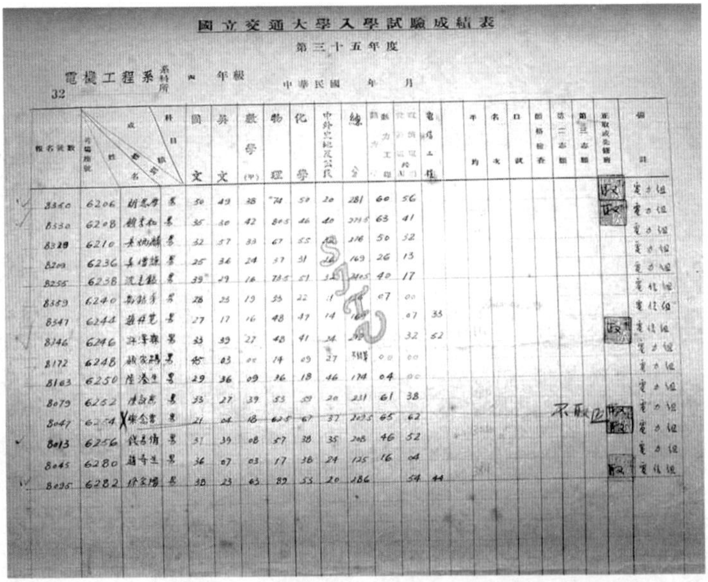

國立交通大學入學試驗成績表

第三十五年度

電機工程系 四 年級　　中華民國　年　月

32

報名號數	考場座號	姓名	性別	國文	英文	數學(甲)	物理	化學	中外史地及公民	總分	熱力學熱力工程	交流電機交流電路	電磁工程	平均	名次	口試	體格檢查	第二志願	第三志願	錄取或落選	備註
8360	6206	[illegible]	男	50	49	38	74	50	20	281	60	56								取	電力組
8330	6208	[illegible]	男	35	30	42	80.5	46	40	273.5	63	41								取	電力組
8328	6210	[illegible]	男	32	57	33	67	55	[illegible]	216	50	32									電力組
8209	6236	[illegible]	男	25	36	24	37	31	[illegible]	169	26	13									電力組
8255	6238	[illegible]	男	39	29	16	73.5	51	32	240.5	40	17									電力組
8389	6240	[illegible]	男	28	23	19	35	22	11	[illegible]	07	00									電信組
8347	6244	[illegible]	男	27	17	16	48	47	14	[illegible]		07	33							取	電信組
8346	6246	[illegible]	男	33	39	27	48	41	34	[illegible]		32	52								電信組
8172	6248	[illegible]	男	45	03	[illegible]	14	09	27	[illegible]	00	00									電力組
8163	6250	[illegible]	男	29	36	09	36	18	46	174	04	00									電力組
8079	6252	陳敬熊	男	33	27	39	53	59	20	231	61	38									電力組
8047	6254	[illegible]	男	21	04	18	62.5	67	37	203.5	65	62								不取	電力組
8013	6256	錢易倩	男	31	39	08	57	38	35	208	46	52								取	電力組
8045	6280	[illegible]	男	36	07	03	17	38	24	125	16	04									電力組
8095	6282	[illegible]	男	38	23	65	89	53	20	186		54	44							取	電信組

1946年8月，陈敬熊报考交通大学电机工程系四年级插班生的成绩表

大可能从专业课的比较优势出发，考虑到电力组对本专业知识的需求，录取了钱易倩。由于相对冷门的数学系尚有缺额，而陈敬熊的数学成绩比较优秀，为了各专业的平衡，于是交大将陈敬熊调剂到了数学系。

本来参加的是电机工程系的考试，却意外接到了数学系的面试通知书，一时间，陈敬熊的心情五味杂陈，内心展开了激烈的思想斗争。

数学无疑是陈敬熊的最爱。多年来，他沉迷其中，享受着数理推演、破解方程的乐趣。但是，电机工程是一门可以直接造福社会的实用科技，通过在大同大学电机工程系三年的学习，陈敬熊对这门学科从了解到熟知，再到充满感情，此刻让他突然“改换门庭”，将数学当作自己的本行专业，这让他陷入了两难。此外，还有更现实的事情需要他去考虑。转眼就要升入大学四年级了，很快就面临找工作的问题。他的家境并不富裕，操劳一辈子的父母期盼他能找一份好工作，为家里减轻负担。电机工程系就业面广，找工作相对容易；比较之下，数学系的就业面就狭窄了许多。陈敬熊思来想去，如果攻读数学专业，未来的出路最有可能的就是当一名中学数学老师，这并不是自己追求的目标。

经过左右权衡，陈敬熊最后决定放弃交大数学系，仍在大同大学电机工程系继续完成学业。这次虽然放弃了到数学系深造的机会，但是陈敬熊并没有舍弃对数学的热爱，相反他把数学作为自己的优势，将之与电机工程技术结合起来，日后走出了一条富有创造性的学术道路。

3. 不甘碌碌无为的“接线员”

尽管抗战结束了，但是，国人并没有迎来想象中的和平与安宁。由于蒋介石政府冒天下之大不韪，悍然发动内战，导致国统区物价飞涨，学校教育经费紧张，各学校陷入危机之中。1947 年五六月间，就在陈敬熊毕业前夕，上海、南京、北平、天津等地爆发了“反饥饿、反内战、反迫害”的学生运动。这场大规模的学生运动也波及了大同大学。

大同大学的学生运动起于 5 月 14 日，导火索是学生在食堂用餐时播放音乐唱片，训导主任前来阻止，激起学生们的愤怒。当天下午，学生自治会发表公开宣言，并与校方交涉，要求“校政革新”。次日下午，学生自治会召开全体代表大会，要求校方公开收支明细，促请校长胡敦复在 5 月 16 日与学生代表共同磋商。对于学生们提出的要求，校方拒绝答复。于是，从 16 日开始，大同大学宣布罢课，500 余名学生前往校长家请愿，胡敦复避而不见。情绪激动的学生拥入室内，用红油漆在墙上涂写标语。17 日下午，学生自治会再次集会，要求校方于两日内圆满答复，否则将赴南京请愿。22 日，学生自治会召开全体会议，到会 1000 余人。上海市市长吴国桢也亲自到校与学生代表对话，他要求学生在规定时间内复课。学生自治会对此并未理会，坚持罢课到底，并派代表赴南京。5 月 26 日，11 名学生被捕。27 日下午，卢湾警察局派警察驻守大同大学。6 月 3 日，学生自治会代表和教授代表达成协议，同意三日后复课。但是刚刚复课不久，新一波运动又起。6 月 19 日，由上海市 130 所大、中学校学生参加的“上海学生争取和平联合会”正式成立，并决定大同大学及其附中首先停课 7 天，

陈敬熊（上中）与大同大学同班同学的毕业小照

开展反内战、求和平活动。4 天后，上海大、中学校学生举行了规模空前的反内战示威游行。

此时，陈敬熊的大学生活已进入“倒计时”。大同大学实行学分制，修满学分，就可以毕业。陈敬熊已顺利修完学分，完成各项规定课程，在校四年总平均分数为 79.89 分。对于毕业后的前途，他考虑到自己的年龄已经不小，应该帮助父母挑起家庭的重担。因此他四处奔波，参加面试，寻找合适的工作机会，待在学校的时间很短。尽管如此，陈敬熊还是密切关注着学生运动的进展，每隔几天就去学校看一下，向同学们了解最新情况，声援同学们的斗争，期盼着他们的斗争目标能早日实现，学校能尽快复课，恢复正常。

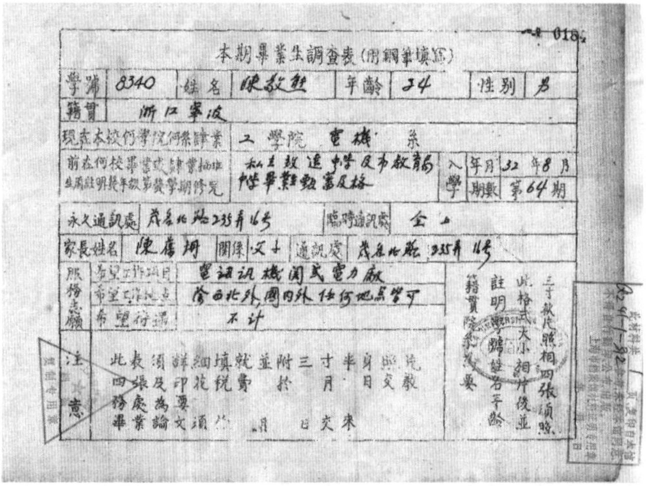
本期畢業生調查表（用鋼筆填寫）

學號 8340　姓名 陳敬熊　年齡 24　性別 男
籍貫 浙江寧波
現在本校何學院何系肄業 工學院 電機 系
前在何校畢業或肄業插班生須註明幾年級第幾學期修完 私立敦進中學及市教育局中學畢業會考及格
入學 年月 32年8月　期數 第64期
永久通訊處 茂名北路235弄16号　臨時通訊處 全上
家長姓名 陳膺坤　關係 父子　通訊處 茂名北路235弄16号
服務志願 希望工作項目 電訊機關或電力廠
希望工作地點 除西北外，國內外任何地點皆可
希望待遇 不計
注意 此表須詳細填就並附三寸半身照片四張及印花稅費於　月　日交教務處為要
畢業論文須於　月　日交來
籍貫院系等欄註明學號姓名年齡
此格式大小相片後並三寸半身照相四張須照

陈敬熊填写的毕业生调查表

6月底，随着学校进入暑期，学生运动逐渐平息，陈敬熊也正式告别了四年大学生活，于7月从大同大学电机工程系电讯组毕业。毕业之际，校方发下一份《毕业生调查表》，除了要求填写姓名、年龄、家庭情况、毕业院系等基本信息外，还要求学生写明“服务志愿”，也就是就业意向。时逢内战正酣，经济凋敝，社会动荡，大学生就业异常困难，尤其是私立大学毕业的学生找工作更是难上加难。陈敬熊希望能够找到一份适合自己专业的工作，于是在“希望工作项目”栏填上了“电讯机关或电力厂”，在“希望工作地点”栏写上了“除西北外，国内外任何地点皆可”，在“希望待遇”栏写的是“不计”。

不过，陈敬熊比较幸运。他报考了交通部电信总局的实习生，结果凭借着优良的成绩，被录用了，他总算找到了人生的第一份职业。这在“毕业即失业”的动荡年月实属不易。

电信总局将陈敬熊安排到了第二区（苏浙皖）电信管理局的长途电话工务处。长途电话工务处处长蔡长年是浙江德清人，1938年从交通大学毕业后，在重庆国民政府交通部第一区（湘、黔、粤、桂）长途电话工务处任工程师，为中国长途通信网的设计、安装、运转作出了贡献。1945年，蔡长年赴美进修，1947年年初回国后，继续在电信部门任职。

有这样一位精通业务的领导，陈敬熊很高兴。他渴望学以致用，在通信设计和安装调试的第一线，从事能实现人生价值的工作。

然而，陈敬熊上班后不久，便大失所望。原来，他首先被派往南京长途电话训练班接受了为期四个月的业务训练，受训内容是载波电话。训练班结业后，他被分配到浙江省电话局杭州机务站实习。他的工作其实很简单，就是当长途电话的接线员，别人通话的时候给他们接线插线，这完全是无需动脑的机械操作。大学毕业就做插线拔线的事情，这让陈敬熊觉得工作索然无味。

慢慢地，陈敬熊将注意力转移到对通信原理和机器设备工作机理的思考上。开始遇到难题时，他百思不得其解。而后，他意识到自己的专业基础还很薄弱，单凭本科时所学的那点知识还不足以解开工作中碰到的许多疑团。“如果能进一步深造就好了”，陈敬熊因此萌发了继续求学的念头。

摆在他面前的深造之路有两条：一是出国留学，漂洋过海到欧美国家攻读硕士、博士学位，拿个洋文凭风风光光地回国，凭着“海归”的身份，不愁找不到一份学以致用的好工作。但是，海外留学必须筹措一大笔费用，陈敬熊深知自己家境一般，兄弟姊妹又多，父母哪能出得起高昂的学费？还有一条途径就是考取国内名牌大学的研究生。考哪所学校呢？有能力招收电信专业研究生的学校凤毛麟角，交通大学是其中之一。该校的电信研究所以“养成有独立研究型之电工专才”为培养目标。“独立研究型”不正是陈敬熊渴望的成才目标吗？而且交大离家也很近，方便照应家里。

此时此刻，他还想起了两年前与交大失之交臂的事，这的确留下了不小的遗憾，这次他下定决心再次报考交大。父母对敬熊的决定有些惋惜，毕竟工作来之不易，但是他们知道儿子有更远大的志向，他们再次选择为儿子的心愿提供支持。

4. 攻读交大硕士，钻研电信技术

年轻好学的陈敬熊选报的交通大学电信研究所，是新中国成立前培养工学

硕士学位研究生最多的机构，也是交通大学唯一的工科研究所。交大以出色的工程教育闻名国内外，而工程教育中以电机工程系最为突出。作为我国最早创办电机工程专业的工科大学，交大早在 1920 年就开办了电信学门。抗日战争爆发前，交大电机工程系电信学门的发展已入佳境，无论师资实力、课程体系，还是图书资料、实验设备，都堪称国内一流。1943 年 7 月，鉴于抗日战争军事通讯及大后方经济建设迫切需要高级电信专才，交大呈准教育部设立电信研究所，招收大学电机系毕业生，给予两年电信专业理论和技术培养，考验合格后授予硕士学位。从 1944 年开始招生至 1949 年，电信研究所共招考录取研究生 36 人，完成学业者 29 人，在培养工学硕士的数量和质量上都位居全国前列。这些研究生在新中国成立后大多成为电信、计算机、自动化和系统工程等新兴技术部门、高教领域的知名专家学者，其中有 3 人当选中国科学院或中国工程院院士，除了陈敬熊（1950 届）外，还有通讯系统工程专家陈太一（1946 届，中国工程院院士）、我国计算机科学的先行者夏培肃（1947 届，中国科学院院士）。

交大电信研究所培养的研究生毕业后很容易在电信部门找到一份职位稍高、待遇较优的工作，还可以留在交大或其他高校任教，这就吸引着许多工科大学毕业生前来报考，因而入学考试竞争非常激烈。依照 1948 年夏公布的招考章程，电信研究所计划招生 5 名，不接受外校保送生或免试生，入学考生须考三门专业课程：微积分和微分方程、电工原理（包括交直流电路电报及电子学）、电讯工程。每场考试时长 180 分钟，题目是全英文的，须以英文答卷。考卷的题量大、难度深，让不少期待就读的年轻学子望而却步。

一心渴望进入交大深造的陈敬熊早已知晓电信研究所的入学门槛很高，因此对于入学考试不敢有任何懈怠。在杭州实习期间，每天下班后，陈敬熊就把大部分的时间都花在复习功课上。晚上时间宝贵，他怕做晚饭耽误时间，就买些干粮边吃边看书，一直学习到深夜，第二天一早还要挣扎着爬起来到单位上班。就这样坚持不懈，刻苦复习了半年时间。

“有志者事竟成”，陈敬熊在众多竞争者中脱颖而出，于 1948 年 9 月考取了交通大学，成为交大电信研究所的一名研究生。同时录取的还有另外 3 人，他们是交大电机系应届毕业生熊继衮、何永瑞、范炎，后两人是免考直升研究所的，不过他们都在中途退学了。何永瑞读了半年后，受到校内日益高涨的学生运动的影响，在地下党员的帮助下，离校去了苏北解放区参加革命工作，后来成为广播电视技术界的知名专家。与陈敬熊同时考进、同学两年、又同时毕业的只有熊继衮。熊继衮的三门科目考试成绩比较均衡，总成绩是 168 分，在所有考生中名列第一，作为正取生录取；而陈敬熊的微积分考出了第一名的好成绩，其他两科成绩一般，总分 151.5，排在第二，作为备取生录取。不过，因两名直升学生相继离校，陈敬熊顺利转为正取生，与熊继衮成为 1948 级的研究生同窗。难得的是，他们不仅同窗共读两年，而且走出校门后数十年都在同一个科研部门工作，两人相知相熟，成为好友。

1948 年 10 月 5 日，早先从杭州辞职回家静候入学通知的陈敬熊，抑制不住喜悦的心情，早早地起床，简单地吃了些早点，便带上录取通知书，跳上开往徐家汇的电车，到交大办理入学手续。他填写了入学登记表、奖学金申请书，学号定为 79103，“7”代表入学年份即民国 37 年（1948 年），“91”是电信研究所的代号，“03”是他的编号。

入学手续办完后，陈敬熊来到科学馆（又名哲生馆）三楼的电信研究所，拜访导师、研究所主任张钟俊教授。张教授热情地接待了他，和蔼地说：“这次研究生考试，你的数学成绩尤其突出，名额虽然很紧张，我们还是录取了你。因为数学能力是电信研究的基础，希望你以后能发挥这一特长。”导师慧眼识才，让敬熊热血沸腾。一番语重心长的谈心，让他更加明确了未来的研究方向和研究路径。

电信研究所为保证学生安心学习，积极向社会各方筹集经费，争取到了交通部电信总局在该所设立奖学金。陈敬熊申请到了电信总局的奖学金，再加上国民政府教育部提供的基本生活补助，差不多可以享受到类似于交大助教的待

1948年10月，交通大学电信研究所录取新生名单

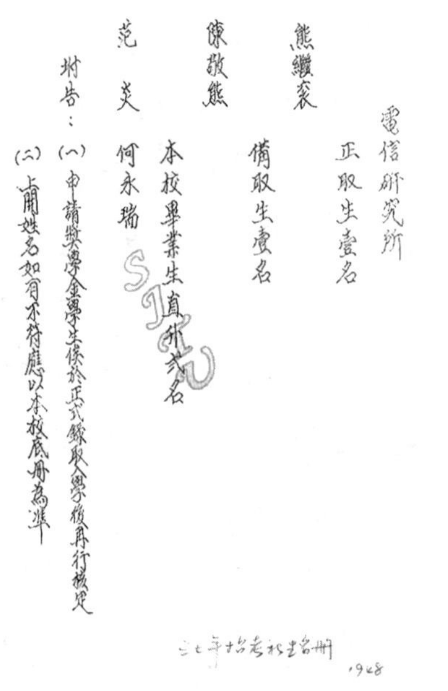
電信研究所
正取生壹名
熊繼袞
備取生壹名
陳敬熊
本校畢業生貳名
范炎 何永瑞
附告：(一)申請獎學金學生俟於正式錄取入學後再行核定
(二)上開姓名如有不符應以本校底冊為準
三七年招考新生名册
1948

1948年，陈敬熊入学交通大学的保证书

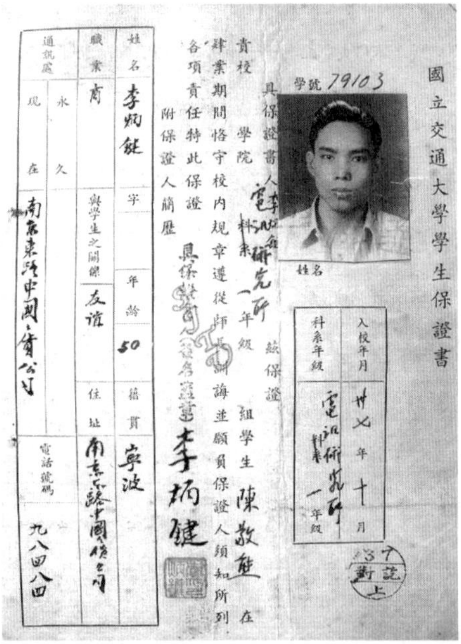
國立交通大學學生保證書
學號 79103
入校年月 卅七年十月
科系年級 電訊研究所 一年級
姓名 李炳鍵
職業 商
與學生之關係 友誼
年齡 50
籍貫 寧波
住址 南京東路中國貨公司
電話號碼 九八四八四

遇。学校还专为研究生配备了条件较好的宿舍，陈敬熊被安排在西宿舍209房间。优厚的待遇和良好的住宿条件，让他觉得非常满意，这样可以保证就学期间没有生活上的压力，能够安心读书与潜心研究了。

国民政府教育部规定硕士研究生修业年限为两年，交大电信所也不例外。但是，交大一贯秉持“起点高、要求严、重实践”的教学传统，对课程学习要求相当严格，规定研究生所有课程成绩以70分为及格分数，除论文外至少须修足32学分才能毕业，其中必修课7门共24学分，还要修习8个学分以上的选修课程。实际上，多数学生所修课程往往要超过基本学分数。

陈敬熊在校两年，一共修习了47.5学分，差不多超出校方规定学分数的50%。他在第一学年就修完了32学分，学习课程有电磁实验、电磁波、电讯网路、超短波、高等电工数学、真空技术、电子学、专题讨论等9门；第二学年，他侧重于做毕业论文，学习的课程有所减少，共修习了高等无线电实验、实用无线电实验、天线与波导、政治课程、专题研究等5门，计15.5学分。

这套课程是以留美归国人员为主体的电信研究所导师组根据美国哈佛大学及麻省理工学院研究院电信学课程，并参照交大教学特点及师资、设备确立的，比较符合高层次科技人才的培养需要。课程内容新颖且具有相当深度，与时俱进，能及时反映世界电信科学的前沿和最新成果，如电讯网路；同时基础理论课比重高，如陈敬熊所修的高等电工数学、电磁波、电子学等基础课，合计占到15个学分，这样有利于培养学生扎实的数理基础，能够适应技术的不断更新。此外，设立宽松自由的专题研究课程，让师生深入研讨感兴趣的学术专题。

为了做到理论与科研、实践相结合，电信研究所又安排了好几门实验课程。在张钟俊、朱物华等老师的积极争取下，依靠交通电信部门的捐赠资助，电信研究所在科学馆三楼先后建立超短波实验室、电子工程实验室，由朱物华、沈尚贤两位教授主持。超短波实验室，除了基础性实验外，特别注重雷达研究。

陈敬熊在交大读研期间的成绩表

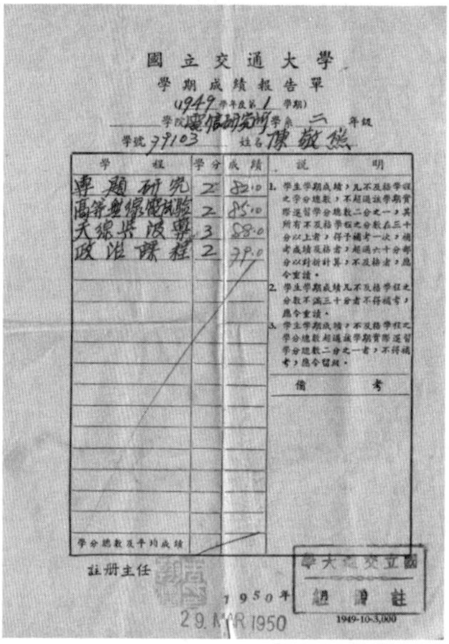

國立交通大學
學期成績報告單
(1949 學年度第 1 學期)
學院 電信研究所 學系 二 年級
學號 79103 姓名 陳敬熊

學程	學分	成績
專題研究	2	82.0
高等無線電試驗	2	85.0
天線與波導	3	88.0
政治課程	2	79.0
學分總數及平均成績		

說明
1. 學生學期成績，凡不及格學程之學分總數，不超過該學期實際選習學分總數二分之一，其所有不及格學程之分數在三十分以上者，得予補考一次，補考成績及格者，超過六十分部分以對折計算，不及格者，應令重讀。
2. 學生學期成績凡不及格學程之分數不滿三十分者不得補考，應令重讀。
3. 學生學期成績，不及格學程之學分總數超過該學期實際選習學分總數二分之一者，不得補考，應令留級。

備考

註册主任
1950年
29. MAR 1950
1949-10-3,000

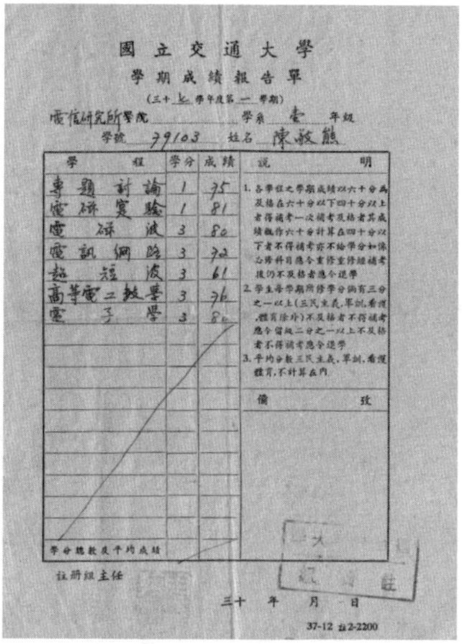

國立交通大學
學期成績報告單
(三十七學年度第一學期)
電信研究所學院 學系 壹 年級
學號 79103 姓名 陳敬熊

學程	學分	成績
專題討論	1	75
電磁實驗	1	81
電磁波	3	80
電訊網路	3	72
超短波	3	61
高等電工數學	3	76
電子學	3	80
學分總數及平均成績		

說明
1. 各學程之學期成績以六十分為及格，在六十分以下四十分以上者得補考一次，補考及格者其成績概作六十分計算，在四十分以下者不得補考亦不給學分，如係必修科目應令重修，重修經補考後仍不及格者應令退學
2. 學生每學期所修學分倘有三分之一以上(三民主義，軍訓，看護，體育除外)不及格者不得補考應令留級，二分之一以上不及格者不得補考應令退學
3. 平均分數三民主義，軍訓，看護，體育，不計算在內

備考

註冊組主任
三十 年 月 日
37-12 2-2200

之前，由新安电机制造厂代为制造了一具天线，可供学生做雷达实验。因而，陈敬熊在交大读研期间，就已经开始接触雷达技术了。

起初，陈敬熊认为安排的课业重，要修的学分又多，一时还难以适应。不过，等他上完第一学期后，就感觉老师们所教的课程有些很“前卫”，非常吸引人；一些基础课程，如他怀有浓厚兴趣的高等电工数学，老师在授课时对理论问题分析得精辟透彻，更激发了他的求知欲望。于是，陈敬熊将全部精力都扑在学业上，他也因此取得了较为优异的学习成绩，毕业成绩平均分为 78.29，这在一贯扣分极严的交大已属佳绩。

按照既定的培养方案完成课程学习后，陈敬熊便在导师张钟俊和陈季丹的共同指导下开始撰写毕业论文。两位老师给予了陈敬熊全方位的帮助和指导，其严谨的治学态度和深厚的理论基础，使陈敬熊获益匪浅，也为他后来的学术成长指明了方向。

他的硕士毕业论文是有关有间隙圆锥振子天线理论处理方法的研究，题目是《有间隙的圆锥振子天线》。当时对于圆锥振子天线的理论研究仅仅是针对没有间隙的情况，现成的理论和结论都是在无间隙情况下得出的。然而在工程应用中，由两个圆锥振子组成的天线不可能是无间隙的，这就导致了现有的理论与实际应用情况不是严格匹配，只能近似估算。为了弥补理论研究与工程实际的脱节，加强理论计算的准确性，陈敬熊在毕业论文中着重研究了有间隙圆锥振子天线的理论处理方法。

1950 年 7 月，在完成毕业论文并顺利通过答辩之后，陈敬熊获得硕士毕业证书。证书由交大校务委员会主任（校长）、著名物理学家吴有训教授，工学院院长、导师组成员朱物华教授共同签发，钤盖交通大学及主管部门华东军政委员会教育部的印信；最为醒目的是底色中间横排着“为人民服务”五个空心大红字，昭示着一场伟大而深刻的社会巨变。

陈敬熊自己也不曾想到，在交大短短两年的求学生涯中，中国社会却经历了历史性的跨越，进校的时候还是中华民国，毕业的时候已经是中华人民共和国了，真是“天翻地覆慨而慷”。不管怎样，陈敬熊依旧专注于学业。他常以“少壮不努力，老大徒伤悲”激励自己，珍惜时光，用功求知，从不马虎敷衍，获得了今后从事高端技术研究、报效国防科研而必不可少的知识储备与创新能力。

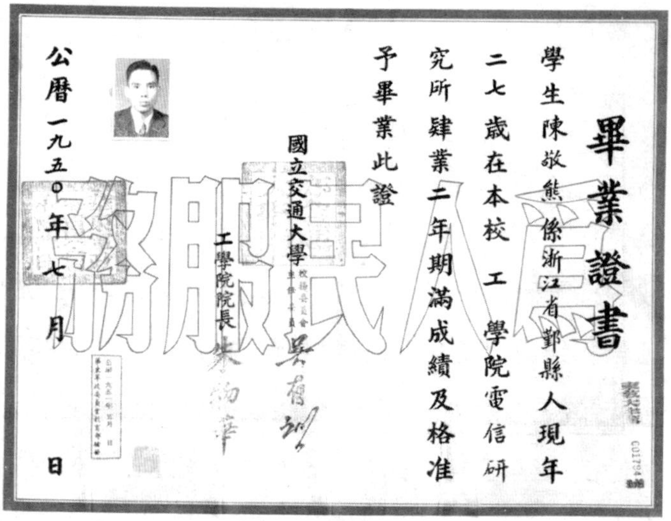
畢業證書

學生陳敬熊係浙江省鄞縣人現年二七歲在本校工學院電信研究所肄業二年期滿成績及格准予畢業此證

國立交通大學

工學院院長

公曆一九五〇年七月　日

陈敬熊的交大毕业证书

当然，一个学生的成功离不开给他谆谆教诲的老师。多少年来，陈敬熊一直怀念着才智出众、乐育英才的导师张钟俊和导师组其他老师们，感谢他们对自己的悉心培养。

5. 师恩永志于心

每每忆起交通大学的两年学习生活，最令陈敬熊难忘的还是给他传授新知、引导他走上学术研究之路的老师们。当年的交大电信研究所拥有一支学历高、知识新、乐育英才、勇于探索创新、堪称国内一流水平的导师组队伍，包括张钟俊、朱物华、陈季丹、黄席椿、任朗、蔡金涛等人，他们都是交大的王牌系科——电机工程系里最好的老师，被选拔到电信研究所担任研究生指导老师。他们大多是在欧美国家获得硕士、博士学位后回国的年轻学者，熟悉国际电信领域的发展状况与趋势，注重将最前沿的知识和最新研究成果及时引进教学之中，并在教学的同时坚持开展科研工作，使学生们得以掌握新知识、新方法。很多人满怀强烈的爱国主义情感，在抗日战争最为艰苦的岁月，毅然放弃在国外优越的工作生活条件，怀揣为国育人、科学救国的理想信念回到灾难深重的祖国，投身到教书育人与科学研究的事业之中。

在交大电信研究所的诸多老师中，最令陈敬熊敬仰的是他的导师、电信研究所主任张钟俊先生。在陈敬熊的眼里，张先生学富五车，治学严谨，思想开明，关爱学生，是一位将他引入学术殿堂的良师益友。

张钟俊（1915～1995），浙江嘉善人，自幼博闻强记，思维敏捷，人称“神童”。数次跳级后，15岁的他即考入交大电机系。1934年毕业后，赴世界著名工科学府——美国麻省理工学院攻读电机专业研究生。他勤奋苦学，一年即获硕士学位，随即攻读电工专业博士学位，同时在数学系副修数学课程。1937年12月，22岁的张钟俊获得科学博士学位。他的博士论文解决了确定单相电机短路的暂态过程的响应特性，这是一个电机学上多年悬而未决的难题，受到电机学界的高度好评，认为论文中提出的求解周期变化系数的微分方程的傅里叶级数法，不仅对电机学，而且对数学研究也是个创新。1938年，张钟俊放弃了麻省理工学院博士后研究员的优厚待遇，返回祖国，先后在武汉大学、中央大学、交通大学担任电机学教授。1943年，主持创办交大电信研究所，出任主任，直至1952年该所停办。新中国成立后，他先后担任交大无线电系主任、自动控制系主任、计算机科学系主任、计算机应用研究所所长、自动化研究所所长等职，1980年当选为中国科学院学部委员，在网络综合、电信电力、信息自动化等多个领域做出了开创性贡献，是我国著名的自动化科学家和教育家，备受交大师生和学界的尊崇。1990年，时值张钟俊在交大执教五十周年之际，交大电机系1947届校友江泽民同志欣然为老师题词“执教五十年，桃李遍天下”。

陈敬熊在交大读书时，张钟俊教授三十岁出头，年富力强，经验丰富，除主持研究所日常工作、主讲电机系课程外，在研究所开设电讯网路、高等电工数学两门课程，和其他老师一起含辛茹苦地培养出中国最早的一批电信研究生。他在培养研究生的过程中讲求“实、新、宽”三字。“实”是指基础扎实，张钟俊根据自己在麻省理工学院的求学经历，将高等电工数学列入研究所的基础课程，两个学期计 6 个学分。每节课，他都亲自上台主讲，以培养研究生的抽象思维能力和分析能力，为以后单独从事科研工作打下坚实的理论基础。“新”是指授课内容和论文选题新颖，所授电讯网路是 20 世纪 40 年代电路理论领域刚刚兴起并迅速发展的新兴学科，他不仅自己从事这项科研工作，而且还指导学生一同探索。“宽”是指在研究生培养上，他采取宽松的过程管理，定期给学生指明研究方向，给他们较充裕的时间，让其通过查阅资料、动手实验，独立自主地完成指定的研究任务。

陈敬熊对导师的这一套行之有效的教学方法深感佩服。他认为张老师不仅把国际上电信领域最新、最前沿的理论与方法传授给他，而且教授方式比较适合他本人的个性特点。对于自幼爱好数学的陈敬熊来说，张钟俊主讲的高等电工数学恰恰激发了他在数学方面的潜质。陈敬熊除了认真学好高等电工数学外，还自学了概率论，想方设法去钻研一些数学难题，在不停思考、不停攻克的过程中，他的数学素养得到了很大的提高，为他日后从事电信科研创新打下了坚实的基础。

更重要的是，张教授倡导给学生创造宽松自由的学术环境，不给他们提出条条框框的要求，鼓励学生按照自己的思路和想法自由发挥。这一点正合陈敬熊的心意，他在读研期间从不为分数所困扰，修完指定的课程和学分后，就进行广泛阅读，对一些有兴趣的学术问题深入钻研。

张钟俊的求学成长、科研创新之路及其教授之法，给年轻的陈敬熊留下了深刻印象，并深深影响到他日后的科研生涯。多年以后，他仍然对张先生怀有一份特殊的崇敬之情。1984 年 11 月，陈敬熊在苏州参加学术会议期间，巧遇多年

1984年11月，陈敬熊与导师张钟俊（左）在苏州合影

未见的张先生。久别重逢，师生俩特别兴奋，促膝长谈别后情谊，还留下了一张珍贵的师生合影。

除了张钟俊老师，电信所还有很多指导老师也给陈敬熊留下了终生难忘的印象。讲授电子学、高等无线电试验课程的朱物华教授，是著名文学家朱自清的弟弟，江苏扬州人，早年交大电机系的高才生，后留学美国，获麻省理工学院电机硕士、哈佛大学电机博士学位。朱老师的课讲得很精彩，对课程的各个环节分析得丝丝入扣，对问题的解答简洁明了。他是我国著名的电子学家和水声工程权威，中国科学院院士，改革开放后曾担任过上海交大校长。此外，还有超短波课程任课老师陈季丹、天线与波导课程任课老师任朗、电磁波课程任课老师黄席椿，以及后来陈敬熊在航天二院工作期间的主管领导蔡金涛（原二院副院长，中国科学院学部委员，1936 年获哈佛大学电讯工程硕士学位，曾在交通大

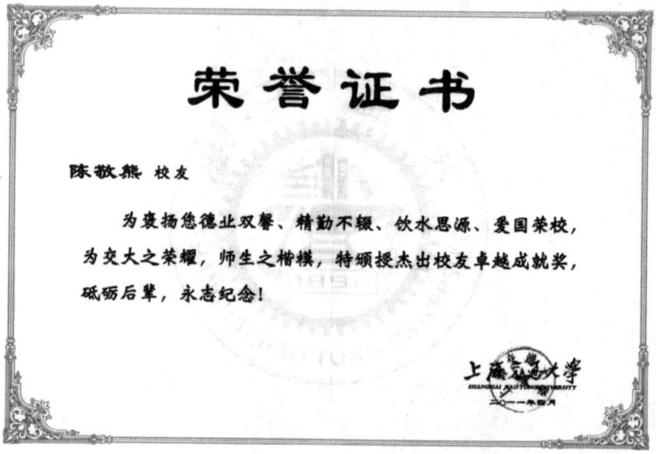

2011年，陈敬熊荣获上海交通大学“杰出校友卓越成就奖”荣誉证书

学电信所任教，陈敬熊听过他的课）。提到当年这些高学历、年轻有为且擅长运用启发式教学方法传授新知识的老师们，陈敬熊总是念念不忘。

青年时期的学习生活对人的一生有很大影响，陈敬熊的世界观、人生观、价值观基本上是在交大师友的指导和关爱下形成的。虽然没有留学的经历，但陈敬熊认为，交大电信研究所的毕业生完全可以和留学欧美的同类硕士相比肩。短短两年的交大学习生活，他不仅学到了知识能力，还培养、历练出了科研创新的思维方法，这让他受益终生。

6. 憧憬新中国

青年陈敬熊在交大读书的这两年时间，是现代中国历史上至关重要的转折期。在这重大历史关头，广大人民群众在中国共产党的领导下，为争取和平民主而不懈斗争。国统区内的民主运动此起彼伏，交大更是上海学生运动的主阵地之一。

在抱着“科学救国”思想的陈敬熊看来，近代中国贫穷落后、处处挨打的根本原因，是科技太落后。没有先进技术，那只能挨打，只能任人欺凌。要想使中国富强起来，一定要以科技发展为基础。另外，家庭因素对陈敬熊也很有影响。在商界打拼一生的父亲对旧社会尔虞我诈那一套深恶痛绝，他不希望子女再干同样的营生，希望他们学好真本领，靠本事吃饭，不用仰人鼻息。在父亲的教育下，从高中开始，陈敬熊就给自己定下目标：一定要刻苦读书，练好本领，掌握先进科学技术，为国家富强出力，同时也藉此开创幸福生活。因此，在社会动荡之时，陈敬熊选择了埋首书斋，一心苦读，以求学以致用，服务将来建设。

尽管如此，国统区内轰轰烈烈的反饥饿、反内战、反迫害的革命运动，时刻都在影响着沉浸于书斋中的陈敬熊，特别是在交大这座素有“民主堡垒”之称的革命熔炉的感召教育下，陈敬熊的思想有了根本性的转变，逐步树立起进步的世界观、人生观和价值观，对新中国的发展充满了期待。

交通大学不仅是一所历史悠久、成就卓著的知名学府，也是具有光荣革命传统的高等学校，是全国高校中最早建立中国共产党党组织的大学之一。党领导师生在各个革命时期进行了艰苦卓绝的斗争。学校相继涌现出侯绍裘、陆定一、汪道涵、江泽民、吴增亮等一批革命家、政治家。到上海解放前夕，交大已有正式党员近 200 人，党的外围组织新青联成员 400 余人，差不多占全校学生总数的五分之一，是活跃在第二条战线上的一支生力军。时任上海市市长的吴国桢惊叹道：“交大差不多成为国民党统治下的一块共产党根据地。”

交大校园内多数学生的思想比较进步，学生运动此起彼伏，尤其是地下党领导的学生自治会，更

陈敬熊（前排左一）与交大同学在校园内合影

犹如民主思想的灯塔，指引着学生运动的航向。学生自治会的办公室里有民主园地，壁报上经常登载如解放区的新气象、三大战役战况以及国民党内部腐化情况等信息。陈敬熊时常去浏览这些在报纸上看不到的消息，思想上受到很大的触动。陈敬熊的弟弟陈敬鹏在交大工业管理系读书，兄弟俩回到家，时常聊起校园内如火如荼的学生运动，以及同学们为了国家的前途命运与国民党反动派斗智斗勇的事迹，让陈敬熊感触颇多。

为什么那么多的青年学生都愿意放下书本，冒着生命危险去与反动派斗争呢？陈敬熊开始有点想不明白，在对中国共产党的主张和政策有所了解后，他逐渐理解了同学们的所作所为，并从心底里喊出了“国民党政权垮台不可避免”，“共产党是中国未来的希望”。

1949 年春，平津战役结束后，解放军已兵临长江北岸，上海解放指日可待。进步思想对陈敬熊的影响也愈来愈强烈。他想，自己在电信技术方面有一技之长，可以在帮助共产党接管上海和未来的国家建设中贡献一份力量。为了更多地了解中国共产党及其方针、政策，他向同学偷偷借了一本油印的《新民主主义论》。

没想到，就在他借到《新民主主义论》的当天晚上，国民党当局出动大批特务，包围了交通大学，在校园里大肆搜捕进步学生。半夜里，陈敬熊被窗外一阵凌乱的脚步声和零星的枪声惊醒，知道情况不妙。他立即从床上翻身跃起，将放在枕边的《新民主主义论》藏在床底一块松动的地板下面，才躲过一劫。第二天清晨，他得知有几十名同学被捕，学生会主席林雄超跳入校园后侧种菜用的积肥坑内，用杂草遮盖身体，幸免于难。国民党特务将学生会的宣传设备砸得粉碎，又将学校小卖部洗劫一空。国民党当局在前线不堪一击，但对手无寸铁的学生却穷凶极恶，这让陈敬熊义愤填膺。上海的局势日趋紧张，陈敬熊和同学们预料垂死挣扎的国民党当局不会放过交通大学，不可能让学生安心读书。

果然不出所料。1949 年 4 月 27 日，也就是上海解放的前一个月，交大校方接到淞沪警备司令部的通知，称国民党第十一军将于 5 月初进驻学校，限令全校师生必须在最短时间内搬离。交大三四千师生大部分家在外地，除上海籍学生外，其余的人只得挤在一座小楼内，生活条件非常恶劣，学校就此被武力解散。

在这段时期内，陈敬熊回家自学，不时到临时宿舍与同学们交流，了解学校情况，盼望着快些解放，早日回到课堂。不及月余，终于传来好消息，解放大军胜利渡过长江天堑，收复南京，继续向前推进。闻听此讯，大家都兴奋不已。不久，上海郊区响起了隆隆炮声，上海战役打响。短短数日内，人民解放军势如破竹，不堪一击的国民党军队向市区溃退，好多民房都被抢占，陈敬熊家也遭到了散兵游勇的抢占。但这一切都只是暂时的，5 月 27 日，随着盘踞在杨树浦地区的最后一支国民党军队向解放军投降，上海解放了。

入驻上海的解放军秩序井然，晚上宁愿露宿街头，也不愿干扰市民生活，这与国民党军队有着本质区别。而对老百姓来说，最关键的一个民生问题得以缓解——从前让大家谈虎色变的物价日趋稳定了。这些点点滴滴都被陈敬熊看在眼里，记在心中。

上海解放后，陈敬熊和同学们兴高采烈地回到交大校园。一面鲜艳的红旗插在交大校门口，迎风飘扬，校园里广播着革命歌曲，师生们扭起秧歌舞，热情地欢庆上海的新生。

交大师生在清理校园之后，迅速复课。除了继续专业课程的学习钻研外，电信所还增开了政治课程，讲授党的理论知识与时势政策。陈敬熊还主动去学校大礼堂——文治堂，认真聆听了陈毅、黄逸峰、钱正英等所做的政治报告。通过一系列的学习，特别是读了毛泽东的《中国革命与中国共产党》一文，陈敬熊认识到，在国家失去独立自主的前提下，即使一个人掌握了再多的科学技术，也不可能改变国家被列强肆意宰割、任意欺凌的局面。他又联想到，在半殖民地半封建社会的旧中国，一些重要经济命脉都掌握在帝国主义手中，像上海的电力系统、通讯系统以及主要交通设施，都为美、英等国的财团所掌握。这些外商企业虽然也招聘大量职工，但这仅仅是为了剥削中国的廉价劳动力，且中国人只能从事一般性的行政、服务性工作，关键的技术部门则根本不允许中国人问津，当然更谈不上掌握其技术。所有这一切都让陈敬熊深深意识到，若没有国家的独立富强，自己以往所谓的技术救国的想法就好比“空中楼阁”，绝无实现的可能。

解放之初，陈敬熊虽然身在校园，但他还是感受到身边巨大的变化。交大新来了不少党的干部，他们作风正派，艰苦朴素，不谋私利，没有官架子，与师生打成一片。这些与国民党官员贪污腐化，鱼肉百姓，唯利是图，形成了强烈对照。

陈敬熊（前排右一）与交大同学合影

因此，年轻的陈敬熊对新中国充满了憧憬。他更加努力学习，如饥似渴地吸收着知识的养分。从此时起，他的心中升腾起一个理想：将自己所学所知和青春年华奉献给新中国的建设事业，为祖国的科技事业发展奋斗终生。

陈敬熊

陈敬熊院士传记

Academician Chen Jingxiong's Biography

第三章

电信领域崭露才华

梦想与现实总是相距甚远。为了实现科技报国的理想，陈敬熊宁愿放弃安逸的工作，只身来到北京，投入电信科研的第一线。

1950年是农历虎年，对于推翻了三座大山、当家做了主人的中国人民而言，可谓“虎跃奇峰气势雄，人间喜庆康平世”。这一年，中共中央和中央人民政府根据七届二中全会制定的各项方针政策，采取一系列措施，领导全国各族人民在战争废墟上重建家园，恢复生产。广大青年学子欢欣鼓舞，踊跃参加革命工作，中华大地呈现出万象更新的气象。

与此同时，刚刚组建的邮电部为了发展我国电信事业，摘掉科技落后的帽子，也在紧锣密鼓地召集全国各地人才筹建电信科学研究所。在这样的背景下，从交通大学电信研究所毕业后不久，陈敬熊就到北京参加邮电部电信科学研究所的筹建工作，迈出了科研人生的第一步。

1. 奔向北京，朝着理想进发

1950年初夏，陈敬熊从交大工学院电信研究所毕业。在高等教育尚不发达的年代，受过本科教育的大学生都往往被当作“宝贝”，备受用人单位青睐，更不必说研究生了。陈敬熊跨出校门后，被分配到华东邮电管理局工作。该局管辖着上海电信管理局、上海邮政管理局和上海国际电台，是一个集行政管理和业务指导双重职能于一体的机构。能进入这样一家政府机关上班，不仅职业体面，而且拥有稳定的收入，许多人梦寐以求。华东邮电管理局地处外滩，陈敬熊坐一趟公交车就可直达，上下班甚是方便，陈敬熊家人对他的这份工作也非常满意。

可是，两个月之后，陈敬熊就对这份工作渐渐失去了兴趣。原来，他的主要工作就是巡查和维护电信器材，不仅枯燥乏味，更谈不上搞科研。陈敬熊感到在研究生期间学到的知识没有派上用场，颇有“英雄无用武之地”的感觉。

久而久之，陈敬熊觉得现实与理想之间的差距越来越远，况且自己的性格也不太适合机关按部就班的氛围，总希望能够做一些科学研究方面的工作。不过，机会总是留给有准备的人。正当陈敬熊为职业前景感到失望和苦恼时，他的同学熊继衮带来了一个好消息。正是这个消息，改变了陈敬熊的人生轨迹。

熊继衮是陈敬熊在交通大学的研究生同学，比陈敬熊小两岁，读书期间两人经常一起讨论问题、交流心得，结下了深厚友谊。熊继衮从交大毕业后，也被分配到华东邮电管理局工作。作为同学兼同事，熊继衮知道陈敬熊心里在想些什么，因为他本人也深有同感，一直在考虑如何改变现状。

一天，熊继衮悄悄走进办公室，轻轻拍了拍正在伏案工作的陈敬熊，向他摆了摆手，示意他出来谈话。两人一前一后走出办公室，来到走廊僻静处。这时，熊继衮才开口说道：“我的大学同学蒋通在北京邮电部工作。他告诉我刚刚成立的邮电部正在筹建电信科学研究所，准备从全国各地调一批电信专业技术人员到北京，充实研究所的科研力量。他问我有没有兴趣去，还让我多介绍几个同学。你觉得我们两个人是不是可以一起去？”

闻听此言，陈敬熊眼前一亮，立即意识到这是一次实现理想的良机，不过他还是有点将信将疑，反问熊继衮：“这是真的吗？”在得到肯定的答复后，陈敬熊紧紧握了握熊继衮的手，高兴劲儿溢于言表。

熊继衮提到的蒋通，是他在交通大学电机系读书时的同窗，1948 年本科毕业后受聘于交通部上海国际电台，担任技术员。解放后被调往北京，在新组建的邮电部参与电信科学研究所的筹建工作。

在解放之初，要创建一所国家级的科研机构可不是件一蹴而就的易事。相比办公场地、后勤保障等较容易得到确保的硬件设施来说，要网罗一批高水平的研究人员则困难重重。此时，国内在电信科学研究领域极其缺乏专业人才，尤其是受过专业教育的研究型人才。然而，华夏大地幅员辽阔，国家政策法令逐级传达、人民群众的交流沟通，都有赖于电信事业的支撑。在这种情况下，电信科技人才的重要性就更显突出。有鉴于此，邮电部决定将全国有限的电信科技人才集中起来，调到电信科学研究所从事相关工作。

天降喜讯，这么好的机会怎可放弃？陈敬熊和熊继衮经过一番商量之后，毅然决定放弃安逸的工作，共同前往北京，决心利用自己的知识来报效祖国，在电信科研领域闯出一番天地。

1950 年八九月间，陈敬熊和熊继衮踏上了进京的列车。坐在飞驰的火车上，陈敬熊心潮澎湃，浮想联翩。望着车窗外那一望无垠、充满勃勃生机的农田，他的内心犹如驰骋在希望的田野上，对未来充满无限期待。“到北京一定要好好干”，陈敬熊暗暗给自己鼓劲。此时的陈敬熊不会想到，这趟北上将是他一生中最为重要的转折点，他将与北京、与科研终身结缘。

抵京后，陈敬熊与熊继衮马不停蹄地赶往位于西单六部口的邮电部报到。两人办完手续之后，邮电部没有直接给他们安排工作，而是先让他们熟悉电信科学研究所的筹建情况。经过几天时间，他们对研究所的筹建过程和整体情况有了详细了解，这家以开展超视距、超短波通信技术、电离层测试、无线电设备以及天线技术的研究设计为主要任务的研究所完全是白手起家。

研究所的工作条件非常艰苦，甚至连基本的科研设备、试验器材都很匮乏。不过，他们并不在乎这些，因为电信科学研究所拥有一支年轻有为、奋发向上的科研团队，青年才俊们可以在这里畅所欲言，充分施展各自的才华。而且，让陈敬熊和熊继衮觉得非常庆幸的是，研究所副所长吴朔平正是他们的学长。

1951年4月21日，陈敬熊在邮电部电信科学研究所工作时所写的自传（部分）

姓名
材料編號 2

郵電部電信總局

自傳

(1951年4月21日寫成)

單位 電信研究所
職務 天綫組技術員
姓名 陳敬熊

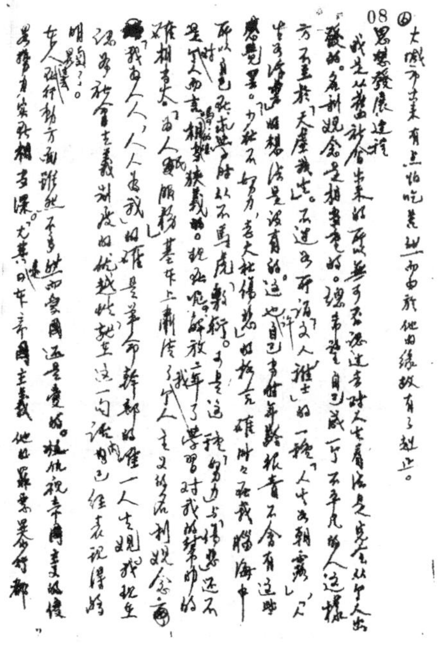

吴朔平出生于江苏常州，1928 年毕业于交通大学电机工程系，1947 年到美国实习时收集了两套完整的旋转式自动电话总机的线路、结构和生产工艺资料。回国后，吴朔平在上海组建了我国第一个电信研究室，开展超短波通信技术研究，还创办了我国电信行业的第一份专业杂志《电信建设》。在交大读书时，陈敬熊他们就对这位学长有所耳闻。

研究所创立初期，并未分门别类地设置研究室，而是根据实际工作需要，设立电波组、特高频组、天线组等。陈敬熊和熊继衮因在研究生期间从事过天线理论方面的研究，被分在了天线组。天线组的主要工作是研究各种定向天线，还承担着广播电台用的中、高频天线的设计和施工任务。天线组组长是吴展，副组长是梁思礼，组员还有赵宴民和李仁增。

1951 年，邮电部为了加强电信科学研究所的科研力量，又将重庆电波研究室的 60 多名专业人员调入北京。经过这番调整，电信科学研究所集聚了全国电信科技界的精英，成为新中国电信技术研究的中心。在这里，陈敬熊不再彷徨，各种各样的科研工作令他精神百倍，感到前所未有的充实与满足。

2. 做“科学的千里眼顺风耳”

1950 年，在北京海淀区万寿路上，有一座非常神秘的大院。这座大院平日里总是铁门紧闭，还有警卫把守。附近居民经常发现大院里面会架起比围墙还高的“铁线”，弄不明白这到底是干什么用的，街头巷尾议论纷纷。过了很久，他们才知道院内驻扎着共和国科技含量最高的兵种——通信兵，大院里面架起的也不是“铁线”，而是做通信实验用的天线。

这支通信兵部队是在革命战争年代诞生和发展起来的。1927 年，在南昌起义部队中就编有运动通信、简易信号通信和有线电通信分队。通信兵部队在抗日战争和解放战争中发挥了重要作用，毛泽东在 1941 年 10 月为通信兵部队题词:“你们是科学的千里眼顺风耳。”

新中国成立后，通信兵部队进入到一个崭新的发展阶段。可是，通信兵部队的壮大离不开强有力的技术支持，而当时中国薄弱的电信工业基础和落后的电信技术实力却制约着通信兵部队的装备现代化。为了强化通信兵部队的技术基础,1952 年 10 月，根据中央军委通信部部长王诤的提议，将华东工业部电工研究所与邮电部电信科学研究所合并，在北京成立军委通信部电信技术研究所，所址是万寿路 27 号，就是万寿路上的那座大院。

随着电信技术研究所的建立，吴朔平、黄纬禄、郝复俭、李蕴滋、熊继衮、陈敬熊等都从西单六部口搬到了万寿路。陈敬熊将这次工作变动形象地比喻成“一锅端”。这次合并绝不是简单的重组，而是收到了“1+1 > 2”的显著效果。

经过 4 年多的不懈努力，电信技术研究所从无到有，由弱及强，实现了质的飞跃。在全体技术人员的通力合作下，到 1957 年，该所共为军队系统研制、装备各种通信机械多台（套），设计笼形、鱼骨形、菱形天线十几种，建立电离层观测站多处，全所工作人员由初建时的 100 多人发展到 600 多人。这些人后来大多成长为我国通信、雷达、天线、电波、侦察干扰和导弹测控等领域的开拓者或学术带头人。可以说，电信技术研究所的建立，揭开了我国电子工业发展的新篇章。

转入电信技术研究所后，陈敬熊的科研工作内容由民用转向军用。想到今后自己的研究成果可以直接为国家、为军队服务，陈敬熊充满了工作激情。没过多久，他就领到研究军用通讯天线某一理论问题的任务。

一天，陈敬熊被领导叫到办公室。一进门，领导就开门见山，问他有没有兴趣研究“放在地面上的天线通信”问题。“是！保证完成任务。”陈敬熊回答得干脆利落。领导打量了一下面前这个文绉绉的年轻人，微笑着说：“你有把握？”陈敬熊用力地点点头。

“放在地面上的天线通信”问题从表面上看，似乎非常简单，就是把天线放在地面上一甩，电磁波发出去之后碰到地面，信号按照天线的方向传播，对方就可以接收到。在实际运用中，这非常适合战时小股部队之间传递战场军情。但这只是根据实践经验总结出来的使用方法，学术界还未能从理论上进行解释。此前，陈敬熊就已经注意到这一现象，还时常利用业余时间琢磨。他还读过苏联在此方面的一些研究成果，认为苏方的研究比较粗浅，流于表象。

巧合的是，组织上把这个难题交给陈敬熊来攻克，正合他的心意。陈敬熊也不是孤军奋战，“单打独斗”。该项目负责人钱文极安排了刚刚从英国学成归来的林铁生和陈敬熊搭档，共同研究这一问题。后来林铁生离开了研究所，这个项目就由陈敬熊独自继续钻研下去。

经过仔细研究，陈敬熊判断“放在地面上的天线通信”问题涉及电磁场理论，即将天线放在地面上之后可以发出信号，也就产生了电流，但是这个电流是怎样一种形式，必须计算天线电磁波的发射方向。

可以说这是一项从零开始的理论研究，几乎没有太多资料可以借鉴。陈敬熊从 Maxwell 方程着手，经过近一年时间的反复演算和分析，终于发现通信方向原来就在甩线的方向，从而找到了理论依据，出色地完成了任务。

3. 解决实战难题，支持抗美援朝

1950 年 6 月，朝鲜战争爆发。7 月，美国打着“联合国军”的旗号，悍然出兵朝鲜，并将战火烧到鸭绿江边。10 月 25 日，中国人民志愿军雄赳赳、气昂昂，跨过鸭绿江，与朝鲜军民并肩作战，抗美援朝，保家卫国。

联想起学生时代所目睹的日本侵略者蹂躏华夏大地、残酷屠杀我同胞的野蛮行径，陈敬熊对美国发动侵略朝鲜的战争义愤填膺。“我要报名参战！”刚跨入军事科研行列不久的陈敬熊毫不犹豫地向组织递交申请，要求加入到志愿军的行列。虽然最终因故没能亲赴沙场御敌，但陈敬熊并未气馁，“既然不能上前线，那就运用自己的才智为抗美援朝作贡献”。此后，他全身心地投入到军用通讯天线的科研中。

在朝鲜战场，志愿军战士在坑道中使用步话机进行通信汇报战场情况时发现，当天线贴近地面时，轴向信号比较好；将天线抬高后，轴向信号则会减弱，而在偏离轴线两侧的信号相对较好。战士们并不知晓这其中的原理，只是凭经验调整天线方向，如此往往会延误战场情报的传递，甚至使信号受阻。战场

形势瞬息万变，贻误一秒钟就可能影响一场战役的胜败。志愿军指战员们焦急万分。

如何从理论上解释这种现象呢？由于陈敬熊成功地解决了“放在地面上的天线通信”问题，电信技术研究所领导决定将这项紧急任务交给以陈敬熊为首的研究小组，希望他们能够尽快解决这个棘手问题。此时的陈敬熊还是电信科研领域的“新兵”，虽然参与过部分科研工作，积累了一些经验，但要以负责人的身份带领一个团队攻克难题，他心里还是没底。这个问题既无现成资料可查阅，也无相近的科研成果可借鉴，陈敬熊感到有些茫然，觉得这似乎是一项完成不了的任务。

然而，一想到朝鲜战场上，志愿军战士与以美国为首的“联合国军”你死我活的拼杀场景，陈敬熊咬咬牙，下定决心：必须尽快完成组织上交给的任务！他和小组成员经过紧张的前期准备，开始从外围资料查起，然后再进行理论推导，还不时向苏联专家请教。这样一圈下来，大伙发现这个问题仍旧无从入手。陈敬熊鼓励大家不要被困难吓住，要跳出固有思维，敢于突破陈规，从新的视角剖析问题。

经过反复运算和分析，陈敬熊意识到这个现象主要是地波传播问题。所谓地波传播，是指在以大地作为导体的情况下，一个信号发射器发射的信号经天线发出去，碰到地面后，这个信号仍可以继续传播到对方；而架于贴近地面或埋入地下的天线在远距离处所引起的场强是可以求得的。

天线上的电流分布是决定天线性能的主要因素，如果不知道天线电流分布，就不能直接求得定长天线的一般性能，如方向性、绝对场强、输入阻抗等。所以，天线上的电流分布是决定天线性能的主要条件，接下来的问题是如何表达天线上电流分布与天线距地表高度的关系。

此后一段时间，陈敬熊在研究中建立短波天线的电磁辐射模型。在这个电磁辐射模型中，无论在空中还是在贴近地面时，都把空气、大地作为介质考虑进来。实际上，天线辐射出的是球面波，而空气与地面的介质交界面是平面。首先把球面波化成平面波的积分叠加，然后利用 Maxwell 方程在不同介质层（大地、空气等）条件下的表现形式列出方程，最后结合介质边界处的法向电场分量、磁场分量及切向电场分量、磁场分量的连续性进行求解。这从理论上就可以解释短波天线在离地面不同高度的场强、输入阻抗的变化规律。

为了证明在电磁辐射模型中推断的准确性，陈敬熊又带领小组成员背着几十千克的通讯设备，在外场的模拟坑道中进行试验，检测通信效果，通过试验来验证理论的准确性。“功夫不负有心人”，试验终于取得了成功。陈敬熊的研究成果随即在朝鲜战场上“开花结果”，为志愿军痛击敌人赢得了宝贵时间。为了检验部队在实际使用过程中的效果，陈敬熊和小组成员又多次下到基层部队进行实地调研，听取反馈意见。

这次科研经历是一次理论与实践的结合，陈敬熊没有被本本主义束缚住，而是从实际出发，转变思路，摸索新的办法。事后，他认真总结了此次科研工作的经验，并进一步进行理论总结和提炼，完成了工作后的第一篇学术论文《垂直赫兹振子的电波在平地上的传播》，刊载在《无线电》杂志上。"我的大脑每天处于高速运转的思考状态，还好最终解决了这个问题。这是我参加工作以来打响的'第一炮'，自己也很满意。"对于职业生涯中的第一次成功，陈敬熊至今仍难以忘怀。

4. 再接再厉，赶超美国同行

1953年12月，电信技术研究所来了一名高个头、长相斯文的年轻人。他叫李桂生，是清华大学电机工程系毕业的高才生。出乎陈敬熊意料，所领导把这个新来的大学生分配给他当助手。多了这么一位名校出身的助手，陈敬熊自然是"如虎添翼"。

此时，朝鲜战争已接近尾声。陈敬熊在研究地面波的过程中，又发现一些遗留问题，主要集中在有绝缘护套水平导线的各种性能问题。经过三年时间的不懈探究，陈敬熊和李桂生终于彻底解决了所有遗留问题，并在1957年合著完成《架于地面附近天线性能的研究》一文，用文中给出的推导公式进行理论计算所得到的结果，与试验结果完全相符。

相比之下，美国科学家直到1963年3月才发表相关的科研成果。这表明，由于陈敬熊、李桂生的努力，此时中国在埋地天线和近地面天线方面的研究已领先于美国同行。但是，陈敬熊和李桂生并未满足于已有的成绩。在随后短短几年内，他们又先后开展了一系列的科研活动，发表了《长线的折射及其对改变天线方向性的作用》《无线电波在球面上传播中的半影区问题》《计算在平地面上垂直赫芝偶极子辐射的新公式》三篇关于地面波的重要学术论文。他们在研究过程中得出的计算公式，为军用通信天线设计提供了理论依据，也为部队正确使用短波天线提供了理论指导。

就在陈敬熊专心研究地面波问题的同时，其他国家尤其是西方各国也在飞速推进军事电子技术的研究。为了适应形势发展需要，1957 年 1 月，主管科技工作的国务院副总理聂荣臻根据国防部部长彭德怀的建议，将电信技术研究所升格为军事电子科学研究院，下设无线电波、通信、侦察干扰、防空情报与指挥系统、理化与元件、测试仪器与环境实验等六个研究室和一个试验工厂。此番调整对军事电子科学研究院的科研力量进行了较大的充实和提高。

1957 年 9 月，军事电子科学研究院根据国防任务的需要，在制定 1958 年度科学研究课题计划时，鉴于陈敬熊多次出色地完成科研任务，先后将四项国家课题交由他承担：研究两种不同介质面上的电波传播问题、研究微波在金属面上的绕射、偶极天线输入阻抗研究、沿球形地面的电磁波绕射传播。陈敬熊已经成长为可以挑大梁、独当一面的业务骨干。

5. 多年直接领导，成为良师益友

曾经有人问过陈敬熊：“您工作了这么多年，最敬佩的人是谁？”陈敬熊略加思索后，答道：“聂老总（聂荣臻）、钱院长（钱学森），都令我十分敬佩。还有吴展，他是我多年的老领导，是我最佩服的人之一。”

吴展原名龙怀民，是我国无线电天线技术与地空导弹总体技术专家。1945 年从燕京大学物理系毕业后，成为新华日报社的工作人员，1946 年 5 月调至南京中共代表团外事组，在周恩来与美方代表马歇尔谈判期间担任英语翻译。新

中国成立后，吴展调入邮电部电信科学研究所，任天线组组长；1955 年，军委通信部电信技术研究所成立后，仍任天线组组长。所以，吴展是陈敬熊在邮电部和通信兵部队的老领导。

陈敬熊刚到邮电部工作时，吴展不仅在工作上给予他指导帮助，而且在生活上经常对他嘘寒问暖，“适应北京的气候吗？”“吃得惯北京的饭菜吗？”吴展的关心，让只身一人在京的陈敬熊感到非常温暖，冲淡了他的思乡情绪。

陈敬熊觉得这位领导没有一点架子，总是和他平等交流，对其他刚来北京的年轻技术人员也是关爱有加。当陈敬熊得知吴展是从解放区来的大学生，不但英语娴熟，还曾给周恩来当过英文秘书，并且是天线技术方面的专家时，敬佩之心油然而生。

天线设计中的数学计算一直是个难点，尤其在短波天线领域，在选择设计方法时，一般都先采用数学近似计算，得到与实际情况较接近的方法，然后再在工作中进行试验。这种方法不仅工作量大，而且难以找到最优方案。

于是，陈敬熊想出一个办法，从基本模型出发推导出一个合理、有效的计算方法。这种计算方法不仅可以摆脱传统方法，而且可以加快设计过程，提高天线精度。但是，陈敬熊还是有点诚惶诚恐，因为他是个刚参加工作不久的年轻人，领导会采纳自己的意见吗？然而这样的疑问，很快就云消雾散。吴展非常支持陈敬熊敢于独立思考的工作精神，鼓励他大胆尝试。

1957 年，吴展调入国防部第五研究院二分院，继续担任天线、电波研究室主任，陈敬熊仍在吴展手下工作。期间，吴展主张领导干部要从“文山会海”中摆脱出来，把主要精力用到科研生产上，用到对基层情况的了解和掌握上，为科研工作的正常开展营造良好宽松的环境。二分院有些人对工程与理论的关系问题认识不足，认为搞理论的人就应该专心于撰写论文，而搞工程的人一天到晚和机器打交道，没必要搞理论工作。对此，吴展坚持认为，工程实践没有参加《1956—1967年科学技术发展远景规划纲要》编制工作的电子技术专家们合影：吴展（后右一）、张履谦（后右二）、黄纬禄（前左一）、梁思礼（前右二）、郝复俭（后左一）、魏鸣一（前右一）、童志鹏（前右三）、吕保维（前左三）

理论指导就寸步难行，两者相辅相成，不可偏废。

1960年，吴展任二分院二支队副主任，1962年5月，任二分院二部主任，1965年，任七机部二院二部主任。

通过与吴展工作、生活中的点滴接触，陈敬熊发觉这位老领导不仅业务精湛，而且不墨守成规，乐于接受年轻人提出的想法，鼓励他们创新。更重要的是，吴展能从大局出发，处理好个人和国家、社会之间的关系，这对陈敬熊的影响最为深远。吴展在二分院工作时，经常鼓励大家，一定要有大局观念，发挥集体的智慧，以国家、社会利益为重，同时也要敢于讲实话、讲真话，不要人云亦云。在航天系统任职期间，敢说敢为、性格率真的吴展影响了身边不少知识分子。陈敬熊对才华横溢的吴展更是崇敬有加，不论在工作上，还是在生活中，两人一直关系融洽，交情莫逆。

陈敬熊

陈敬熊院士传记

Academician Chen Jingxiong's Biography

第四章

踏上航天新征程

单位的合并重组使陈敬熊成为了中国第一代航天人中的一员。领衔研制首枚国产导弹的天线系统、首创Maxwell方程直接求解法，都是他精研覃思的必然结果。

1952年12月，美国总统艾森豪威尔宣称将对中国不限制使用核武器。次年春，美国将携带核弹头的导弹运抵日本冲绳岛，公然对我国实行核讹诈。为了反击美国的军事威胁，中央决心大力发展国防事业，研制导弹和原子弹等尖端武器，在战略上给予还击。随后，在党和国家领导人的关心下，成立了研制导弹武器的国防部第五研究院以及相关工厂，陈敬熊所在的单位也并入国防部五院，组建为其下属的二分院。从此，他的人生再一次“转轨”，踏上航天新征程，成为中国第一代航天人，开始从事他毕生所热爱的航天科研事业。

1. 国防部五院的组建

1949年新中国成立时，一些发达国家如美国、苏联、法国等，逐渐进入“原子时代”“喷气时代”，而中国国防所需的相关科研工作还基本是一片空白。从国际环境来看，中国处在帝国主义的封锁、包围和战争威胁之中，美国在日本、韩国及我国台湾地区部署军事力量，对中国大陆形成“半月形包围圈”。尤其是1953年春，美国总统艾森豪威尔下令将携带核弹头的导弹运抵日本冲绳岛，公然对我国进行挑衅。新中国面临着巨大的军事压力，国家安全形势危如累卵。

如何解决这一严峻的问题呢？唯一的办法就是迅速改变中国科学技术的落后面貌，尽快研制出尖端武器，增强国防实力。毛泽东、周恩来、聂荣臻等老一辈无产阶级革命家一致决定，要用国产尖端武器来回应美国的军事威胁，赢得战略主动权。

1956年2月17日，刚刚归国不久的著名科学家钱学森根据周恩来总理的指示，向中央提交了《建立我国国防航空工业意见书》，提出了发展中国导弹事业的规划设想。22日，周恩来将钱学森的意见书送交毛泽东主席审阅，又让秘书将意见书印发中央军委秘书长、国防部副部长黄克诚和中央军委各委员。

3月14日，周恩来主持召开中央军委会议，传达了中央关于研制导弹的决定。经研究，决定组建导弹与航空科学研究的领导机构——航空工业委员会（简称“航委”）。4月，中央正式批准成立航委。这样，在中央层面就明确了发展导弹的规划以及领导机构。

5月10日，聂荣臻向国务院、中央军委提出《建立我国导弹研究工作的初步意见》的报告。该报告建议：在航委下设立导弹管理局，统一领导导弹的研究与生产工作，由钟夫翔任局长，钱学森任总工程师；建立导弹研究院，钱学森兼任院长，该院的主要任务是负责导弹结构及动力方面的研究、设计与试制工作，并对控制系统提出技术条件。5月26日，中央军委第71次会议通过聂荣臻的报告。10月，导弹管理局（国防部第五局）和导弹研究院（国防部第五研究院）成立。

随后，中央开始在全国各地的高等院校和研究机构“调兵遣将”，将学习过导弹以及相关专业的人员调入北京，集中有限的人力开展导弹研究。在八九月间，任新民、梁守槃、庄逢甘、朱正、冯世璋、梁思礼、乔石琼、蒋通、李一鸣、吴宝初、吴德雨、朱敬仁等相继调到五院。

经过此番前期准备，10月8日下午，国防部第五研究院借用北京车道沟附近空军四六六医院食堂，召开了成立大会。聂荣臻在大会上宣布：“国防部第五研究院正式成立！”他勉励大家以自力更生、奋发图强的精神，进行学习研究，毕生致力于我国的导弹事业。虽然与会的200多人是当时中国导弹科研队伍的所有家底，但是，聂荣臻铿锵有力地说道：“现在人数虽少，但只要大家团结一心，艰苦奋斗，中国的导弹事业一定会有美好的前景。”

聂荣臻的讲话引起了一片热烈的掌声。他在大会上同时宣布中央的任命：钟夫翔任国防部五局局长，钱学森任五局第一副局长兼总工程师，林爽为五局副局长兼副总工程师。

五院成立之后不久，根据钱学森的意见，11月

23日，设立了10个研究室：导弹总设计师室、空气动力研究室、结构强度研究室、发动机研究室、推进剂研究室、控制系统研究室、控制元件研究室、无线电研究室、计算技术研究室、技术物理研究室。国防部第五研究院的成立，为我国导弹事业的发展提供了组织机构保障。

2. 成为第一代航天人

1957年11月9日，国防部五院院长钱学森、政委谷景生向聂荣臻副总理呈送《关于导弹研究院的体制意见的报告》。钱学森等在报告中提议，以军事电子科学研究院为基础，与五院的控制系统研究室、控制元件研究室、无线电研究室、计算技术研究室、技术物理研究室合并，组建国防部五院二分院，主要任务就是负责地地、地空和飞航式导弹控制系统的设计工作。二分院院址设在永定路，这里原来是中国人民解放军财务学校和通信兵第一通信团驻地。

11月16日，中央批准成立国防部五院二分院，周总理任命王诤为二分院院长。国防部五院二分院就此诞生。于是，蔡金涛、吴朔平、黄纬禄、陈敬熊等技术人员从军事电子科学研究院转入国防部五院二分院，成为二分院的中坚力量。从此，陈敬熊踏上航天征程，开始从事航天科研工作，成为中国第一代航天人。

事实上，二分院刚成立之际，不仅缺乏图书资料、仪器设备，仅有的一些机床设备也是使用多年的“老古董”，而且很多技术人员对导弹控制系统的知识掌握得并不多，科研能力有待提升。

即便如此，这批技术人员仍然以极大的热情投入到中国导弹事业初创时期的工作中，不计名利，成为二分院名副其实的奠基人和开拓者。正如曾担任过五院办公室主任的王道力所评价的：“这不仅为五院增强了科学技术方面的造诣高、有水平的科研力量，而且为解决火箭导弹的控制与制导的研制，创造了十分可贵的条件。”

陈敬熊一直以自己是中国第一代航天人而自豪，因为毛泽东、周恩来、聂荣臻等中央领导人非常重视国防部五院的工作，而五院的任务又很明确，就是研制导弹武器，为国家提供战略武器。陈敬熊的工作重点，主要是研究导弹武器系统中的重要组成部分——雷达天线，这正是他的专业和兴趣所在。就这样，在职业与兴趣的结合中，陈敬熊的科研道路越走越宽阔。

1957 年 12 月 5 日，二分院建立了 12 个研究室。陈敬熊被分配在第十研究室（天线、电波研究室），并担任 102 工程组组长。第十研究室主任是他非常敬佩的吴展，副主任是梁思礼。1958 年 7 月 4 日，二分院对这 12 个研究室做了进一步调整，以适应实际研制工作的需要，将陈敬熊所在的第十研究室与其他几个研究室进行重组，成立“第五专业设计部”，主要承担原军事电子科学研究院负责的通信、侦查、干扰、计算机、天线、遥测等设备的研制工作，由吴朔平担任设计部主任。陈敬熊在第五专业设计部天线设计研究室（五室）工作，仍从事天线方面的研究。

“生在永定路，死在八宝山”，这是二分院政委董启强在一次大会上讲过的一句话，它充分体现了二分院全体人员立志航天报国的决心。为了尽快实现我国导弹事业零的突破，二分院上下鼓足干劲，辛勤工作。大家白天或在办公室搞设计与研究，或在图书馆查阅资料，夜里还经常加班加点地工作。陈敬熊所在的第十研究室也不例外。有时候已是深夜时分，研究室里还是灯火通明，吴展等室领导见状后，便像“赶鸭子”似地督促大家回去休息。陈敬熊他们很不情愿地放下手中的工作，离开办公室，但并未走远，等领导一离开，大伙又不约而同地回到办公室。即便这样，陈敬熊还是觉得时间不够用，恨不得把一天变成两天用，为刚起步的航天事业多出一份力。

到 1960 年 3 月，经过数年的发展和摸索，二分院领导对导弹研制机构的组织架构有了更加成熟的认识，决定取消第五专业设计部的建制，设立试验处，试验处下设天线研究设计室和遥测研究设计室。天线室下设“1059”工程组、“543”工程组、理论组和测试设备组。陈敬熊主要承担地地、地空导弹天线的研究工作。不久，他迎来成为航天人之后的第一项重大工程——研制“1059”导弹天线。

3. 研制“争气弹”天线

1960年11月5日上午，在我国西北戈壁滩某导弹基地，一枚导弹正静静地高耸在发射场上。发射场四周空无一人，只有不时呼啸而来的北风发出刺耳的声响。

此时，基地控制室里鸦雀无声，工作人员已经完成各项准备工作，一切就绪，静待导弹升空的那一刻。9时2分28秒，随着现场总指挥果断地发出“发射”指令，操控人员迅即按下一个红色按钮。只见导弹尾部刹那间喷射出刺眼的火光，弹体随即腾空而起，如离弦之箭，冲向高空，在蓝天上划出一道优美的弧线。7分钟后，导弹落入预定目标区域。

在发射现场坐镇指挥的聂荣臻立即把这一激动人心的消息报告给远在北京的毛泽东主席和周恩来总理。这一天是我国导弹发展历史上具有里程碑意义的日子。在当晚的庆功宴会上，聂荣臻高兴地说："在祖国的地平线上，飞起了我国自己制造的第一枚导弹，这是毛泽东思想的胜利，是工人、技术人员、干部以及解放军指战员辛勤劳动的结果，也是我军装备史上一个重要的转折点。"他还转达了毛主席和周总理对全体研制和参试人员的慰问与感谢，鼓励大家再接再厉、争取更大的胜利。

这枚导弹就是后来人们熟知的"东风一号"，这片戈壁滩后来也被命名为"东风基地"。但许多人并不知晓"东风一号"还有一个神秘的代号——"1059"，其本意是计划在1959年国庆10周年之际发射这枚导弹。虽然"1059"导弹成功发射比预定时间晚了一年，但这标志着我国在掌握导弹技术的道路上迈出了关键一步，推动了我国导弹研制、发射基地的建设朝纵深发展。

当"1059"导弹成功发射的消息传到二分院时，众人都兴奋得跳了起来。仔细算来，从1957年年底开始试制，到1960年11月发射成功，这枚导弹的整个研制过程仅用了3年时间，它成功的背后凝聚了第一代航天人坚持不懈的奋斗和夜以继日的探索。

"1059"是以苏联"P-2"导弹为原型，在其基础上结合国内实际情况仿制的第一代国产导弹。它属于近程液体地地导弹，最大射程为590千米，最小射程为200千米。

1957 年 12 月 24 日，苏联按照中苏签订的协议，将两发“P-2”导弹运抵北京。随后，苏联专家带着“P-2”的设计图纸资料来到中国。研制“1059”的工作相继在国防部五院和相关工业部门中展开，二分院的主要任务是研制导弹控制系统。在导弹整个系统中，控制系统是最为关键的部分，相当于人的大脑和神经中枢，用于控制导弹的稳定性，使导弹保持一定的姿态，按设定的轨道飞行，从而将弹头送到预定位置。

“P-2”导弹控制系统是惯性—无线电混合制导系统，它的纵向射程控制采用惯性捷联式制导，横向采用无线电横偏校正系统，由制导系统、姿态控制系统、弹上电源配电系统和地面测试及发射控制系统组成。

这是一项十分艰巨的任务，对于成立不久的二分院来说，可谓压力巨大。不过，陈敬熊等一班科研人员都很振奋，因为这是党和人民的重托，他们有信心攻坚克难，不辱使命。

1956 年制定的《1956—1967 年科学技术发展远景规划纲要》(简称《纲要》)，确定了“重点发展，迎头赶上”的方针，提出了 57 项重点任务，强调要在 12 年内，使我国火箭和喷气技术走上独立发展的道路。《纲要》极大地鼓舞了二分院上上下下的士气。陈敬熊他们摩拳擦掌，恨不能早日造出拥有自主技术的导弹来，以响应毛主席提出的“十五年赶超英美”的号召。

不过，《纲要》也在一定程度上影响了二分院的工作思路，有的同志认为，仿制“P-2”导弹的工作可以交给工厂去做，二分院应该集中力量自行设计国产导弹。经过一段时间的摸索和实践，大家逐步认识到，导弹控制系统的研发是一项非常复杂的系统工程，涉及控制论、电磁场理论及电子元器件等方方面面的知识，同时还需要试验工厂等配套设施，仅仅依靠二分院现有的力量是难以完成的。所以，最有效的途径就是利用苏联提供的导弹实物和图纸，先进行仿制，为今后自行设计打下基础。

与此同时，聂荣臻也在不同场合强调，要从实际出发，先对苏联导弹进行仿制，在消化的基础上再进行创新。就像要先学会走路、再跑步一样，必须在仿制中把技术吃透，才能够自主设计。聂荣臻的这一“先仿制、后自行设计”的思想，为新生的中国导弹事业进一步指明了前进的方向。

为了提高科研人员的积极性，培养科技人才队伍，加速完成建院的各项任务，二分院党委适时决定：在全院开展一个以仿制“P-2”导弹为中心的技术学习运动。不久，五院就向二分院下达了研制“1059”部件的任务，包括偏航校正、地面测量、指挥发控等9种地面特种车辆和经纬仪、电台、COH-4雷达等9种设备。接受任务后，二分院再将上述任务细化，将导弹天线和地面横偏校正系统天线交给了天线设计研究室。此后，陈敬熊把主要精力用于研制“1059”导弹天线，同时也十分关心地面横偏校正系统天线的研制工作。

导弹天线是“1059”导弹控制系统的关键装置，主要用来发射和接收无线电波。离开天线，“1059”导弹就会成为“无的之矢”。接到任务后，陈敬熊和相关科研人员立即争分夺秒地投入到紧张的工作中。他们首先从研究苏联提供的设计图纸着手，进行原理分析，消化吸收，处理加工超差和材料代用等生产过程中遇到的技术问题，在此过程中不断向苏联专家请教，与他们讨论技术问题。各项工作有条不紊地顺利推进。但陈敬熊渐渐发现了一些问题：苏联方面提供的图纸并不完整，而且有的苏联专家对图纸的设计意图也不甚明了。当被问及关键技术问题时，苏联专家都守口如瓶，似乎不愿透露任何有价值的信息；尤其是负责控制系统的苏联专家，保密工作做得相当严谨，对相关技术参数只字不提。1960年，随着中苏关系不断恶化，苏联政府限期召回全部在华工作的苏方专家，给“1059”的仿制工作造成了很大困难。

广大科技人员并没有被困难吓倒，也没有因为苏联专家撤走而停止“1059”的仿制。相反，大家以更大的热情投入到工作中去，下决心一定要将这枚导弹研制出来，给中国人争一口气。所以，航天人又把这枚导弹亲昵地称为“争气弹”。就是在这样的背景下，陈敬熊在研制过程中敢于创新，打破苏联专家设定的条条框框，创造性地提出了Maxwell方程直接求解法，解决了导弹天线研制中的关键技术问题。

4. 首创Maxwell方程直接求解法

陈敬熊在进入国防部五院二分院前，虽然有过天线方面的科研经验，但研制导弹天线还是第一次，没有什么把握。因为导弹天线与地面天线虽同属天线范畴，但也有很大区别。

首先，导弹天线是导弹结构的一部分，其电气参数与导弹外形有关。其次，导弹上的天线用于制导、引信、遥测和自毁，形式多种多样，包括圆极化平面螺旋或喇叭天线、线极化开槽天线、圆波导天线、抛物面天线、平板波导天线阵、印刷天线、振子天线等。第三，导弹天线的设计要求比较特殊，主要是外露式振子天线或非突出的天线尺寸小、重量轻；有足够的机械强度和刚度，能承受很大的过载；能在气动加热的高温条件下可靠地工作（导弹鼻锥部分的温度可达几千摄氏度），一般采用耐热结构材料或防热方法，如在天线上涂抹防护材料绝热层；尽量避开或减少等离子体对天线性能的影响（阻抗失配、方向图畸变、电波严重衰减等）；有足够高的电击穿强度。

陈敬熊冷静思考以后，决定首先从摸清苏联提供的导弹天线设计图开始。他仔细分析了图纸，渐渐吃透了导弹天线设计原理。为了能够迅速开展研制工作，陈敬熊和组员经过几番讨论研究之后，决定将高速飞行器的天线绕射问题作为研究的重点，在探究这一问题的过程中，陈敬熊开创性地提出了Maxwell方程直接求解法。

Maxwell方程是19世纪英国科学家Maxwell提出的关于电磁场问题的数学理论，并以他的名字命名。Maxwell通过这一方程将电与磁之间的关系清晰地表达出来。该方程阐述了电场、磁场与激励源是通过空间和时间的线性微分算子联系在一起的原理。由于电场和磁场在方程中都是以向量形式出现，这就给方程的求解带来了一定的困难。在特定条件下，这些方程可借助某些标量函数来求解，而这些函数是满足波动方程式的。

在无源区域中，利用Maxwell方程进行求解是行之有效的。但是，导弹天线处在有源状态，若再用Maxwell方程求解就会遇到困难，因为如何把所要求的场与源正确无误地联系起来是一大难题。

以垂直于无限长圆柱体上的简单电偶极子为源的电磁波的绕射问题就是一例。直观上要找出两个轴向位函数同激励源的关系很不容易，而要解决处于任意指向电偶极子激励下的金属圆锥体的绕射问题就更难了。

面对这种情况，陈敬熊觉得有必要抛弃以前的惯性思维，寻找一种更直接的方法来处理场与源的联系问题。于是，他开始研究 Maxwell 方程直接求解法。

陈敬熊先从系统研究可用解析方法求解有源电磁场的边值问题的可行性着手。他知道自己在学校里获得的知识已经满足不了处理这种问题的需要，必须补上相关的数学和物理知识。他边学边干，在深入研究苏联所提供资料的同时，啃下了《泛函数分析概要》《泛函数分析导论及应用》等学术专著，终于在求解方法上实现了重大突破。

陈敬熊发现对于柱体边界的边值问题，在圆柱坐标系下，轴向电场和磁场各自满足关于各种源的非齐次波动方程式，而场强的其他分量则可以通过它们求出；对于球体边界的边值问题，在球坐标系下，径向电场和磁场各自满足关于各种源的非齐次波动方程式，通过解这些非齐次波动方程式，就能直接得到正确的解，而不会出现漏项的错误。

陈敬熊将这种方法称为“直接求解法”，即直接求解有源边值问题。有了这一有效的方法，就不需要通过辅助函数而直接求解。由于场与源的关系问题归结为求解两个各自独立的非齐次偏微分方程，因此，许多有关的已知结论均可引用。例如，按本征系数展开求解时，解的正交性对场分量各自成立，从而使方程的求解大大简化。

在 Maxwell 方程直接求解法问世的十余年后，美籍华裔电磁理论学家戴振铎于 1971 年提出了求解有源边值问题的另一种方法——“并矢格林函数法”。相比之下，陈敬熊的“直接求解法”依然具有运算简单、直观、不易漏项、易于掌握等诸多优点。

实际上，陈敬熊提出 Maxwell 方程直接求解法的意义不仅在于理论层面，

陈敬熊有关 Maxwell 方程直接求解法的教学讲义

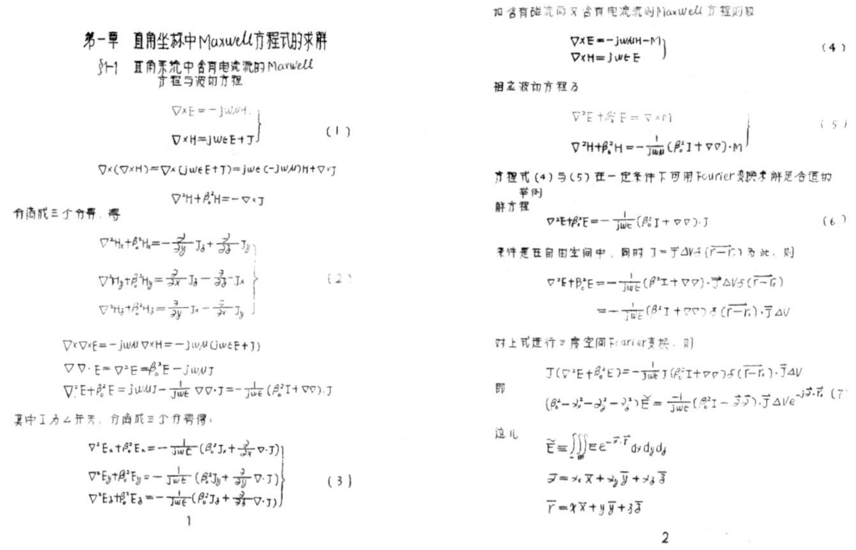

第一章 直角坐标中Maxwell方程式的求解

§1-1 直角系统中含有电流源的Maxwell方程与波动方程

$$\left.\begin{aligned}\nabla\times E&=-j\omega\mu H\\ \nabla\times H&=j\omega\epsilon E+J\end{aligned}\right\}\qquad(1)$$

$$\nabla\times(\nabla\times H)=\nabla\times(j\omega\epsilon E+J)=j\omega\epsilon(-j\omega\mu)H+\nabla\times J$$

$$\nabla^2H+\beta_0^2H=-\nabla\times J$$

分离成三个分量，得

$$\left.\begin{aligned}\nabla^2H_x+\beta_0^2H_x&=-\frac{\partial}{\partial y}J_z+\frac{\partial}{\partial z}J_y\\ \nabla^2H_y+\beta_0^2H_y&=\frac{\partial}{\partial x}J_z-\frac{\partial}{\partial z}J_x\\ \nabla^2H_z+\beta_0^2H_z&=\frac{\partial}{\partial y}J_x-\frac{\partial}{\partial x}J_y\end{aligned}\right\}\qquad(2)$$

$$\nabla\times\nabla\times E=-j\omega\mu\nabla\times H=-j\omega\mu(j\omega\epsilon E+J)$$

$$\nabla\nabla\cdot E-\nabla^2E=\beta_0^2E-j\omega\mu J$$

$$\nabla^2E+\beta_0^2E=j\omega\mu J-\frac{1}{j\omega\epsilon}\nabla\nabla\cdot J=-\frac{1}{j\omega\epsilon}(\beta_0^2I+\nabla\nabla)\cdot J$$

其中I为么并矢，分离成三个分量得：

$$\left.\begin{aligned}\nabla^2E_x+\beta_0^2E_x&=-\frac{1}{j\omega\epsilon}\left(\beta_0^2J_x+\frac{\partial}{\partial x}\nabla\cdot J\right)\\ \nabla^2E_y+\beta_0^2E_y&=-\frac{1}{j\omega\epsilon}\left(\beta_0^2J_y+\frac{\partial}{\partial y}\nabla\cdot J\right)\\ \nabla^2E_z+\beta_0^2E_z&=-\frac{1}{j\omega\epsilon}\left(\beta_0^2J_z+\frac{\partial}{\partial z}\nabla\cdot J\right)\end{aligned}\right\}\qquad(3)$$

1

如含有磁流而又含有电流源则Maxwell方程则取

$$\left.\begin{aligned}\nabla\times E&=-j\omega\mu H-M\\ \nabla\times H&=j\omega\epsilon E\end{aligned}\right\}\qquad(4)$$

相应波动方程为

$$\left.\begin{aligned}\nabla^2E+\beta_0^2E&=\nabla\times M\\ \nabla^2H+\beta_0^2H&=-\frac{1}{j\omega\mu}(\beta_0^2I+\nabla\nabla)\cdot M\end{aligned}\right\}\qquad(5)$$

方程式(4)与(5)在一定条件下可用Fourier变换来解是合适的

举例

解方程

$$\nabla^2E+\beta_0^2E=-\frac{1}{j\omega\epsilon}(\beta_0^2I+\nabla\nabla)\cdot J\qquad(6)$$

条件是在自由空间中，同时 $J=\vec{J}\Delta V\delta(\overrightarrow{r-r_0})$ 为此，则

$$\nabla^2E+\beta_0^2E=-\frac{1}{j\omega\epsilon}(\beta^2I+\nabla\nabla)\cdot\vec{J}\Delta V\delta(\overrightarrow{r-r_0})$$

$$=-\frac{1}{j\omega\epsilon}(\beta^2I+\nabla\nabla)\delta(\overrightarrow{r-r_0})\cdot\vec{J}\Delta V$$

对上式进行三度空间Fourier变换，则

$$J(\nabla^2E+\beta_0^2E)=-\frac{1}{j\omega\epsilon}J(\beta_0^2I+\nabla\nabla)\delta(\overrightarrow{r-r_0})\cdot\vec{J}\Delta V$$

即

$$(\beta_0^2-\nu_x^2-\nu_y^2-\nu_z^2)\tilde{E}=\frac{-1}{j\omega\epsilon}(\beta_0^2I-\vec{\nu}\vec{\nu})\cdot\vec{J}\Delta Ve^{-j\vec{\nu}\cdot\vec{r}_0}\qquad(7)$$

这儿

$$\tilde{E}=\iiint_{-\infty}^{\infty}E\,e^{-\vec{\nu}\cdot\vec{r}}dx\,dy\,dz$$

$$\vec{\nu}=\nu_x\bar{x}+\nu_y\bar{y}+\nu_z\bar{z}$$

$$\bar{r}=x\bar{x}+y\bar{y}+z\bar{z}$$

2

它更是新中国科技工作者自强创新的典范之一。因为当年在解决相关问题时被广泛使用的“赫兹势位法”是外国人提出的，不少同行认为要超过国外权威，完成西方人还没有做到的事情，简直是不可能的。但陈敬熊不畏权威之说，以“初生牛犊不怕虎”的闯劲、不达目标不罢休的干劲，奋力开拓未知的科学领域，终于找出了解决问题的新方法。

在之后的几年时间里，陈敬熊又利用“直接求解法”进行相关研究，取得了不少成果。首先，和毛康侯共同完成了《金属抛物柱面上天线的边值问题》一文，这一开拓性研究成果顺利地解决了金属抛物柱面在各种激励下的电磁场的绕射问题，给高速飞行器上的天线设计提供了理论基础。其次，在《自由空间各向异性媒介中 Maxwell 方程的直接求解》一文中，又应用多度空间傅立叶变化求解自由空间中各自异性的 Maxwell 方程，非常有效，具有更加普遍应用的优越性，由此方法求解得到的表达式非常简洁。此外，陈敬熊还利用“直接求解法”，对金属圆锥体和圆柱体在各种激励下的电磁波绕射问题以及求解有源电磁场的边值问题，进行了系统研究。

在仿制“1059”天线过程中，陈敬熊利用“直接求解法”所做的系统研究，先后推导出一系列计算公式，并在试验中得到验证，成为导弹天线设计的依据，从而为“1059”天线的成功研制奠定了理论基础。“1059”仿制工作是一次圆满的技术革新，更为中国的航天事业培养了一支能征善战的队伍。陈敬熊在仿制过程中，通过刻苦钻研学习，消化、掌握了航天科研的相关知识，并摸索出基本规律。经过此次实践，陈敬熊逐渐成长为二分院的技术骨干。

这次科研实践经历，也让陈敬熊深深体会到“学无止境”这四个字的真谛。他认为在工作中取得些许成绩自然令人愉悦，但在成绩面前切忌骄傲自满，更不能因此裹足不前，一定要持之以恒地学习新知识，不断扩展知识面。只有如此，才能将理论问题摸清搞透，以便在今后的工作中举一反三，事半功倍。

后来，陈敬熊也经常用自己探求 Maxwell 方程直接求解法的例子来勉励年轻的科研人员，告诫他们不仅要勤奋工作，还要善于总结和分析，当一项科研任务完成之后，一定要从理论层面加以系统思考，唯有这样才能真正体会到科学研究的乐趣所在，也才能不断提升理论水平。

5. 实至名归的委员

1961 年 4 月 1 日，五院院长刘亚楼、政治委员刘有光、副院长王秉璋联合签署命令，正式任命陈敬熊担任二分院试验处工程师。

不久，经五院和二分院领导统筹考虑，陈敬熊所在的试验处被并入第三设计部。1962 年 3 月 30 日，陈敬熊被任命为第三设计部副主任，全面负责设计部的技术工作。

这一系列任命不仅是组织对陈敬熊科研工作能力的认可，同时也充分证明了“1059”研制工作的确起到了锻炼队伍、培养人才的目的，像陈敬熊这样一批中青年科技人员在经过锤炼后脱颖而出，成为单位的技术中坚力量。就在出任第三设计部副主任前夕，陈敬熊还被选为五院科学技术委员会委员。这又是他科研人生中的一件大事。

为了保障技术民主，充分发挥老中青各个年龄段技术专家的聪明才智，激发他们的积极性和创造性，推动导弹、航天事业的飞速发展，在聂荣臻、钱学森等的关心下，五院从 1961 年开始筹划成立科学技术委员会，并由钱学森统筹

1961年4月1日，国防部五院任命陈敬熊为二分院试验处工程师

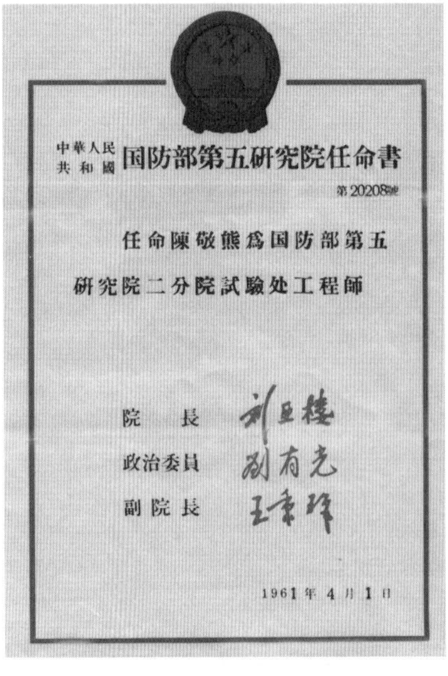

中華人民共和國 国防部第五研究院任命書

第20208號

任命陳敬熊爲国防部第五研究院二分院試驗处工程師

院長 刘亚楼

政治委員 刘有光

副院長 王秉璋

1961年4月1日

1962年3月30日，陈敬熊被任命为二分院第三设计部副主任

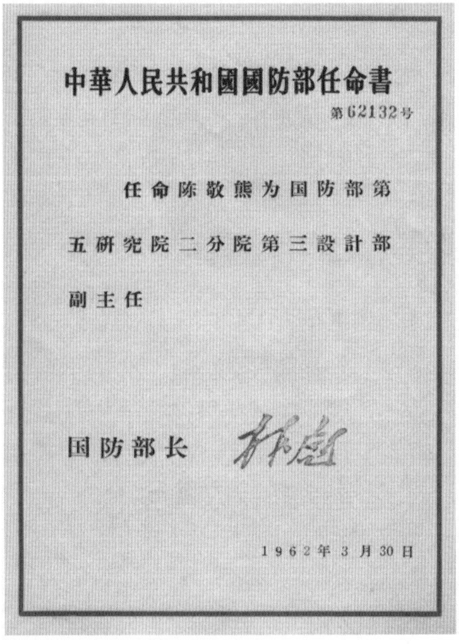

中華人民共和國国防部任命書

第62132号

任命陈敬熊为国防部第五研究院二分院第三設計部副主任

国防部长

1962年3月30日

起草科技委工作条例，王寿云负责执笔。1962 年 2 月 2 日，在国防部五院机关小礼堂举行了科技委成立大会。

大会选举钱学森为主任委员，屠守锷、任新民、蔡金涛、吴朔平、梁守槃、庄逢甘为副主任委员，陈敬熊等院内技术人员当选为委员，部分院外技术专家出任特邀委员。

科技委委员都是具有较高造诣的科学家和工程技术专家，他们按专业划分成若干小组，陈敬熊名列雷达分组。陈敬熊入选五院科技委还有一个小插曲。在首次遴选委员人选时，陈敬熊的名字并未在名单内。当这份名单送呈五院领导进行二次核定时，钱学森仔细端详着名单上的每一个名字，看着看着，觉得好像少了一个人，他提笔在名单上添了三个字：陈敬熊。钱学森特意提名陈敬熊为科技委委员不是偶然的，凭借研制“1059”天线系统的出色表现，陈敬熊给钱学森留下了深刻印象。陈敬熊这样年轻有为的科技人员不正是五院科研队伍中的优秀代表吗？钱学森此举在情理之中。

成立大会明确了科技委的基本任务：讨论发展规划，提出火箭发展方向、

1962年2月2日，国防部第五研究院科学技术委员会成立留影（三排右八为陈敬熊）

途径的建议，审议型号及重大技术设备的设计任务和总体设计方案，鉴定技术提案，审议重大研究课题并鉴定其成果，接收总设计师及有关部门提请讨论的重大技术问题、解决途径，指导学术活动，鉴定重大科学技术报告和论文，提出处理意见，讨论科技干部的培养规划，对技术行政、技术组织工作提出建议，指导全院的学术活动。

五院科技委成立大会结束后，随即举行了第一届年会，到会的主要是五院科研一线的学术带头人。这次年会是五院成立以来召开的第一次全院性的技术会议，大会认真讨论了 3 项工作：一分院编写的地地导弹发展技术途径；二分院编写的地空导弹发展技术途径；在钱学森主持下，由五院科技部编写的海防导弹发展技术途径。

会议肯定了地地导弹采用可贮存高能推进剂是最佳方案，指出了技术储备及应用研究在发展尖端技术中的重要地位，统一了对几项大型试验设备和几个学科建设的认识，对我国导弹研制工作由仿制走上自行设计之路具有重要意义。

6. 来自中南海的关怀

正当“1059”的研制工程进入关键阶段，华夏大地遭遇了一场罕见而持续的自然灾害，中国进入三年困难时期。由于农业生产受损严重，导致许多生活物资，尤其是食品供应短缺，国家不得不采取定额限量的供应措施。五院的日常工作也受到影响，广大科技工作者都饿着肚子搞科研，很多人因长期营养不良而得了浮肿病。

“屋漏偏遭连阴雨”。1960 年 8 月，苏联背信弃义，撤走所有援华专家。虽然困难重重，全体参研参试人员依然坚守在科研一线，即便饥肠辘辘，也不愿耽误工作进度。

面对这一内外交困的严重局面，聂荣臻于 10 月 9 日晚在北京三座门（时为中央军委驻地）召开座谈会，五院九级以上教授、专家、工程技术人员均受邀参加，在这次座谈会上，陈敬熊亲耳聆听了聂荣臻的讲话。

聂荣臻在会上说：“五院就是大家的家，五院的工作就是大家的终身事业，希望同志们下决心在这个光荣的岗位上干一辈子，为国防技术贡献自己的一生，把祖国建设得更强大，这是万世之荣。……只要大家尽了心，用了力气，失败了不要紧，要打气，绝不要泼冷水，更不会追究责任，要坚持下去，吸取经验，反复试验，直到成功为止。”

聂荣臻的这番话情真意切，对五院全体科技人员来说，好比是雪中送炭，给大家以极大的鼓舞和鞭策。聂荣臻的肺腑之言，也让陈敬熊他们感到肩负的重任，这不仅仅是个技术问题，更关系到国家的荣辱安危。聂荣臻言毕，钱学森起身代表五院所有科技人员发言。他说：“中国科技人员是了不起的，我们不仅具有聪明智慧，我们还特别能艰苦奋斗。国家有困难，我们科技人员寝食难安，我们会夜以继日、废寝忘食地去干，甚至为此损害健康、牺牲生命也在所不辞！”

众所周知，科学研究属于复杂的脑力劳动，是具有创造性和连续性的思维活动，需要一个与之相适应的工作、生活环境。可是，此时期在科技战线存在着把专家当成中专生、技术员使用，不少专家非但不给安排科研任务，还被派出去参加长时间的农村劳动，本末倒置。

10 月 11 日，国防科委秘书长安东专门到二分院传达聂荣臻关于高级知识分子问题的指示，要求对因受“拔白旗、插红旗”“整风反右”等运动的影响，而造成知识分子使用政策的偏差，以及对知识分子在科研、生活方面疏于照顾的问题及时整改。

11 月 14 日，国防部下达《关于国防部五院工作时间安排的规定》；12 月 13 日，聂荣臻又签发《国务院关于在科学研究机构中坚持八小时工作制和保证科学研究时间的通知》。这两个文件要求工作时间内的非技术活动一律停止，实行八小时工作制，以保证科研人员的工作时间。同时，为保证安静的工作环境，全院停止使用有线广播，业余时间则由技术人员自由支配，科技人员不参加不必要的会议。

除了在制度上保证五院科技人员有足够的工作时间之外，党和国家领导人还时刻关心着他们的生活。当聂荣臻听说大家都饿着肚子研制“1059”时，心急如焚，当即协调各大军区给予支援。于是，从北京、广州、济南、沈阳等军区调集了大批的生猪、鲜鱼、黄豆、黄羊等生活物资。聂荣臻明确要求这些食品只发给科研一线的工作人员。原因很简单，国防科技事业发展靠的就是广大科研人员，所以在如此困难的条件下，科研人员必须优先得到物资保障。

中央领导对五院科技工作者的关怀不仅在于送来“科技肉”“科技鱼”“科技豆”，贺龙副总理还要求五院照顾好职工家属的生活问题，让他们能够全心投入到科研中去。

由于国家在工作制度和生活物资上推行了一系列的保障措施，陈敬熊他们精神百倍地投入到科研工作中。1962 年元旦刚过，陈敬熊突然接到院里通知，让他 1 月 5 日前往人民大会堂参加晚宴。原来，为了慰问奋战在科研一线的技术骨干，周总理指示国务院有关部门特意举办这次宴会。陈敬熊在受邀之列。“周总理要请我们吃饭？！”听到这一好消息，陈敬熊简直不敢相信自己的耳朵，兴奋不已。

这天，陈敬熊和二分院其他受邀出席的同志早早地来到人民大会堂。当周恩来、陈毅、聂荣臻、陆定一等党和国家领导人步入大会堂时，大家不约而同地起立鼓掌，掌声经久不息。

周恩来在致辞中，鼓励科技工作者要为祖国的富强，树立雄心壮志，埋头苦干，发奋图强，自力更生，奋勇前进，取得更大的胜利。最后，他笑谈要大家多吃肉补脑。这顿晚宴是陈敬熊一生中最难忘的一次宴会，也是他吃得“最开心的一次”。虽说宴会很简朴，但这个夜晚的一幕幕却深深地印在他的脑海里。周总理的殷切期望也让陈敬熊深感重任在肩。在返家的路上，陈敬熊一遍遍地琢磨着周总理的话，他暗暗对自己说：“今后不管再怎么艰难，都要咬紧牙关，做出成绩，不辜负总理的殷切期望。”

数日后，包括陈敬熊在内，出席晚宴的几个同志在二分院举行了一个报告会。报告会上，陈敬熊通过转述周总理的讲话要旨，向大家传递党中央对国防科技事业的高度重视，并表示要克服眼下困难、为祖国科研事业奋斗终生的坚定决心。

党中央的关怀让二分院上下备受鼓舞，大家鼓足干劲，不分昼夜地辛勤工作。每当夜幕降临，二分院办公楼里的灯光在空旷的北京西郊显得特别明亮，成为一道亮丽的“风景线”。

陈敬熊

陈敬熊院士传记

Academician Chen Jingxiong's Biography

第五章

地空导弹制导站攻坚

危难之间方显英雄本色。陈敬熊带领研制团队一举攻克了制导站难题，红旗导弹由此一飞冲天，令U-2飞机闻风丧胆。

几乎在研制“1059”导弹的同时，五院还开展了另一项代号为“543”的导弹仿制工作。“543”导弹属于地空导弹，它的仿制主要是为了反击美国和台湾当局利用高空侦察机肆意侵入我领空的挑衅行径，保卫国土安全。1962年，陈敬熊加入到“543”导弹的仿制工程中，并于1965年受钱学森之命攻关仿制过程中遇到的制导站难题，经过半年多时间，终于在1966年取得成功。他的这一解决办法后来被直接应用于“红旗二号”“红旗二号甲”等型号中，成为后续击落台湾U-2飞机的利器。

1. 仿制“543”制导站

20世纪50年代初，为了遏制新中国，美国帮助台湾国民党当局建立了一支高空侦察机中队，其使用的RB-57D型高空侦察机由美方提供，美国还协助台湾军方训练飞行员。有了先进的装备和技术作为支撑，台湾高空侦察机中队肆意闯入大陆上空，利用高清航空相机收集大陆地区的军事、经济情报，严重威胁新中国的国防安全。

RB-57D型高空侦察机是一种高性能的军用侦察机，其最高飞行高度可达

18000~20000米，远远超过中国空军装备的苏制“米格-17”“米格-19”歼击机的升空极限。此外，RB-57D上还装配有4部高清晰度航空相机，能对长约4000千米、宽约70千米区域范围内的地面目标进行侦察照相。

就在中国空军对敌方RB-57D型高空侦察机一筹莫展之际，中国人民解放军副总参谋长杨成武在率团观摩苏联远东军区组织的军事演习时，被苏联最新型的“C-75”地空导弹给吸引住了。

杨成武在演习现场看到，一个配备有6枚“C-75”导弹的发射营，可以同时制导3枚导弹拦截高空目标，具有很强的战斗力。演习结束后，杨成武又详细了解导弹的参数。这种导弹全长10.726米，翼展2.56米，弹径只有0.645米，却能在13～29千米斜距、3～22千米高度范围内击落速度为420米/秒的目标，可以搭载118千克的烈性炸药，并且具有全天候的作战能力。杨成武认为，以“C-75”导弹来对付经常来犯的RB-57D型高空侦察机绰绰有余。回国后，他立即就此事向中央做了汇报。

1957年9月10日，聂荣臻率领国防工业代表团赴苏联访问，此次访问的主要内容之一就是希望引进“C-75”地空导弹。经过谈判，中、苏两国达成协议，苏联向中国出售“C-75”地空导弹，用于作战、科研以及训练。随后，“C-75”导弹在最短的时间内被运抵中国，并在此基础上组建起新中国首支地空导弹部队。在苏联教官的帮助下，指战员们通过实弹演习，迅速掌握了整个武器系统的操控方法与维护保养常识。

但是，中央领导层也意识到国防武器若单纯依靠进口，不仅数量上难以稳定，而且一旦外部环境发生重大变故，就会使防空部队“弹尽粮绝”。所以，唯一有效的途径就是制造出国产的地空导弹，建立起一支拥有自主权的防空部队。

在几番讨论和调整之后，中央确定国产地空导弹研制可以效仿“1059”工程，先从仿制“C-75”导弹入门，消化吸收苏联导弹的先进技术，逐步实现国产化。

1958 年 1 月 10 日，钱学森、王诤、刘秉彦主持制定《喷气和火箭技术十年（1958—1967）发展规划纲要》，正式提出仿制苏联“C-75”地空导弹的计划，并要求一分院和二分院开展前期准备工作。同年 6 月，二分院根据五院的工作计划安排，开始进行组织机构调整，同时集中人员翻译和学习苏联先前提供的相关资料。

为保密起见，五院内部将这一仿制工程称为“543”。直到 1964 年 3 月，根据总参和国防科委颁发的导弹命名序列，“543”导弹正式定型，被定名为“红旗一号”。

“C-75”地空导弹

“C-75”武器系统由导弹、制导站和地面设备三大部分组成，体系复杂而庞大。其中，制导站的仿制任务由二分院承担，它由五台不同功能的车辆组成，分别是指挥显示车、坐标车、收发天线车、命令发射车和电源车。制导站是整个系统的重要组成部分，因为导弹能否击中高空目标，全靠制导站测定目标的相对位置，然后通过计算向导弹发出控制指令，一举将其摧毁。

1958 年 3 月 10 日，国防部长彭德怀批准钱学森上报的《国防部第五研究院第二分院设计任务书》。这是钱学森为了确保二分院从体制、制度以及基础设施建设方面，能够顺利完成仿制“C-75”地空导弹工作而制定的任务书。任务书确定了二分院建院初期的基本任务和规模，将二分院定位为研制弹道导弹、地空导弹、飞航导弹和空空导弹的控制系统的科学研究和试验基地。

经过周密的安排，苏联于 1958 年 11 月底将 4 套“C-75”地空导弹和相关图纸资料运抵中国，其中一套交给二分院进行仿制。二分院接到任务后，经过认真研究，决定将“543”制导站和弹上设备的仿制工作交由陈敬熊所在的部门承担。

从 1958 年开始，“543”制导站的仿制工作经历前期准备、下厂仿制和试验定型三个阶段，至 1965 年基本结束，前后长达 7 年之久。作为二分院的技术骨干，陈敬熊全程参加了“543”制导站的仿制工作，并且为“543”制导站难题的最终解决，做出了重大贡献。

2. 最后时刻遇难题

1958 年 12 月 8 日，五院在海军总医院礼堂召开“543”仿制人员下厂动员大会。1959 年 7 月，“543”制导站运抵二分院。随后，苏联专家来到北京，五院副院长刘秉彦、王诤陪同苏联专家在东北、华北和西北等地进行“543”试制的选厂工作。1959 年年底，第一批下厂的科研人员陆续到厂组成设计师驻厂工作组，随后又组织第二批和第三批人员下厂。好景不长，二分院技术人员还没有来得及看完全部资料，苏联就于 1960 年 8 月突然撤走所有专家、终止一切对华援助，使仿制工程一度陷于停顿状态。

为了尽快研制出国产地空导弹，二分院积极开展自主型号设计工作，遂逐步从仿制厂抽调大部分科技人员回京，以加强自主型号设计力量。1960 年 11 月 28 日，为了加强自主型号设计的技术协调，二分院院长周维签发了《任命型号设计师小组名单及设计师小组暂行规定》，任命吴展为“红旗一号”控制系统

二分院院长周维等人签发的《任命型号设计师小组名单及设计师小组暂行规定》

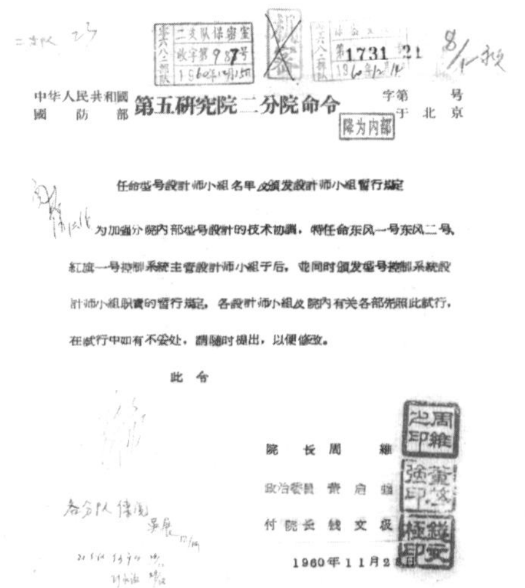
中华人民共和國國防部 第五研究院二分院命令 字第 号 于北京

限为内部

任命型号設計师小組名单及颁发設計师小組暂行规定

为加强分院内部型号設計的技术协调，特任命东风一号东风二号、紅旗一号控制系統主管設計师小組于后，並同时颁发型号控制系統設計师小組职責的暂行规定，各設計师小組及院内有关各部先照此試行，在試行中如有不妥处，请随时提出，以便修改。

此令

院长 周 維

政治委員 [illegible]

付院长 钱文极

1960年11月28日

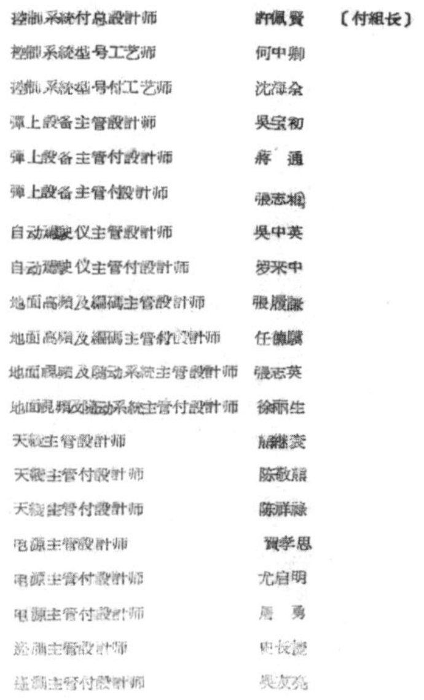

控制系統付总設計师	許佩賢	（付組长）
控制系統型号工艺师	何中卿	
控制系統型号付工艺师	沈[illegible]	
彈上設备主管設計师	吳宝初	
彈上設备主管付設計师	蔣 通	
彈上設备主管付設計师	張志[illegible]	
自动驾駛仪主管設計师	吳中英	
自动驾駛仪主管付設計师	罗来中	
地面高頻及編碼主管設計师	張履謙	
地面高頻及編碼主管付設計师	任[illegible]	
地面高頻及随动系統主管設計师	張志英	
地面高頻及随动系統主管付設計师	徐[illegible]生	
天綫主管設計师	[illegible]	
天綫主管付設計师	陈敬熊	
天綫主管付設計师	陈[illegible]	
电源主管設計师	賀[illegible]思	
电源主管付設計师	尤启明	
电源主管付設計师	周 勇	
遥测主管設計师	[illegible]	
遥测主管付設計师	[illegible]	

总设计师、熊继衮为“红旗一号”控制系统天线主管设计师、陈敬熊和陈祥禄为天线主管副设计师。为了与“543”仿制成功后命名的“红旗一号”相区别，后来统称为“老老红旗一号”。它是五院建院初期的自行设计型号，后来上级决定坚持“543”型号仿制，开始不久的自主型号研制工作停了下来，大批人员又投入到“543”仿制工作中。

经过前期半年多的努力，“543”仿制工程的全国协作网已具雏形，具备继续仿制的条件。中央也召开专门会议应对突如其来的事件，要求五院科技工作者克服暂时苦难，仿制工作一定要“坚持下去”。

外交上的风云变幻让整天埋首科研的陈敬熊有些困惑，但他却从未因此而分心，相反，他的决心更加坚定了：非要争这一口气，绝对不能让“543”半途而废。

为了应对苏联专家撤走后的局面，五院开始调整进度、收缩战线。首先，对一分院和二分院进行体制调整，改专业院为型号院。其中，一分院负责弹道导弹的研制生产，二分院负责地空导弹的研制生产，这样，就从体制机制上保证了二分院能够集中精力仿制“543”。其次，设立相对应的型号总设计师，任命二分院副院长钱文极担任总设计师，全面负责此次仿制工作的进一步开展。

钱文极上任之后，针对大部分技术人员从未接触过导弹技术的现实，提出“搞清设计原理、吃透设计思想、把握技术关键、严格控制质量”的要求，并且安排三分之一的技术人员长期驻厂，其余人员在二分院办公室进行反设计，并轮流下厂工作，使他们在仿制工作中能够做到理论联系实际。为此，二分院还制定了《地空型号设计师下厂工作条例》，特别明确设计师单位下厂人员负责生产过程中处理加工超差和材料代用等生产中的技术问题以及底图更改的审批权限；还规定设计师系统的组成和各级设计师之间的关系，解决不同行政单位的人员在仿制工作中的技术指挥关系问题。

这些条例、规定的发布和贯彻执行，明确了各级技术责任制，从源头上控制了“543”仿制工作的质量，为保证仿制成功提供了制度保障。随后，根据钱文极的要求，又重新安排“543”反设计课题47项，模拟试验配套设备研制项目30项。其中，由第三设计部开展11项制导站反设计课题，其中一项为制导雷达的精度分析。第三设计部随即决定成立精度分析小组，由张志英担任组长，陈敬熊为顾问，协助分析小组工作。

在仿制过程中，最关键的问题就是要彻底了解苏联图纸的设计意图，唯有如此，才能真正从仿制阶段进入研制阶段。陈敬熊充分意识到了这一点的重要性，为了发挥每位技术人员的能动性和创新思维，他经常和大家一起探讨分析苏联的设计理念。

二分院领导也认识到了解设计图纸意图的重要性，专门召开了一次由有关研制单位及高等院校参加的“543”反设计工作报告会。在报告会上，大家积极交流经验。就是在这样的民主氛围之中，陈敬熊在与总体研究室理论组组长王励共同研究雷达测角和测距系统回路的精度问题时，发现在用离散线性系统理论研究雷达坐标自动跟踪系统方面，已有的研究方法都把跟踪系统当作常系数线性系统来处理，但实际上，这种系统中的参数与目标回波振幅起伏和外界起伏干扰有关，系数是随机变化的。所以，已有方法无法准确地解决实际问题。正是这一发现，将陈敬熊和王励引向了成功的彼岸。

此后，陈敬熊和王励深入分析研究，在进行了大量计算与分析后，提出了全新的计算方法，终于解决了有随机干扰存在时离散线性系统中的普遍问题。这些问题包括：当线性离散系统的输入为平稳随机序列时，输出的谱域表达式；连续线性系统微分方程导出典型离散系统差分方程的一般方法；一种常见的随机变系数差分方程函数逼近解随机收敛的一个充分条件。

不仅如此，陈敬熊和王励还结合实际情况，对制导雷达跟踪系统做了具体的应用研究，讨论了目标回波的振幅起伏、角闪烁、距离起伏和接收机内部噪声的影响，而且还给出适合于高精度系统和弱相关起伏两种不同条件下的计算起伏误差的公式，利用这些公式可以简便地估算雷达跟踪系统的精确度。

陈敬熊和王励的研究成果不仅可以用于雷达跟踪系统领域，对于一般离散线性系统的研究也具有相当价值，为我国开展后续型号的研制提供了理论依据，奠定了技术基础。

1963 年，在进一步理论提炼的基础上，陈敬熊与王励撰写了《离散线性系统理论中的几个问题及其在雷达跟踪系统中的应用》一文。这是陈敬熊科研生涯中唯一一篇关于雷达系统研究方面的文章。当论文发表时，王励将陈敬熊的名字放在自己的前面。王励这么做并非出于礼貌的原因，而是他认为陈敬熊在整个研究过程中起到了关键作用。回顾那段往事，如今已是耄耋之年的王励仍对陈敬熊敬佩有加：“我的工作主要是计算和分析，思路和理论是陈老师提出来的，而正是这个思路和理论才是解决问题的关键，所以这篇论文能够完成，主要归功于陈老师。有一天，陈老师拿给我一张图，这张图上画的就是雷达回波信号包络与跟踪波门之间的关系图形，它建立了雷达角度和距离跟踪的初始模型。”

到 1963 年，经过二分院 1300 余名参与人员的齐心协力，“543” 制导站等重点设备相继完成样机生产，仿制工作顺利进入定型试验阶段。可就在此关键时刻，意想不到的难题出现了。

当 “543” 制导站进入分系统装机、测试和各分系统之间对接试验阶段后，为了摸索测试方法，第三设计部组织相关人员到云岗，对从苏联进口的地面设备进行静态测试。1963 年 9 月，首批两套制导站经各驻厂工作组审定验收后，由各厂移交西安 786 厂进行制导站对接试验。

1964 年 4 月，第三设计部派彭润初到西安 786 厂参与天线的电气测试工作，测试范围从天线方向图到系统误差测试。遗憾的是，通过测试发现，786厂生产的天线在规定频带内测到的合格频率数目极少，有的甚至连一个合格频率也测不到。

“543”制导雷达是一种线性扫描雷达，也可称扇形扫描雷达。它的天线波束除了相对于天线机械基准以一定的速率进行线性扫描外，波束扫描中心还随着天线的旋转而转动。波束离开扫描起点的角度与时间成线性关系。

天线波瓣半功率处在扫描平面上的宽度不超过2° ±6′，在与扫描面正交的平面上的宽度为10° ±30′。天线馈电系统输入端的驻波系数不超过1.3，而对回答频率不超过2。

786厂仿制的“543”天线，原先是按照苏联专家的要求组织生产的，生产设备也是从苏联引进的。按说，这样生产出来的天线应该是符合设计标准的，然而测试结果显示，天线系统误差总是超差。

什么是天线系统误差？天线系统误差与雷达制导精度有什么关系？

目标支路和导弹支路工作在不同的频率，天线方向图随频率不同而变化。对同一目标，在不同频率工作时，其方向图的最大值不一致，因而引起测角误差，由天线引起的测角误差称之为天线系统误差。

天线系统误差的具体要求是：在中心频率范围内每隔5MHz测试一条曲线，共计25个频率点。每条曲线在扫描基准点 ±1.5° 扫描角范围内测角误差绝对值都要小于1′。如果达不到这个指标，最终将影响打靶的准确性，也会使导弹的命中率大大降低。

那么，造成“543”天线系统误差超差的原因是什么呢？这令彭润初他们疑惑不解。

8月，在20基地再次进行“543”系统综合试验时，为了测试所仿制的地空武器系统的整体性能，尽管制导站雷达天线存在系统误差超差这一问题，第三设计部主任李蕴滋还是派王励、张文志、彭润初和杨期深等赴 20 基地，用西安 786 厂生产的天线更换苏联进口天线，进行验证，主持试验的是二分院总体部主任吴展。试验结束后，王励将试验结果写成报告呈送钱学森。1964 年 12 月 10 日，国务院特种武器定型委员会批复同意“红旗一号”战斗弹初步定型，然而因“543”制导站天线存在系统误差超差问题，使得制导站未能和导弹一起定型。

制导站是地空导弹武器系统中非常重要的一个分系统，若制导站天线问题始终不能解决，制导站就不能定型，从严格意义上来讲，整个“543”的仿制工作就不能算成功，这不能不让人为“543”导弹系统捏把汗。

3. 被钱学森点将

正当中国加紧仿制“543”导弹之际，美国开始向台湾当局提供更为先进的 U-2 飞机。U-2 飞机是美国洛克希德公司生产的一种单座单发动机的高空侦察机，这种飞机最高时速可达 920 千米 / 小时至 1000 千米 / 小时，最大航程为 7000 千米，续航时间长达 8 ~ 9 个小时，实用升限 22870 米。U-2 飞机装备的 73-B 巨型航空摄影机可连续工作的横向范围竟能达到 150 千米，其每卷胶片长 2000 米。如果以 800 千米 / 小时的速度持续飞行 8 个小时，那么 U-2 飞机一次飞行就可以侦察 96 万平方千米的面积。换言之，它只要飞行 10 次左右，所收集的资料就差不多可以绘制一幅完整的中国全境地形图。73-B 巨型航空摄影机即便在 18000 米以上的高空，也可以清晰地看到地面上各种物体的活动；若是在 9000 米以下，甚至可以辨清地面人员所看报纸的标题。

显而易见，U-2 飞机对我国的国防安全造成极大的威胁，美方一旦侦测到正在进行的“两弹一星”的研制内容，后果将不堪设想。在这种严峻形势下，解放军迫切需要部署更强大的防空武器系统。1965 年 6 月 23 日，地空型号定型委员会批准“543”制导站和地面设备初步定型报告，同意先投入小批量生产，以解决部队的燃眉之急，同时要求尽快设法解决天线系统误差问题。

可是，造成“543”天线系统误差的原因究竟是什么，一直是个悬而未决的难题。“543”天线是仿制苏联“C-75”制导站的重要部件，其精度高低直接影响导弹的命中率。自仿制启动后，西安 786 厂已生产了两批 24 套，且正在进行第三批生产。然而，这些天线因系统误差超差，竟没有一部能和制导站配套出厂。中央有关领导曾亲赴西安 786 厂了解情况，五院也数度会同相关方面的专家，试图攻克这一技术难关，但均未奏效。直到有一天，这一难题的攻关任务落在了陈敬熊的肩上。

1965 年 7 月的一天，钱学森突然约见二院二十三所副所长陈敬熊以及李桂生、彭润初。他们走进钱学森的办公室，坐定之后，钱学森并没有多说客套话，而是直奔主题。他首先转述了贺龙的一席话："毛主席说，美国的 U-2 飞机打不下来，他都睡不着觉，你钱学森同志一定要想办法把技术关键攻下来，让毛主席睡好觉！"

"让毛主席睡好觉！"贺龙的这句话让陈敬熊他们深感责任重大。是啊，尽快攻下这一技术堡垒，不再让 U-2 飞机在祖国的神圣领空肆意横行，这不仅仅是毛主席的殷切期望，更是全军上下和全国人民的重托。

钱学森当场指定由陈敬熊负责遴选技术人员，组成攻关小组，到西安 786 厂协助攻关，并指示陈敬熊遇到问题必须随时向他汇报。

听到钱学森点名要他去解决久拖未决的技术难题时，陈敬熊激动不已，心"砰砰"直跳。他虽没有十足把握，但心里却有一个信念："一定要解决这个'老大难'问题，让毛主席睡好觉。"

钱学森和陈敬熊虽同在五院，但一个是院里的高层领导，一个则长期奋战在科研一线，两人在工作上鲜有交集。可是，钱学森对陈敬熊的学术水平和业务能力却颇为赞赏。1962 年，五院科技委成立时，钱学森就曾亲自提名陈敬熊作为委员。钱学森也知道陈敬熊在数学方面有专长。在院里召开的学术会议上，陈敬熊曾就一些数学问题提出过独到的见解，让钱学森记住了这个数学功底扎实的同事。他很清楚，要解决"543"天线系统误差问题离不开数学推算，在数学方面造诣精深的陈敬熊无疑是最佳人选。这才有了陈敬熊被钱学森点将的一幕。

按照钱学森的指示，陈敬熊和李桂生立即出发，奔赴西安城郊的 786 厂。与此同时，为了减轻陈敬熊的工作负担，二十三所还安排苏恩惠协调所与厂之间的关系，以便陈敬熊他们能够集中精力攻关。

虽说 1958 年建成投产的 786 厂是国家“一五”期间 156 项重点工程之一，是当时国内唯一一家炮瞄雷达生产企业，但陈敬熊一行抵达工厂后，却发现这里的工作、生活环境非常艰苦。他们住在一间简易平房内，睡的是硬板床，连蚊帐都没有，晚上饱受蚊叮虫咬之苦，难以安寝。攻关小组的办公室则临时安排在一间约 8 平方米的房间里，只能放下三张简易桌椅。7 月正是酷暑时节，稍稍一动便浑身是汗，闷在如此小的办公室里工作，他们挥汗如雨。条件虽然异常简陋，但并不影响陈敬熊他们的工作热情。一切安顿妥当后，陈敬熊立即选调人员组建攻关小组，成员包括李桂生、张惠杰、王世锦、曹正国、彭润初、尹若冰、杨相珍。

不过，陈敬熊到达西安后，并没有急于开展攻关工作，他先是组织召开一次小组会议，号召大家发扬团结一致、自力更生的精神，充分发挥各自的专业优势，力争解决难题，向组织交出一份圆满的答卷。思想统一了，还必须了解难题产生的来龙去脉，正所谓“知己知彼，百战不殆”。为此，陈敬熊带领小组成员下车间进行实地调研，了解生产情况和生产过程，要求参加仿制的工作人员详细汇报仿制过程中遇到的各种情况。通过调研，陈敬熊了解到苏联专家在工厂时，对天线的加工确实做了很大的努力，但生产出来的天线难以满足使用需求，有的天线在规定频带内测到的合格频率数甚至为零。此前，工厂就已经对这些问题进行过多次分析研究，认为问题可能出现在工艺加工过程中，可依据这样的思路去寻找解决问题的办法，却始终没有成功。

当时，很多人依据苏联专家的分析，把造成“543”天线误差的原因归于制造公差，认为“543”天线系统误差主要是由于各种公差造成天线口面等相位面的畸变，从而引起方向图的失真。基于这样的认识，只要提高工艺水平，就能改善天线的系统误差。

攻关小组在接受任务的初期，也是按照这个思路进行分析，并且制定了详细的验证分析工作计划和实施步骤。陈敬熊带领攻关小组成员查看不合格天线的各种图表，并对比分析厂里提供的实验数据，逐一分析、计算加工误差是否会对系统误差产生影响。

为了得到详细可靠的数据，陈敬熊带领攻关小组成员在工厂和试验场之间来回奔波。天线系统主要由高速旋转的异形辐射器、巨大的卷曲金属透镜和柱形抛物面反射器组成，体积巨大（长 5 米多），重达数吨，需用专用吊车吊装；对实验场地的面积和环境条件要求较高，必须在远离厂区的天线试验场进行，而且天线分系统无法单独测试，要求制导站系统进行配合，所以每次试验都要兴师动众。

试验之前，需要攻关小组事先申请，经 786 厂领导批准，由厂方组织实施，而获得的数据只能呈现在摄影照片上，只有最终数据。因为无法记录中间数据，所以对数据进行深度分析十分困难。即便如此，攻关小组白天做试验，晚上分析数据，对当天数据加以总结、研究，找出规律，然后再研究第二天做什么样的试验。如此反复的工作，不仅耗体力，也费脑力。每当试验结果与预想不相符时，他们就坐在办公室里苦思冥想。有时候，陈敬熊凝望着窗外，一声不吭；李桂生则仰视天花板，时不时嘟囔着“奇怪，奇怪”。两人完全陷入沉思之中，半饷也没挪窝。直到攻关组其他同志提醒到吃饭的时间了，他们如梦方醒般抬手看看表，然后拿起搪瓷碗去食堂排队买饭。食堂里人多，没有空桌子，他们就端着碗站着吃，一边吃，一边思考问题。

攻关过程中，众人都深切感受到前所未有的压力。陈敬熊鼓励大家，不要有思想包袱，现在辛苦是为今后顺利生产打下基础。有陈敬熊的这番鼓励，大家心里热乎乎的，决心一定要克服困难。

通过夜以继日的观察和分析，陈敬熊和攻关小组终于发现了一些线索：被公认为加工精度较好的产品，测出的电气性能有时反而比较差，而另一些被公认为加工精度一般的产品，测出的电气性能反而较好。同时，攻关小组还通过在多个天线上测得的误差曲线的分析，发现它们有一个共同特性，在小角度内误差曲线有快速变化，这种快速变化绝不可能是由于公差造成的结果。因为在这样小的范围内，公差引起的误差基本上是一个常量。

随后，陈敬熊又数次查阅、核对苏联进口天线中的测量数据，发现这些进口天线的合格频率虽然多于国产天线，但与设计要求相比，依然差距较大。陈敬熊、李桂生等经过再三计算分析，大胆地提出设想：天线系统误差并非来自于产品的加工制造。也就是说，从改造工装设备和提高工艺水平来解决不合格天线所存在的性能问题，不是问题的关键所在。

造成误差的原因究竟是什么呢？陈敬熊开始对苏联专家的设计以及对加工工艺的过高要求产生了怀疑，然而要获得试验验证并不容易。攻关小组又开始进行新的探索研究。进口的“543”天线是一种空气介质金属棱镜天线，结构非常复杂，由五部分组成：第一部分是扫描头部，包括辐射体及带动辐射体旋转的扫描异步电动机，用来保证天线波瓣扫描的机构；第二部分是蜗牛形体，用来将辐射体旋转运动变成高频电磁波相位波前的摆动；第三部分是棱镜，用来将相位波前拉平，从而在扫描平面上形成天线波瓣形状；第四部分是喇叭口，用来将电磁波能通过喇叭口向半抛物反射体上进行辐射；第五部分是反射体，在垂直于扫描面的平面上形成天线波瓣的形状。

将工厂误差测试所记录的大批原始数据进行整理后，陈敬熊观察到天线电气性能的误差总是随着频率和扫描角的变化而迅速、有规律地发生变化。这个重要发现，开阔了他的思路，使他找到了误差和频率关联这个关键性的突破口。初步分析表明，如果存在反射波效应，就会引起误差的周期性变化。通过认真分析和研究，陈敬熊首先从物理学的角度，定性地解释了天线误差与频率相关的原理，提出了高次模再辐射才是引起天线系统误差超差的直接原因。虽然找到了造成系统误差的直接原因，但只是指明了解决问题的方向，还没有找到解决难题的最终方法。

4. 攻关拔寨解难题

为了验证高次模再辐射是引起天线系统误差超差的想法，陈敬熊又经过了无数次艰苦的探索与分析。起初，他采用场分布方法，严格求解了辐射器内激励出的传输模的场分布，然后，利用场分布，计算出经喇叭口辐射出去的次级方向图。李桂生根据这个论断，又经过多次定量计算，从理论上证明了在扫描范围内的系统误差的快速变化，并给出了定量结果。辐射器可沿蜗牛反射体口面快速转动使波束扫描，当平面波经抛物面反射体进入喇叭口后，经空气透镜的作用形成柱面波为辐射器所接收。当辐射器对准入射波方向时（α =0°），辐射器内只激励出偶对称的分量（奇次模）；当辐射器偏离入射波方向时，除偶对称分布的分量外，还激励出奇对称的分量（偶次模）。

如果将辐射器看成是一个平面扇形喇叭，其口径有三个多波长，输出端的尺寸只允许主模通过。这样的话，在辐射器口面激励出的各次模在向辐射器内传播时，除主模外，各高次模传播到一定的口面就会被截止而全部反射出去。此时，辐射器就好像一个发射天线一样。如果天线系统是理想的，那么，从辐射器反射出去的电磁波就从喇叭口经抛物面反射到空中去，而不会对原来接收到的分量有什么影响。如果天线不理想，在某处有不均匀性存在，这时高次模的辐射分量遇到这些障碍就会引起反射。这种反射波对于辐射器来说相当一个入射分量，它就会在辐射器内激励出高次模，其中主模从输出端输出，和原来接收到的主模分量叠加，造成天线方向性图失真，引起测角误差。以上是从接收角度来说的，如果从发射角度来说，也能得到同样的结果：当有反射波投向辐射器时，就在辐射器内激励出高次模，和前面同样的道理，除主模外，全部反射出去，在空间形成一个扰动分量，造成天线方向图的失真，而引起测角误差。

"543"天线是机电扫描体制，天线在水平（垂直）方向随转台转动，同时辐射器进行快速旋转，使波束在 ±10° 范围内扫描。制导站采用的是相对坐标体制，天线同时在两个不同的频率下工作，以测定目标和导弹的角位置。由于频率的不同，由天线内部反射分量引起的天线空间方向图的失真程度就不同，因而造成了对目标、导弹部件角位置的测定产生相对误差，并以此定义为天线测角系统误差。

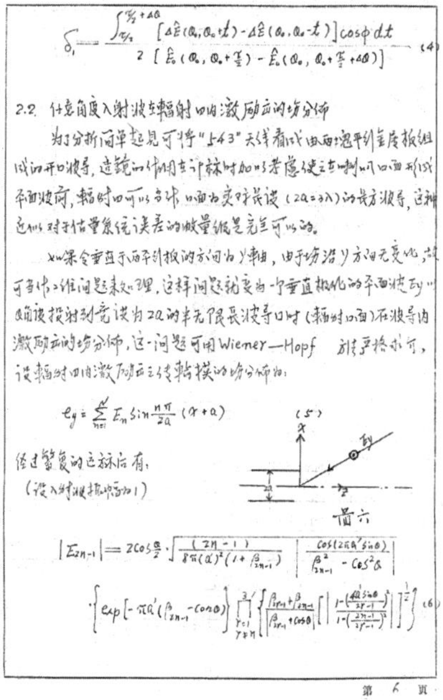
2.2. 什么角度入射波在辐射口面激励出的场分布

为了分析简单起见可将"543"天线看成由两块平行金属板组成的开口波导，[illegible]

[illegible] Wiener—Hopf [illegible]

$e_y = \sum_{n=1}^{\infty} E_n \sin\frac{n\pi}{2a}(x+a)$ (5)

图六

第 6 页

李桂生编写、陈敬熊核准的“543”制导站攻关报告手稿

陈敬熊他们根据上述原理，经过严密的数学推导计算，证明了空间方向图的失真总与辐射器激励出的二次模成比例，只要有 -40 分贝的能量，就能产生 1 分数量级的相对测角误差。而一般情况下，二次模的能量在 -30 分贝左右，足以造成 1 分以上的测角误差，这正是造成系统误差的根本原因。

同时，陈敬熊、李桂生针对公差在造成系统误差方面到底有什么影响，也做了详细论证：公差不是造成系统误差的主要原因，也不能引起误差的快速变化，但它的存在可使误差曲线抬高或降低，在二次模不能被完全吸收的情况下，公差太大就会减少合格频率的数目，因此，在要求高质量天线的情况下，必须对此加以注意。

另外，他们对于其他高次模的效应也进行了详尽的研究。例如，三次模的辐射场对 0° 是对称的，因此对 0° 不引起误差。但当 θ 偏离 0° 时，由于

α 数值区间不对称，就使得在对称图形上截出的两面积差不为 0，其大小如何，尚须做进一步研究，但作为引起误差的一个因素，是需加以考虑的。

此后，他们全力以赴地投入到寻求二次反射部位的紧张工作中。天线上能够引起二次反射的部位非常多，但在某种特定条件下造成天线性能下降最厉害的反射部位却是极个别的。为了能在众多的反射部位中发现所寻找的反射部位，陈敬熊对天线结构的图纸反复进行研究，由表及里、由易到难地对可能产生影响的反射部位进行逐个分离定位。为了最后确定这个反射部位，攻关小组决定对反射部位逐个测试，通过试验来确定。

786 厂的露天试验场位于距离厂区几十千米外的郊野小山上，通往山顶的小路曲曲折折，沿着 60 多度的陡坡向上延伸。每逢降雨，陈敬熊他们只能沿着泥泞的道路艰难地往上爬。试验场只有一些简易设备，架设天线等工作都由攻关小组的成员自己动手完成。每次试验，陈敬熊他们都要对测试的各种状态进行大量的技术处理：先是在每一种状态下，记录下 25 个频率数据，然后将所有数据画成曲线，再展开判读和计算。

多少次风餐露宿，多少个不眠之夜，天线测试工作从炎炎夏日一直持续到寒冬腊月，大家身上的衣服逐渐变得厚实了，心中的责任感却没有随着时间的推移而有丝毫减弱。攻关小组住的简易平房里没有取暖设备，凛冽的北风常常夹杂着雪花从窗户和大门的缝隙里无所忌惮地闯进屋来，大伙只好搓着双手、跺着双脚，借此“取暖”。但即便如此，大家的头脑和嘴巴也没有闲着，时常趁着“取暖”的机会，讨论试验中出现的诸多问题。

身为攻关小组负责人的陈敬熊更是全力以赴，无论是吃饭、走路和睡觉，天线问题几乎占领了他思维的整个世界——测试的结果会怎样呢？我的反射部位对不对？如果不对，为什么？下一步，再下一步，他不断地给自己提出各种假设。推倒了，立起来，又推倒……陈敬熊记得，成功前最后一次试验，大家运用在实践中创造的“频谱检测法”判断，一致认为这次试验应该是稳操胜券了，因为这次所选部位产生的反射波，已经非常接近理想的“特定”条件了。但是，他们对试验结果仍不满意。

陈敬熊果断确定在这次试验反射部位的附近，肯定还存在一个关键部位，这个反射部位应完全具备特定条件。陈敬熊肯定这个反射部位在天线的辐射器处，试验验证了他的这一看法完全正确。

反射部位找到之后，该如何解决呢？陈敬熊提出了一个具体的解决方案：在辐射器的背部开槽，安装一个波导负载用来吸收二次反射波。由于要改动工厂的天线，修改原设计，就要从理论上修改苏联专家原先设计的意图。如能成功，则可大大节省时间和费用，而且已生产的不合格天线都可修复，再投入使用。但是，厂方极力坚持原有的生产流程和标准，认为只要重新制作整套生产工装模具，在工艺上精益求精，就能解决问题。这样虽可改善天线内部的反射，但对于抛物面反射器以及喇叭口边缘的反射还是无法消除，不仅费时费钱，效果也不好，尤其是已生产出来的大批不合格天线只能报废。

就在这关键时刻，陈敬熊却突然接到院里的通知，要他即刻回京，参加“四清”运动。临行前，陈敬熊安排李桂生等攻关小组成员按照方案继续执行。在东去的列车上，陈敬熊焦急地挂念着攻关小组成员是否已找到所有关键部位。他苦苦地思索着，在这次试验的反射部位附近，是否还有一个关键部位呢？一种新的判断在陈敬熊的头脑中逐渐形成——辐射器的反射波完全具备特定条件，它是试验中唯一剩下的反射部位！陈敬熊心中豁然开朗，看到了解决问题的希望。

回京后的一个深夜，陈敬熊仍在思索试验中遇到的问题。忽然，一阵急促的电话铃声打断了他的思路。电话是张惠杰打来的，他告诉陈敬熊，试验失败了。然而，陈敬熊对这个结果好像早有预判，他立即把在返京途中新判断出的反射部位和应采取的措施，详细地告诉了张惠杰。次日，陈敬熊乘火车赶回西安。到厂后，大家一起分析、研究陈敬熊提议的辐射器切割打洞方案，认为这个方案可行。陈敬熊在开大会讨论方案前，让李桂生做了严格的定量计算，拿出了有说服力的数据。同时，安排彭润初等人继续做必要的外围试验。最终，会议通过了这个方案。

为慎重起见，陈敬熊、李桂生立即回京向钱学森汇报方案。钱学森当即表态，支持攻关小组提出的方案，并亲自给786厂打电话，要求厂方支持陈敬熊提出的方案，进行技术攻关。得到钱学森的指示后，陈敬熊和李桂生过家门而不入，又马不停蹄地返回786厂，现场指导攻关。此时，适逢七机部副部长曹光琳在该厂搞“四清”运动，攻关小组便向曹光琳做了全面汇报。最后，曹光琳做通了厂里的工作，厂里最终同意拿出一套性能最差的天线来改装验证。

方案确定后，陈敬熊对方案的实施做了具体安排：由王世锦进行电气设计，曹正国画出结构图纸。受原结构空间限制，具体实施方案是在转子辐射器对称面上，开一个方孔，将短波导一端焊于上面，另一端带法兰盘，焊好后将两方孔修平、修光；在长波导内装入吸收材料，波导的一端带有法兰盘，另一端自然张开；长波导和短波导通过法兰盘用螺栓连接。工厂按图纸进行生产，1966年1月，对天线进行了安装和调试。

陈敬熊安排完各项试验工作之后，又被召回北京。

生活有时候真是令人难以琢磨，尤其是在科学研究中，那些苦苦求索而又茫然不知所在的东西，可能近在咫尺，而人们却迟迟不能认识它。这一次，胜利的曙光终于照向了陈敬熊。

1966年1月的一天夜里，陈敬熊接到李桂生从厂里打来的长途电话，在话筒的另一端，李桂生激动地说：“老陈，行了，我们解决了！成功了！我们成功了！我们终于成功了！”一听到“我们解决了”这五个字，陈敬熊眼眶立即湿润了。短短一句话，意味着一个困扰中国航天人多年的难题被彻底攻破了；意味着准备报废的24部天线得以复活，从苏联进口的价值上千万元的生产设备可以继续使用，为国家挽回了巨大的经济损失；更意味着国产天线在性能上超越了苏联的同型号天线，实现了导弹技术质的飞越。这句话的背后，凝聚着以陈敬熊为代表的无数中国航天人所付出的艰辛探索与果敢开拓，终于有了回报。这一晚，陈敬熊彻夜未眠。

第二天，彭润初带着改进后的天线系统误差测试结果数据和曲线图，赶到北京。陈敬熊随即带着这些资料直接向钱学森汇报。仔细看完数据后，钱学森高兴地说：“太好了！关键难题终于解决了！就按照改进后的技术定型，进行批量生产。”

其后，遵照钱学森的指示，彭润初返回西安，按照陈敬熊的改进方案对多部不合格天线进行了改装。改装后的天线经试验都满足使用要求，有的合格频率多达 23 个，每一部改装后的天线指标都超过了苏制天线。

至此，包括导弹、制导站和地面设备在内的整个“543”武器系统仿制圆满成功，“红旗一号”投入批量生产，并列装部队，极大地增强了我国的防空力量。

“世上无难事，只怕有心人。”这句话正是陈敬熊参加“543”制导站仿制工作的真实写照。整个攻关过程充满荆棘，但陈敬熊不惧困难，他以中国航天人特有的坚韧意志，抽丝剥茧，一步一个脚印地朝着问题的核心进发。在他的带领下，攻关小组分工合作，同心协力，成功解决了制导站难题，真正实现了聂荣臻提出的“仿制‘543’，吃透‘543’”的要求。

更为重要的是，陈敬熊没有被所谓的权威结论所束缚，而是从实际出发，在理论上否定了苏联专家关于天线系统误差成因的定论，进一步完善了此类天线的设计原理。在彻底消化、弄清机理、判定特征、审其优劣的基础上，持以慎重大胆的态度，变“洋”为中，不断形成自主技术，这也是中国航天事业发展突飞猛进的缘由所在。

5. 击落 U-2 的利器

20 世纪 60 年代，在一次中外记者招待会上，当外国记者询问中国军方究竟使用何种武器多次击落来犯的 U-2 飞机时，外交部长陈毅机智而诙谐地说：“我们是用竹竿把它捅下来的。”

其实，击落 U-2 飞机的真正利器除了苏制地空导弹外，还有国产红旗一号和红旗二号地空导弹。或许陈敬熊不曾想到，由他领衔研制出的“543”制导天线改进方案一直沿用到后续型号“红旗二号”和“红旗二号甲”天线的生产之中。

为加强地空导弹武器的抗干扰能力，二院开展了“红旗二号”研制，在“红旗一号”的基础上加一个照射雷达，在抗干扰方面采用照射发射，隐蔽“红旗一号”扫描频率，用双脉冲发射，以抗敌机回答式干扰；增设侦查显示器，甄别敌机施放的干扰性质；采用双向切割，以对付回答式干扰和距离波门偷引，改变指令码以及分程码参数。在改善操作使用方面，增设射击指挥仪。采用照射体制与扫描体制互相转换，以适应不同目标作战的需要。陈敬熊在“红旗一号”制导站攻关过程中，“在辐射器的背部开槽，安装一个波导负载用来吸收二次反射波”的研究成果，被直接应用于“红旗二号”制导天线。

1967 年 6 月 27 日，中央军委常委会议同意地空导弹“红旗二号”定型，投入批量生产，装备地空导弹部队。

9 月 8 日，敌一架 U-2 飞机窜入浙江嘉兴地区。驻守在嘉兴机场附近的地空导弹部队第十四营刚刚装备了红旗二号导弹。当 U-2 飞机发现导弹雷达开机，立即施放干扰波。此时，目标跟踪操作手一面精当敏捷地转动电路反干扰机旋钮，对干扰波从最佳角度上入刀切割，一面大声提醒副营长夏存凤：“注意真目标！”只用了 5 秒时间，这位操作手便把蓬草似的干扰波切除得一干二净，让一个完整圆滑的枣核形亮点裸露在荧光屏上。随着夏存凤一声令下，“红旗二号”瞬时飞射出去，两万米高空上那个黑影应声翻滚坠落。

U-2飞机被“红旗二号”击落的消息在全世界引起巨大震动。虽然苏联已经停止了对华供应“C-75”导弹，但我国自行研制生产的红旗二号地空导弹完全可以胜任保卫领空的神圣职责。不可否认的是，“红旗二号”之所以能克敌制胜，不仅归功于沉着冷静、英勇善战的解放军指战员，也要归功于以陈敬熊率领的“543”制导站攻关小组为代表的航天科研工作者。正是他们独立自主、自力更生的创新精神，为我国导弹事业的发展，开辟出一条康庄大道。

1967年9月，台湾当局执行U-2飞机飞行任务的空军第35气象侦察中队（“黑猫中队”）奉命停止进入大陆侦察拍照，其番号也随之撤销。1972年2月，尼克松总统访华时，承诺停止一切在中国大陆的侦察飞行。

6.荣膺少校军衔

陈敬熊自转入通信兵部队后，事实上就已经跨入了军队系统，而五院建院时也按照兵团级建制，番号为“中国人民解放军0038部队”，一分院和二分院的番号分别为“中国人民解放军0038部队一大队”“中国人民解放军0038部队二大队”，各个设计部称为中队，设计部下设的研究室称为分队。整个

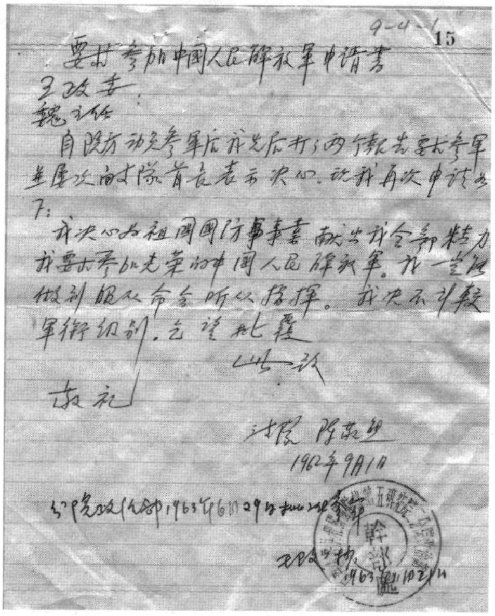

9-4-1 15

要求参加中国人民解放军申请书

王政委：

魏主任

自院方动员参军后我先后打了两个报告要求参军并屡次向大队首长表示决心。现我再次申请如下：

我决心为祖国国防事业献出我全部精力我要求参加光荣的中国人民解放军。我一定能做到服从命令听从指挥。我决不计较军衔级别。乞望批复

此致

敬礼

三大队 陈敬熊

1962年9月1日

陈敬熊要求参军的申请书

五院除试验工厂的职工外，各设计部和院直机关技术人员、工作人员和分院各级党政领导干部绝大多数都属于现役军人。

陈敬熊属于技术人员，可以不用参军，但他多次主动申请参军。1962 年 9 月 1 日，陈敬熊再度向组织提交了参加中国人民解放军的申请书。他在申请书中写道：“我决心为祖国国防事业献出我全部精力，我要求参加光荣的中国人民解放军，我一定能做到服从命令、听从指挥。我决不计较军衔级别。乞望批复。”

就在陈敬熊递交申请书后不久，9 月 14 日，五院政治部正式下发了一份关于科技人员可以参军的文件。文件规定：“凡地方院校毕业、国家统一分配的大学生、中技生，除在工厂的外，只要本人自愿，即可批准参军；从外单位调入的必须是原在地方从事技术工作，来院后仍然做科学研究、设计、试验工作，或担任医生、护士者，如本人自愿可以参军，从事其他工作者不参军。高级知识分子除在工厂工作者外，凡本人自愿，可参军。”

这样，陈敬熊申请参军就有了政策依据。1963 年 3 月 28 日，五院政治部根据陈敬熊的表现和工作能力，建议授予他少校军衔。6 月 29 日，二分院政治部正式批准陈敬熊参军。这一天，陈敬熊正式成为中国人民解放军的一名少校军官。

穿上军装的那一神圣时刻，陈敬熊心潮澎湃：“批准我参军入伍是组织对我

的肯定。穿上了军装，戴上了领章，以后要以军人的标准严格要求自己。”

1964 年 12 月，根据军队建制改编的要求，国防部第五研究院撤销军队建制，改组为第七机械工业部，直属国务院领导。二分院改为第二研究院，第三设计部改为二十三所。1965 年 6 月 1 日，第七机械工业部部长王秉璋签发命令，任命陈敬熊为二院二十三所副所长。

从新中国的航天事业发展历程看，科技人员参军和采取军事化的组织管理方式，对国防科技事业

1966年1月25日，七机部二院根据王秉璋部长的命令，发布33名干部任职文件，陈敬熊名列其中

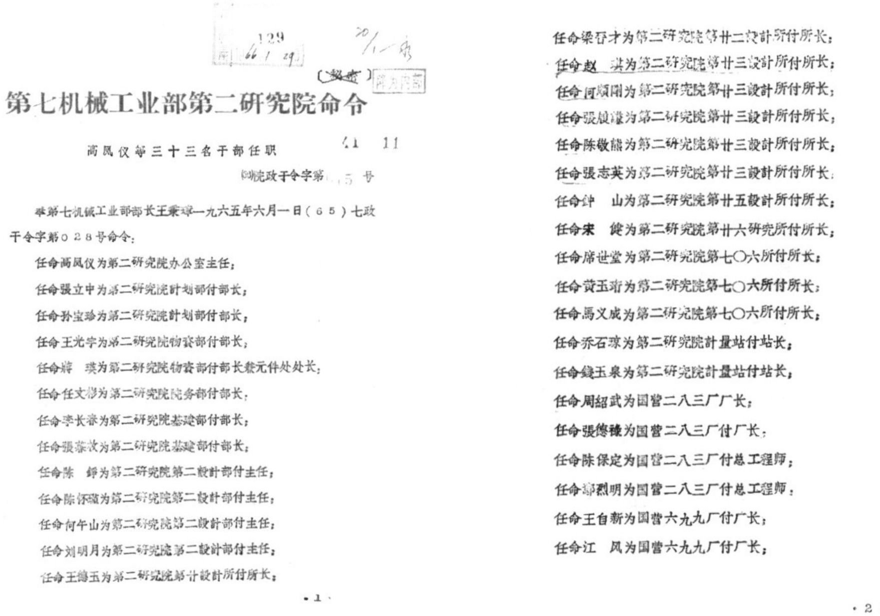
129
66 1 29

20/1

(~~秘密~~) 降为内部

第七机械工业部第二研究院命令

高凤仪等三十三名干部任职

41 11

(66)院政干令字第 5 号

奉第七机械工业部部长王秉璋一九六五年六月一日（６５）七政干令字第０２８号命令：

任命高凤仪为第二研究院办公室主任；

任命張立中为第二研究院計划部付部长；

任命孙宝珍为第二研究院計划部付部长；

任命王光宇为第二研究院物資部付部长；

任命蒋　瑛为第二研究院物資部付部长兼元件处处长；

任命任文彬为第二研究院院务部付部长；

任命李长春为第二研究院基建部付部长；

任命張荣汝为第二研究院基建部付部长；

任命陈　錚为第二研究院第二設計部付主任；

任命陈怀瑞为第二研究院第二設計部付主任；

任命何午山为第二研究院第二設計部付主任；

任命刘明月为第二研究院第二設計部付主任；

任命王德玉为第二研究院第廿設計所付所长；

·1·

任命梁吞才为第二研究院第廿二設計所付所长；

任命赵　洪为第二研究院第廿三設計所付所长；

任命何颂阳为第二研究院第廿三設計所付所长；

任命張殿濂为第二研究院第廿三設計所付所长；

任命陈敬熊为第二研究院第廿三設計所付所长；

任命張志英为第二研究院第廿三設計所付所长；

任命钟　山为第二研究院第廿五設計所付所长；

任命宋　健为第二研究院第廿六研究所付所长；

任命席世堂为第二研究院第七〇六所付所长；

任命黄玉甫为第二研究院第七〇六所付所长；

任命馬义成为第二研究院第七〇六所付所长；

任命乔石琛为第二研究院計量站付站长；

任命錢玉泉为第二研究院計量站付站长；

任命周紹武为国营二八三厂厂长；

任命張德祿为国营二八三厂付厂长；

任命陈保定为国营二八三厂付总工程师；

任命鄢烈明为国营二八三厂付总工程师；

任命王自新为国营六九九厂付厂长；

任命江　风为国营六九九厂付厂长；

·2·

的发展起到了重要的保障作用。一方面，能够树立科技人员的事业心和责任感，有助于他们提高保守国家机密的警惕性、加强组织纪律性；另一方面，有利于培养科技人员艰苦奋斗、勇于攀登、严谨务实、无私奉献的革命精神。因此，陈敬熊一直以来都很珍视自己参军的这段人生经历，至今还珍藏着那张第一次身着戎装的留影。

陈敬熊

陈敬熊院士传记

Academician Chen Jingxiong's Biography

第六章

会战制导雷达

"宝剑锋从磨砺出"，面对各种困难与挫折，陈敬熊无所畏惧，勇往直前。他深爱着航天科研事业，为之贡献，为之奋斗。

正在中国集中力量开展导弹仿制和研制工作的同时，美国、苏联等国家也在发展更为先进的武器，先后研制出能携带核弹头的中、远程弹道导弹，它们成为继战略轰炸机之后的新型战略武器。为了打破美国和苏联的核垄断地位，使我国的中心城市和重要的工业基地等战略目标具有一定的防御能力，1964 年，毛泽东从战略防御角度出发，提出在研制进攻性武器之外，还要开展防御武器的研发。就是在这样的背景之下，陈敬熊参与了某工程的研究，并且持续十余年时间。

1. 毛泽东决定研究“防御”问题

1964 年 2 月 6 日，初春时节的北京虽寒风凛冽，但阳光却格外明媚。毛泽东邀请竺可桢、李四光、钱学森到中南海紫云轩畅谈科学工作。在与钱学森谈到国防科研工作时，毛泽东提出要搞防御研究，并且指示：“有矛必有盾，搞少数人有饭吃，专门研究这个问题。五年不行，十年；十年不行，十五年，总会搞出来。”

毛泽东的这段话，成为我国开展防御武器研究的起点。1964 年 8 月，中央专委（中央专门委员会的简称。该委员会是中共中央领导国防尖端事业的最高决策机构，由周恩来担任主任）将研制防御武器的某工程列为国家重点任务。

1964年3月23日，国防科委为了贯彻落实毛泽东的指示精神，安排钱学森负责主持召开弹道导弹防御技术讨论会。参加此次会议的有四机部、国防部五院、十院、中国科学院以及炮兵等单位的30多位领导和专家，会议最后提出多种防御途径。

随后，根据会议决定，二分院在第二设计部成立防御规划小组，并成立26所，负责防御系统的总体工作。

7月2日，五院党委常委会决定，将一分院12所的无线电控制综合研究室、无线电控制装置研究室以及天线研究室划归二分院第三设计部，参与某工程制导雷达研制工作。8月24日，3个研究室的所有人员正式开始在第三设计部工作。两天后，二分院党委会议提出要尽快拟定某工程方案设想，要求第三设计部组织部分力量，积极开展某工程制导雷达研究工作。于是，第三设计部安排部分人员组成红八一突击队，开展制导雷达的方案论证工作。

1965年5月10日，中央专委办公室正式发出《关于防御 ×× 的研究工作问题的通知》，要求四机部、五机部、七机部、中科院等相关单位必须把防御敌导弹的研究，纳入本单位的年度工作计划和长远规划中。7月8日，国防科委向中央专委呈交了某防御体系的研制规划报告。报告要求在1973—1975年间研制出拦截系统，并进行拦截试验。也就是说，从1965年开始，要用十年左右的时间完成某工程的基本工作。

20世纪60年代，全球处于冷战格局中，美国和苏联为了争夺世界霸权，都在大力发展各自的进攻性武器。这其中又以导弹最受关注，包括美、苏两个超级大国在内的西方国家纷纷投入大量人力、物力和财力，研制发展洲际、中程导弹，甚至将导弹能否运载核弹头视为国防力量是否强大的重要标志。“有矛必有盾”，这是毛泽东在和钱学森谈话中提出的一个观点。针对洲际、中程导弹的“矛”，研制防御性的“盾”就显得尤为重要。但是，这个“矛”的再入速度达到4千米/秒至8千米/秒，从发现目标到进行防御，最多仅有几分钟时间，所以对“盾”的要求就特别严格。

因此，只有在第一时间发现导弹并计算出导弹的飞行轨道，进而跟踪、击毁导弹，就成为整个防御武器研制过程中最核心的问题。然而，弹头的雷达散射面积很小，且随着弹头突防技术的发展，通过释放诱饵等手段，进一步增加了发现导弹的难度。

基于上述因素，在防御系统的组成中，必须具备五个子系统：预警系统，能准确进行远距离观测；识别系统，可以快速识别真假目标和对付多目标；跟踪系统，能及时连续而精准确定目标方位，并能精确地引导和控制导弹命中目标；中心指挥系统，能够把从捕获目标到完成拦击过程中雷达测得的数据迅速地进行计算和数据处理；武器系统，必须有具备极高加速度的防御导弹。

这些系统共同担负着发现、识别、拦截和击毁目标这四大任务。由于在实战中，留给整个防御系统的判别处置时间极其有限，而在这段有限的时间内，却要完成大量复杂操作，因而要求各子系统之间的工作必须达到高度自动化，必须具有极佳的协调性和高可靠性。

根据防御武器的特点以及需要解决的问题，某工程先后开展了多个子系统的研制工作。其中，二院承担的主要包括导弹系统、预警系统、目标识别系统。而且，为了能够使二院在组织机构上适应研制任务的要求，1969 年 8 月 14 日，经周总理批示同意，二院的主要任务由地空导弹的研制调整为防御武器系统的研制。1970 年 5 月 15 日，国务院和中央军委批准正式将二院组建成某工程总体研究院。

这样，一场新的科研战役就要打响了。陈敬熊此时正在西安全身心地投入到解决“543”制导站难题的过程中，他没有想到，一项更加艰巨的任务正等待着他去完成——研制某工程最核心的“101”雷达、“102”雷达以及“715”雷达。

2. 奋战在云贵高原

在航天事业的发展过程中，出于试验需要，国家在人烟稀少的偏远地区建设了许多试验基地。在云贵高原某地就有一处鲜为人知的试验基地，坐落于一座高山之上。眺望那座高山，只见松柏青青，野草漫漫，春日里山桃花竞相争艳；高塔般的秀峰，平地拔起，兀立在群山之中；在阳光的照耀下，耸立于山巅的雷达天线，闪闪发亮，像一只矫健的白鹤，昂首挺立，气度不凡。就是在这个风景秀丽却又鲜为人知的地方，留下了陈敬熊与“101”雷达的一段故事。

1965年12月，钱学森从我国国情出发，在讨论一号任务研制工作时提出：研制防御系统要尊重客观规律，从实际出发，循序渐进。同时提出研制工作分两个阶段，第一阶段先搞试验，取得经验之后再研制用于实战的武器系统。二十三所研制的“101”雷达是一号任务防御武器系统中的一部导弹引导雷达，总指挥是张履谦，总体负责人是童铠、王金奎。

“101”雷达方案组成立后，提出采用“相控阵”和“单脉冲”两种体制。陈敬熊组织科研人员先后召开3次讨论会，论证两种方案的可行性。在综合比较众人提出的意见后，最终决定采用单脉冲体制，并于1966年7月编写出方案初稿。同年8月，方案确定后，开始分机研制。经过4年努力，到1970年，分机设备已经齐套，进行了对接试验，1975年又在北京某试验场进行了跟踪飞机的试验，均取得圆满成功。

1976年4月，国防科委为了进一步分析雷达数据，决定由陈敬熊组织相关人员前往某基地进行试验并移交部队使用。领受任务之后，陈敬熊、苏恩惠、徐广全等作为二十三所代表，参加最后一次校飞试验。他们一路马不停蹄，奔赴地处某县山区的基地司令部。

校飞那天，陈敬熊他们一大清早就起床了，匆匆吃了几口饭，便赶往控制中心指挥室。指挥室墙壁上悬挂着大幅飞机航路图，清楚地标明各区站的坐标方位。当控制台面板上的指示灯亮起时，所有工作人员都聚精会神地端坐在操作台前，用送话器下达着一道道指挥命令。喇叭传来的应答声清晰地报告着各区站设备的工作情况。

上午8时整，装有应答机的飞机准时起飞。很快，试验现场传来“101”雷达截获目标并转入自动跟踪的报告。苏恩惠高兴地捅了一下身边的陈敬熊，兴奋地说:“我们的设备够露脸的!”又过了一会儿,观测站和航测站也陆续传来声音:“发现目标!”这表明飞机已经进入雷达试验区域。

此时,指挥员下达录取数据的命令。随后,试验场雷达站的测试数据源源不断地传入指挥中心终端机上。这一批批数据经过计算处理,初步判断满足试验要求。指挥室内洋溢起欢乐的气氛,陈敬熊更是激动不已。

在基地司令部稍事休整后,陈敬熊他们急于见到参加试验的“101”雷达研制人员,便坐上基地派出的吉普车,继续向试验场进发。

由于试验场的住宿条件有限,陈敬熊和参加试验的同志住在一个离山头较远的旧车库里,食堂就设在车库附近的山坡上。试验场所在的高山海拔2500多米,气压较低,沸点只有80多度,食堂做的饭菜经常夹生。山上的用水和给养,全都要从山

转运途中的试验用模型遥测弹

下运送。如果碰上大雨，山路泥泞，断炊不可避免。如果进行外场试验，那“标准”的伙食搭配就是咸菜加冷馒头。陈敬熊刚到基地时，还出现了轻度的高原反应，晚上睡觉时，翻个身都常常感到气短。

作为二十三所副所长，陈敬熊此次来基地还有一项任务，就是调研基地的生活情况，以便掌握需要解决的具体问题。令他感动的是，尽管自然环境恶劣，生活条件艰苦，但基地的工作人员早已习以为常。为了维护好雷达设备，他们忘我工作，有的同志即便生病，或因高原反应身体不适，仍然继续坚守岗位。试验队队长童铠身患高血压，医生不许他上山，但由于工作需要，他一直坚持上山，亲临机房，解决了许多技术问题。陈敬熊看到试验队员过建元，竟认不出他了，因为过建元整整瘦了十几斤。“衣带渐宽终不悔”，试验队员们呕心沥血、只争朝夕的拼搏精神，让陈敬熊为之动容。

1976 年的劳动节过后，试验人员写好试验技术小结，并将“101”雷达的所有设备逐项移交给使用部队。最后，由发射团高股长和二十三所苏恩惠，分别代表双方在设备移交书上签字。

顺利完成所有试验后，参与试验、移交工作的科研人员在试验场职工食堂聚餐。二院副院长陈怀谨亲临庆祝会现场，与陈敬熊他们亲切握手，庆贺“101”雷达与弹上应答器对接飞行试验成功。席间，陈敬熊代表二十三所，对童铠、王金奎、黄玉海、沈德泉、潘全根、过建元、刘凡勇等人，在艰苦的条件下胜利完成飞行试验表示祝贺和感谢。当发射团将一面绣有“勇攀科学技术高峰”的锦旗赠送给二十三所时，参加试验的技术人员分外激动，有些同志喜极而泣。的确，这来之不易的成功，是无数人用辛勤劳动和汗水换来的。

在紧张的校飞试验过程中，一个不经意的机会，让陈敬熊和试验队的同志们美餐了一顿。一天吃完午饭后，陈敬熊跟随试验队员们乘卡车去“101”雷达试验阵地。当卡车在盘山公路上行驶时，站在车上的葛淑芬突然尖叫了一声。原来，她看见一条硕大的眼镜蛇被车轮辗了一下。当车开到目的地后，试验队员姚本茂、经绍云、沈德泉等手持大棒跑下山去，过了一会儿，他们便抬着“胜利品”回来了。一阵忙碌之后，陈敬熊和大家一边品尝着蛇肉，一边喝着蛇汤，尽管烹饪时缺葱少盐，大家依然吃得津津有味。虽说这只是艰苦岁月里的一段小插曲，但陈敬熊对此一直念念不忘。这不仅是因为这是陈敬熊第一次，也是唯一一次吃蛇肉，更重要的是，大伙那种积极向上的革命乐观主义精神才是真正让他感念的。

确实，“101”雷达凝聚了二十三所全体科研人员的心血。“101”雷达自1976年安装运转后，经受了低压、潮湿等恶劣条件的考验，顺利地完成了十多架次飞机的校飞试验，战斗技术性能满足要求。

在开展“101”雷达研制工作的同时，二十三所还承担着“102”雷达的研制工作。“102”雷达属于相控阵体制雷达，是为二号任务配套的一部多目标低空拦截系统目标跟踪和导弹制导雷达。陈敬熊作为所领导，在“102”雷达的研制过程中，负责全面协调解决研制中遇到的问题，支持“102”雷达总体负责人曲礼慧、黄槐、史仁杰的工作。

“102”雷达研制工作几经周折，遇到不少技术难题，直到1978年才研制成功300个单元的小面阵以及波控机、显示器和接收机，并进行了单目标和多目标的搜索、截获和跟踪试验，为设计大型面阵和掌握相控阵技术打下了一定的技术基础，标志着二十三所掌握了工程化的相控阵雷达技术。

1980年3月28日，陈敬熊组织对“102”雷达进行技术鉴定，并在任务鉴定书上签署意见，指出：“这次试验成功锻炼了队伍，掌握了技术，给今后设计大型相控阵雷达打下了基础。”经他提议，“102”小面阵相控阵试验雷达通过申报，获得1980年度“国防科委重大科技成果二等奖”。

3. “715”雷达天津会战

“101”和“102”分别属于低空拦截系统一号任务和二号任务的制导雷达，而在某工程中最具难度的是高空拦截系统三号任务的“715”雷达的研制。由于在天津组织了一次大规模的“715”雷达攻关，因此也被称为“天津会战”。

“715”雷达是三号任务远程防御武器系统的一部多目标搜索、跟踪制导雷达，作用距离超过1000千米，跟踪距离950千米，可以同时跟踪两个目标，引导两枚导弹。“715”雷达是一部相控阵体制雷达，这种雷达技术要求高，设备复杂，国内当时并不具备研制这种雷达的技术条件。为了响应毛主席关于开展防御系统研制的号召，1970 年 4 月 4 日，七机部军管会主任杨国宇和天津市革委会主任解学恭决定以会战的方式，合作完成此项研究任务。

4 月 7 日，七机部军管会与天津市革委会联合向国务院提交天津市和七机部协作会战防御系统的报告。5 月 25 日，国务院、中央军委批复同意由天津市组织力量参加该防御武器研制大会战。报告批准之后，天津市和二院组成“会战指挥部”——天津市革命委员会第四办公室。指挥部办公地点设在河东区十一经路，原苏联领事馆旧址内。6 月 3 日，会战领导小组和会战办公室正式开始运转，由池必卿、费国柱、王开山、杨国宇、戴国文、李文孝、赵国昌组成领导小组。在会战办公室之下，设生产组、技术组、秘书组、物资供应组。

二院二十三所指派陈敬熊作为技术负责人前往天津坐镇，并兼任技术组副组长，负责研发工作；同时派二十三所科技处副处长苏恩惠参加技术组工作，负责雷达会战的计划协调工作。

为了顺利完成上级交给的任务，二十三所对天津会战提出指导思想和具体工作安排。首先，明确在任务安排上，要“把困难留给自己，把方便让给别人”，在天津主要安排批量较大、独立性较强、技术上较成熟的任务，而将技术上还不够成熟的任务留在北京。其次，根据轻重缓急，循序渐进地展开攻关，先进行元件、材料、仪表研制，再开展整机研制。最后，在项目上，尽量以整机为单位进行安排，以整机带元件，以元件促整机。

经过紧密、协调地安排，“715”天津会战最终安排项目 100 多项，其中整机 45 项、测试设备 42 项、元件材料 20 项。

参加“715”雷达会战的天津方面的主体工厂总共有 12 家，包括天津玻璃钢厂、津华无线电厂、渤海无线电厂、天津锅炉厂、电子仪器厂等。此时二十三所科技人员大多数在南京军垦农场劳动。1970 年，七机部军管会调回一大批人员参加天津会战，充实到科研生产一线。针对天津缺乏试验仪器设备的情况，会战指挥部又从北京的科研院所调用了一部分设备。

6月19日，陈敬熊、王语光、许佩贤、潘荫炤等总体人员，在二院军管会副主任戴国文的率领下，乘车奔赴天津。陈敬熊一行到达天津后，立即在天津市第一饭店举办“715”雷达转动学习班，标志着天津会战正式拉开序幕。学习班上，大家讨论了“715”雷达天线结构方案。“715”雷达是相控阵体制，其天线是固定的，不像其他体制的天线可以转动。为了增加扫描空域，经过讨论，学习班最后决定将雷达置于一个直径20米的大转盘上。

对于研制这样一种大型相控阵雷达转动天线，不少人有畏难情绪，陈敬熊对负责天线结构设计的张金海等人说：“我们所来天津会战就是要搞厂所结合，弥补我们生产能力薄弱的缺陷，通过合作加速研制进度。虽然‘715’难度大，又缺少经验，但我们有信心完成任务。你们是天线结构总体，设计好坏直接影响雷达性能，我信任你们，你们一定能搞好，结构方面你们是专家，我听你们的。但要细心，要认真分析计算。你们有什么问题可直接找我，我帮你们解决。”陈敬熊的这一番话，给参加会战的技术人员以极大鼓舞，也增强了大家攻坚克难的信心。

在天津参加会战期间，陈敬熊经常与技术人员研究、谈论问题。为了解决收发隔离问题，“715”雷达最初采用收、发两个天线阵的设计方案。但在计算雷达精度时，需要求出随机变量微分的方差值。为此，二院总体单位的丁家禄向中科院数学所所长关肇直求教。关肇直认为随机变量微分的方差大约是随机变量方差的10倍。为此，陈敬熊和二院主管此型号的领导宋健一同探讨这个问题，并且通过公式演算后，建议“715”雷达应该采用收发共阵方案，而非采用收、发分开的方案。实践证明，陈敬熊等人的建议是正确可行的。

陈敬熊对天线单元、高功率移相器、功率分配器等关键攻关项目特别关注，亲自指导对脉冲压缩设备的压缩片进行计算，并经实验获得成功，还生产出了实物。此外，他用特殊方法计算“#”字形带状移相器，也获得了成功。

“715”雷达作用距离远，重复频率高，这对求解速度模糊和截获高加速目标带来了很大困难。陈敬熊帮助负责此项工作的秦忠宇从非线性回路的观点出发，分析了测速回路的截获特性和跟踪精度。

多功能相控阵雷达是新一代制导雷达发展的方向，其相控阵天线实现宽角度扫描是一项关键技术。陈敬熊深入研究了采用波导辐射单元的相控阵天线的“盲点”问题。所谓“盲点”，就是由于天线阵的互耦效应，在宽角度扫描时，方向图主瓣在某些方向上突然下降至很低电平，相位过栅瓣点后，又迅速上升。陈敬熊在相控阵天线的研究中，对“盲点”进行了分析，推导出一整套天线单元输入导纳随扫描角变化的计算公式，并从理论上弄清楚了该种天线产生“盲点”的机理，提出了解决互耦匹配的方法，为相控阵天线实现宽角度扫描技术提出了具体的方法和措施，否定了1968年由Oliner等人提出的关于相控阵天线“盲点”产生的理论（他们认为相控阵天线“盲点”的出现是由于输入导纳趋向无穷大造成的）。陈敬熊采用积分方程近似解方法，通过分析计算结果，发现“盲点”是由于天线输入电导趋于零所致。

按照规定，在天津参加会战的人员，每人每天补助二角五分钱，每月可以回北京一次，休息 4 天，并且还可以组织观看一次电影。但身为会战办公室技术组的负责人，陈敬熊整天不是泡在设计图纸里，就是到车间指导研制，很少有闲暇回家。陈敬熊的爱人常菊芳此时正在陕西洋县二龙乡的二院“五七”干校劳动，所以，他们的一双儿女只能委托邻居周淑敏照看。陈敬熊每次下厂了解生产情况时，都习惯自带碗筷。因为，每次下到工厂，他少不了认真查看、仔细询问相关情况，总得花费大半天时间。有了自备的碗筷，碰上饭点，陈敬熊就到厂里的食堂排队买饭，然后与技术人员和工人们边吃边聊，不浪费半点光阴。

经过前期关键技术攻关，1971 年 3 月，二十三所开始研制“715”雷达小面阵。“715”雷达小面阵是大阵的原理性试验小阵，有 300 多个单元，直径约 1.5 米。阵面由接收天线单元、馈源传输线、移相器等组成。单元和移相器安装在一起，因移相器容易损坏，为了便于维修，须做成可插拔式的。一个单元做成一个插拔组件。要插拔，移相器的尺寸就要做得很小。低功率移相器由二十三所接收机室的胡志刚负责。陈敬熊和胡志刚等人反复研究如何做到小型化，既要满足移相器的要求，又要能插拔。在陈敬熊的多次协调下，最后确定了移相器的外形尺寸。在单脉冲馈源研制中，为保证馈源喇叭相位中心在阵面的焦点上有一个刚性很好、又能准确调整到焦点上的安装支架，还必须有连接阵面和馈源支架的结构。根据天津的生产条件，连接结构被设计成锥形圆筒。

经过一年多的努力，基本完成了小面阵结构件的制造。天线收发单元成型问题曾一度遭遇瓶颈。通过多次试验，最终决定采用双脊波导，用软铝挤压成型。试验期间，从原材料购置到落实生产厂家，陈敬熊均尽力而为，确保了试验取得成功。

1972 年年初，小面阵开始安装。但因移相器采用 PIN 管，由于国内生产工艺水平落后，试产始终达不到设计要求。为了充分利用已装配好的小面阵，陈敬熊等人提出，虽然没有移相器，也可以做不扫描的天线试验。1972 年秋，小面阵被运到北京 304 场进行天线试验。经过试验，取得了不扫描的阵的和差方向图、副瓣、增益许多参数。

1973 年，在北京的研制人员完成“715”雷达室内角回路的试验工作，取得了阶段性成果。“715”雷达由于受国内技术水平所限和某工程的调整，于 1979 年终止研制。虽然这次小面阵试验没有达到预期目的，但这是我国第一次设计、生产、试验相控阵雷达，获得了一些重要数据，积累了经验，历练了队伍，为后续型号的研制打下了基础。

4. 失之东隅，收之桑榆

无论过去，还是现在，防御武器都是一项备受瞩目的尖端科技。20 世纪 60 年代，毛泽东主席提出要用 15 年时间来研制对付“矛”的“盾”时，美国、苏联等国家也在加大力度研究。从战略上考虑，开展这一武器系统研究有重大意义。但对中国来说，既没有完整的资料，又缺乏武器系统的研制实践。尽管防御武器表现出良好的发展前景，但其系统庞大，设备复杂，技术新，难度大，国内的技术水平、经济实力和生产条件满足不了研制需求，加之十年内乱，组织瘫痪，指挥失灵，某工程研制步履艰难。1972 年，美、苏两国相继减缓或暂停各自的导弹防御计划，国际形势的变化也使得中国实施防御计划的紧迫性大为降低。

1978 年 6 月 29 日，在中央专委第二次年度会议上，讨论了关于调整防御研制方向任务问题和关于制定空间技术发展规划问题，中央领导同志同意七机部二院把力量从暂时难以收效的防御武器转到进攻武器研制上，留少数人继续进行防御武器探索。

1982 年，航天工业部计划会议正式决定某工程下马。二院除保留两项预研课题外，其余有关防御系统的研究全部停止。某工程历经十几年，虽然最终未能研制出型号产品，但取得了一批重要研究成果，其中某些技术填补了国内空白，比如相控阵雷达等。二十三所研制的“101”雷达是国内第一部自行设计的单脉冲雷达，首次实现单脉冲角跟踪、脉冲多普勒测距测速、应答和指令传输相结合的体制；“102”小面阵雷达攻克多目标跟踪、相控阵天线、移相器和波控机等新技术，给今后设计大型相控阵雷达打下了基础；“715”雷达天津会战时研制出高功率非谐振式 PIN 管移相器、小面阵波控机、脉冲压缩设备、单脉冲接收机、高功率转换隔离开关、天线大回转底盘等 10 多项成果，为我国的雷达研制工作打下一定的基础。

另外，陆基导弹预警雷达也最终得以保留，只是从 20 世纪 80 年代开始，该雷达不再被用来进行导弹预警，而是与其他测控设备一起，更多地被用来实施外层空间探测、航天测控和遥感等工作。

与此同时，通过多年的探索学习和技术跟踪，论证了我国实现战略防御系统的技术途径，攻克不少关键技术项目，带动和加强了我国基础工业和元器件生产的发展，积累了研制经验，锻炼和培养了一支研制队伍。

5. 接受“革命”锻炼

1963 年至 1966 年，全国城乡各地掀起一场社会主义教育运动，即“四清”

运动。这次运动虽然对于解决干部作风和经济管理等方面的问题起了一定作用，但由于把各种不同性质的问题都当作是阶级斗争或者是阶级斗争在党内的反映，不少干部受到了不应有的冲击。陈敬熊所在的二十三所作为七机部“设计革命”运动的试点单位，就深受“四清”运动的波及。

“设计革命”运动是1964年11月在全国各设计单位广泛展开的群众性运动，其内容是要求设计人员下楼出院，到生产前线去，到基建现场去，进行调查研究，总结经验教训，就地解决问题。之后，中央要求在知识分子集中的部门，采用这种办法来开展“四清”运动。

二院党委遵照中央和上级部署，抽调了大批干部到二十三所进行试点，让车间工人给设计人员提意见。后来由于国内政治形势的变化，二十三所的“设计革命”运动转入“四清”运动。

作为二十三所副所长，陈敬熊不可避免地受到冲击。所里的领导干部人人都需要做自我检讨，大家将此戏称为“上楼洗澡”，如果检查深刻过了关，则称作“下楼”。当时，陈敬熊正在西安率领攻关小组解决“红旗一号”制导站难题，但接到组织命令后，他不得不中断工作，先后两次回京进行自我检讨。

1966年5月，一场比“四清”运动更猛烈、长达10年、给党、国家和人民带来严重灾难的“文化大革命”爆发了，社会秩序和民主法制遭受严重破坏和践踏，国家陷入空前的混乱之中。七机部二院更是成为“重灾区”。党的各级组织全面瘫痪，职工队伍严重分裂，广大干部群众受到打击迫害，科研生产处于停顿和半停顿状态，各级领导干部和技术专家受到批判和斗争，陈敬熊也未能幸免。由于武斗升级，陈敬熊无法再从事正常的业务工作，他只好读读书、看看资料，而这也被“造反派”批判为“保皇派”，走“白专道路”。

七机部分为“915”和“916”两大派系，几万人在大街上游行，两派群众严重对立，武斗升级，航天材料专家姚桐斌惨遭不幸。消息传到中南海，引起了周总理的高度重视。他当即指示七机部军管会对六级以上研究人员采取保护措施，要求他们夜里集中住宿，由卫兵看护，陈敬熊在被保护专家之列。于是，陈敬熊和二院其他专家每晚在食堂用餐后，就到二院东工业区的通信站楼上过夜，门外有警卫人员站岗，以避免被“造反派”揪斗。

1972 年 3 月，陈敬熊被下放到河南正阳“五七”干校劳动。刚到干校时，陈敬熊发现老乡家里吃的都是红薯，而一看干校的人来吃饭，老乡就把红薯放在锅底，将米饭放在上面一起烧，吃饭时给他们盛饭，自己吃红薯。陈敬熊摸清“底细”后，就争着拿红薯，还用自己的米饭换红薯吃。老乡觉得不好意思，陈敬熊连忙解释说，红薯在城里不常吃，很稀罕。

在干校里，陈敬熊的主要任务就是做饭、烧火和喂猪。看着一只只被自己

1972年，陈敬熊（二排右一）与同事们在河南正阳“五七”干校留影

养得膘肥体壮的猪，陈敬熊颇有成就感。至于烧火，陈敬熊就不在行了，有时候还会把眉毛给烧着，弄出了不少笑话。陈敬熊还和老乡们交上了朋友，大伙都喜欢叫他“老陈头”。

干校的生活，有苦也有乐，陈敬熊不仅在劳动中得到了锻炼，也与共同参加下放劳动的青年技术人员结下了深厚的友谊。请客吃西瓜就是艰苦劳动中的一件趣事。因为下放时工资照发，而陈敬熊的技术级别最高，工资也最高，所以他经常请一同劳动的年轻人吃西瓜。只要是二十三所的人都可以在地里摘瓜、尽情享用，最后由陈敬熊统一付钱。有一次，大家一口气吃掉一大堆西瓜，陈敬熊因此花了二十多块钱，而此时普通技术人员的月工资才四五十块钱。这件小事，让大伙感到陈敬熊虽然是领导，却没有一点官架子，是一个非常和蔼可亲的人。

1972 年 10 月，为期 8 个月的干校劳动结束了。虽然在干校劳动的时间不长，但对陈敬熊来说却很有意义。此间接触到的那些人和事，使陈敬熊真切地感受到农村生活的艰苦，用他的话说，“生活差老鼻子了”。

这次下放劳动还使陈敬熊的个性开朗了许多。他的爱人常菊芳对此感受最深。因为，陈敬熊平时专心于科研工作，即便在家里，也基本上是与书本打交道，跟外界接触较少，也不太管外面的闲事，外人觉得他比较严肃，不太容易接近。从正阳回到北京后，常菊芳发觉陈敬熊在待人接物方面有了明显的转变，脸上不时挂着微笑。“士别三日，当刮目相待。”常菊芳每每提及此事，总是乐呵呵的。

陈敬熊

陈敬熊院士传记

Academician Chen Jingxiong's Biography

第七章 迎来科学的春天

虽然陈敬熊“只问耕耘，不问收获”，但奖励和荣誉还是接踵而至。世人都道：成功永远属于强者。他就是事业的强者。

阳光总在风雨后。经历了十年动乱的中国，在 1978 年终于迎来了科学的春天。3 月 18 日，全国科学大会在北京召开，这次大会充分肯定了知识分子的重要作用。此时，已过知天命的陈敬熊并未因临近退休而有丝毫的放松，相反，他紧紧地抓住难得的历史机遇，在科学研究中再创辉煌。他系统总结了自己在科研工作中的实践，将之提升到理论高度，出版了学术专著，并亮相国际书展，在国际学术舞台上展示中国学者的风采。

1995 年，陈敬熊当选中国工程院院士，这既是对他数十年如一日在国防科技事业上不断探索的认可，更是对他所做出的巨大贡献的表彰，可谓实至名归。

1. 令人鼓舞的科技盛会

金秋十月是收获的季节，1977 年 10 月，北京市科学技术大会召开。在这次大会上，陈敬熊因在国防科技战线做出重要贡献，获得了“北京市科学技术先进工作者”的荣誉称号。这时离“文革”结束才一年时间，陈敬熊感到科学研究的春天要来了。当他还沉浸在喜悦之中时，又收到通知，让他代表二十三所参加 1978 年的全国科学大会。因为在全国科学大会上将对 7657 项科技成果

陈敬熊荣获“北京市科学技术先进工作者”荣誉证书

姓名	性别	年龄	民族	政治面目	工作单位	职务	技术职称	专业	备注
黄纬禄	男	60	汉	党员	七机部一院	付院长	二级教授	控制工程	先进个人
谢光选	男	55	汉	党员	七机部一院一部	付院长兼部主任	四级工程师	火箭	先进个人
高岭俊	女	45	汉	群众	七机部一院七〇三所	室付主任	付博士	焊接	
刘兆彭	男	41	汉	党员	七机部一院十三所		技术员	轴承	
张兆璞	女	37	汉	群众	七机部一院十七所		技术员	控制	
宋满家	男	42	汉	群众	七机部一院七〇四所	组长	技术员	遥测	
屠守锷	男	61	汉	党员	七机部一院	付院长	二级教授	总体设计	
卢庆俊	男	65	汉	群众	七机部一院	付院长	二级教授	数学	
王英生	男	50	汉	党员	七机部一院科技部	处长			
王祖林	男	47	汉	党员	七机部二院202所	车间付主任	工人	机械加工	先进个人
宋 健	男	46	汉	党员	七机部二院	付院长	博士	自动控制	先进个人
施玉源	男	39	汉	群众	七机部二院283厂		技术员	工具	先进个人
陈敬熊	男	56	汉	群众	七机部二院23所	付所长	四级工程师	雷达	

全国科学大会七机部代表特邀代表名单（部分），陈敬熊名列其中

进行隆重表彰，二十三所研制的“101”雷达名列获奖名单之中。

1978年3月18日，陈敬熊与来自全国各条战线的科学技术工作者齐聚人民大会堂，共襄粉碎“四人帮”后中国科技界的首次盛会。在会上，邓小平做了重要讲话。他在讲话中明确指出“现代化的关键是科学技术现代化”，“知识分子是工人阶级的一部分”，重申了“科学技术是第一生产力”这一马克思主义的基本观点，从而澄清了长期束缚我国科学技术发展的重大理论是非问题，打破了“文革”中禁锢知识分子的桎梏，叩开了通向科学春天的大门，成为改革的先声。

全国科学大会使陈敬熊备受鼓舞。回到单位后，他给全所职工做了一次报告，详细介绍了大会情况。他鼓励大家要珍惜来之不易的机会，为祖国的科学事业贡献力量。这是陈敬熊非常快乐和幸福的时刻，因为中国航天事业终于迎来了全面发展的大好时期，他可以再度从容而安心地做自己热爱的科研工作了，可以把自己的研究成果用于驰骋蓝天的导弹之上，保卫祖国的神圣领空。

此时的陈敬熊已经到了废寝忘食的程度，有时甚至晚上睡着时突然醒来，他会因为想起某个问题或公式，赶紧翻身起床，坐到书桌前进行推算和分析，等他满意地搁下笔时，已是东方破晓。他擦把脸，简单地吃些早点，又急匆匆地上班去了。正是在这样一种发奋工作的状态中，陈敬熊精心浇灌的科研之树结出了累累硕果。

首先，他带头对“715”雷达中的相控阵天线的“盲点”问题进行了系统研究。相控阵天线原理在20世纪50年代就已被人们注意，但由于当时微波器件尚不成熟，计算机技术水平还不高，要做出有实用意义的相控阵天线存在很大困难。到20世纪60年代，微波铁氧体技术有了很大发展，变容二极管也已问世，再加上计算机技术的发展日新月异，这就为研制相控阵天线提供了前提条件。

1980年，陈敬熊关于相控阵天线的“盲点”问题研究，荣获国防科技重大成果二等奖

陈敬熊在天津会战期间，就已经开始研究这个问题，所以，他在1978年顺利完成了《相控阵天线的“盲点”问题》的撰写，并且在1980年荣膺国防科技重大成果二等奖。

陈敬熊在论文里重点解决了三个方面的问题：第一，推出阵面电场分布为两个模时，一度空间阵面输入导纳的表达式，这个表达式证明Knittel等人所谓的短路(“盲点”)是不存在的；第二，直接从决定口面电场分布的积分方程出发，证明在临近栅瓣出现之点，天线导纳并不趋向无穷大，由此证明临近栅瓣出现区域，如存在“盲点”，只能是由于输入导纳的电导部分为零所致；第三，用近似方法解积分方程，得出天线输入导纳的电导部分为零的条件，从而指出减轻“盲点”影响的可能性。

随后，陈敬熊又与李桂生展开了另一项研究。经过反复计算和分析，他们在1982年共同完成了《导电劈边界三维电磁场的单重积分表示式》的撰写。陈敬熊与李桂生的这一研究结果未见于以往公开的文献，具有首创性。他们在论文中创建的简明而有效的求解有源电磁场边值问题的方法，适用于用解析方法求解所有坐标系，具有一定的普遍性。论文还对源所在场的表示式做了补充，指出美国文献中有关的并矢格林函数表示式的不完整性，并给出了修正结果。这篇论文获得了该年度航天工业部重大科技成果二等奖。

在此期间，陈敬熊还跟踪国际技术前沿，带领二十三所科研人员开展微带天线的研究工作，先后完成多项研究课题，收获颇丰。微带天线的概念最早出现在 1953 年，它是在一个薄介质基片上，一面附上金属薄层作为接地板，另一面用光刻腐蚀方法制成一定形状的金属贴片，利用微带或同轴探针对贴片馈电构成的天线。微带天线是逐渐发展起来的一类新型天线，具有特殊的优点，如体积小、重量轻，易于与高速飞行器共形安装等。20 世纪五六十年代只有一些零星研究，真正发展起来是在 20 世纪 70 年代末至 80 年代初。

陈敬熊首先对集中馈电的微带天线问题进行了研究，其关键在于如何处理好馈线与辐射体（天线）之间的电流连续问题，以建立能正确描述其物理机制的数学模型。为了应用上的需要，微带天线可以有不同的外形，如圆形、方形等。但从其馈电方式来看，不外乎两种形式，即边馈和底馈。边馈就是能量通过天线的边缘，由微带传输线提供给天线本体；底馈就是能量从天线的底部由同轴电缆提供给天线的本体。从应用角度来说，微带天线的介质板一般都是很薄的。这就提出一个问题：在介质板极薄的情况下，天线的辐射性能能否满足使用要求？从工程上来说有这样的疑问：天线的输入阻抗如何？能不能与传输线有良好的匹配？天线的效率又如何？陈敬熊认为微带天线理论，实质上就是研究这个问题的。

从理论角度上讲，就是要选择一个合适的数学模型，以描述天线性能。应当讲，找出天线上的电流分布是解决问题的关键所在。因此，合适的数学模型必须能有效地描述天线上的电流分布与输入量之间的关系。所谓输入量，就是通常指的馈电电流、电压等。陈敬熊在研究中使用积分方程分别处理边馈与底馈微带天线，并采用直接法对边馈微带天线上的电流分布进行了求解。

在开展微带天线的研究过程中，陈敬熊撰写了《微带天线的理论与实践》一文，获得了航天工业部科技进步奖三等奖。随后，陈敬熊和都世民又进一步进行研究，合作完成了《矩形微带天线谐振频率的确定及其在介质测量中的应用》论文。这篇论文的内容是矩形微带天线谐振频率与其各参数之间的关系，利用积分方程法导出了它的主模谐振频率的解析关系式，且精确度已由实验证实。利用这个解析关系式，可求出微带天线介质基片的介电常数，从而提供了一种测量薄板型介质材料的介电常数的新方法。

1986 年，陈敬熊和都世民再次合作完成《底馈矩形微带天线输入阻抗的解析解》论文。他们用积分方程法结合谐振腔模型给出输入阻抗的解析表达式。要想精确确定微带天线的输入阻抗，首先必须确定微带天线贴片上的电流密度，这就要求解二维积分方程。在求解二维积分方程过程中，要慎重处理好天线与馈线交接处出现的奇异性问题，以及馈电电缆芯子的尺寸有限性的影响。

为了解决上述问题，陈敬熊和都世民首先给出按谐振腔理论导出的电流密度表示式，进而应用积分方程解出由于辐射而产生的附加电流，从而给出总的电流密度。然后，再通过大量推演，最后导出矩形微带天线输入阻抗的解析表示式。通过计算机进行数值计算，并且与实际测试结果进行比较，能较好地吻合。

陈敬熊在天线领域中的其他科研成果，也在工

奖 状

为表彰在科学技术进步中作出重大贡献者，特颁发此奖状，以资鼓励。

获奖项目：微带天线的理论与实践

奖励等级：叁等奖

获 奖 者：陈敬熊 （主要完成人）

奖励日期：一九八六年十月

成果编号：85B3227

中华人民共和国航天工业部

陈敬熊《微带天线的理论与实践》论文获奖证书

程实践中得到运用并发挥了重要作用，解决了天线工程中的很多实际问题。例如：在设计卫星通信地面站天线中提出一套独特的、实践中行之有效的降低天线副瓣的公式，同时还将香农采样定理应用于天线方向图的计算，其效果明显优于其他方法；在探地冲击雷达研究中，根据电磁场理论，提出一种提高目标信噪比的方法，使对地目标探测效果明显提高。

2. 荣获国家发明一等奖

1987 年 1 月，陈敬熊荣获国家发明奖一等奖，可以说这是他科研人生中最辉煌的时刻。在这张奖励证书上，明明白白地写着获奖的发明项目是地空导弹（红旗一号、二号、二号甲）制导站天线关键技术。“发明者”一栏有两个名字，陈敬熊列于首位，另一人是与他搭档多年的李桂生。很显然，陈敬熊折桂的原因就是当年被钱学森点将前往西安，成功地解决了“543”地空导弹制导站天线的难题。

中国地空导弹是从仿制苏联“C-75”导弹开始的，经过改进改型，过渡到自行设计，逐步发展并形成中高空地空导弹系列。所以，“543”地空导弹的研制成功在我国导弹和航天发展史上具有重要意义。仅从下面一组数据，就能看出中国航天人为仿制“543”所付出的努力：审批了2.36万份技术资料，纠正了2.3万个设计图纸差错，重新设计了570份图纸，解决了241个技术关键问题。不仅如此，试验部部长李杰民积劳成疾，身患重病仍坚持在试验第一线组织指挥，最后倒在了“543”仿制工程的岗位上。

所以，陈敬熊心里很清楚，这项殊荣尽管颁给了他和李桂生，但事实上成功并不完全属于他们两人，在荣誉的背后，凝结了无数个像李杰民那样为“543”仿制工程付出汗水乃至生命的航天人的心血。因此，陈敬熊在获奖后一直谦逊地说：“这个科研成果是集体的智慧，不仅有钱学森同志的信任和院里领导的支持，还有许多技术人员的共同付出，甚至实验工厂工人们的细致工作和投入，也是必不可少的因素。”

“543”地空导弹仿制初期，其工程进展得相当顺利，但到关键时刻，遇到了一时难以攻克的制导站难题，使整个仿制工作遭受挫折。受制于苏联设计思路的束缚，许多技术人员都认为“543”制导站难题是由制造公差引起的天线口径面的相位和振幅分布的不均匀性造成的。在厂方多次组织人员攻关无果之后，1965年7月，钱学森直接授命陈敬熊组织人员奔赴西安，负责技术攻关。

经过近一年时间的反复试验、计算和分析，陈敬熊摒弃固有思维，创造性地提出了造成天线系统误差的根本原因及改进办法。这一难题解决之后，整个“543”地空导弹仿制工作才全部结束，由此可见陈敬熊和攻关小组成员成功解决这一难题的重要意义。

由于陈敬熊完成攻关任务之后就遇到了“文革”，因此没有时间和精力去系统总结“543”地空导弹制导站天线攻关的过程和成果，直到1978年全国科学大会之后，当年的攻关小组成员彭润初觉得有必要对攻关过程和成果进行一次总结。于是，彭润初就建议陈敬熊将当年在西安攻关的过程写成报告书上报，并且解释说“这个攻关成果是中国导弹事业发展过程中一次重要的技术转折点，我们有责任进行总结，以便为今后的研制工作提供借鉴”。

起先，陈敬熊并不赞同彭润初的想法。他的第一反应是，这一项目已是陈年往事了，自己既然不图名利，就没有必要上报。可他转念一想，先前的看法太过狭隘和片面，因为“543”制导站是集体的智慧，是大家用辛勤的汗水，乃至生命换来的，理应认真总结，这与追名逐利根本是两码事。于是，陈敬熊立刻找来彭润初，商量起草报告书一事。1979年11月，攻关小组将拟成的报告书提交给了二十三所技术委员会。二十三所技术委员会经过审核，对此给予了高度评价：

该课题从根本上解决了红旗型号天线生产中长期没有解决的技术关键问题——天线的系统误差，大大改善了天线的技术性能，为保证红旗型号制导站的批生产做出了重要贡献。

参加工作的同志在进行了大量的理论分析、计算和试验的基础上，创造性地提出了造成天线系统误差的根本原因及改进办法。这个办法既简单又有效，使得国产的机电扫描天线不但百分之百合格，而且性能大大超过苏联样机，单就修改原来不合格的天线使之合格的24部天线一项就为国家节省近千万元。这种天线现已生产一百余套，并将生产到1990年。这样，本成果的经济价值在数千万元以上。此外，还在引进、改进国外产品方面提供了良好的经验。

该项工作难度很大，在技术上有重大创新，经济上的效果尤为显著。

后来，这份报告逐级上报，申请1984年度国家发明奖。1984年12月，由陈敬熊领衔研发的地空导弹制导站天线关键技术，一举摘得国家发明一等奖的桂冠。

可以说，“543”仿制过程是我国地空导弹发展历程的一个缩影。在仿制过程中，陈敬熊带领团队按照“仿出、摸透”的原则，跳出一成不变的框框，在理论和实践的结合中不断创新，成功地解决了制导站难题，并为今后走自行设计道路奠定了基础。

相反，若完全照搬苏联的技术进行仿制生产，就落入了“照葫芦画瓢”的窠臼。不摸透弄明关键技术和原理，自主研制根本无从谈起，只有在消化吸收的

陈敬熊科研人生中最重要的一份荣誉：国家发明一等奖证书

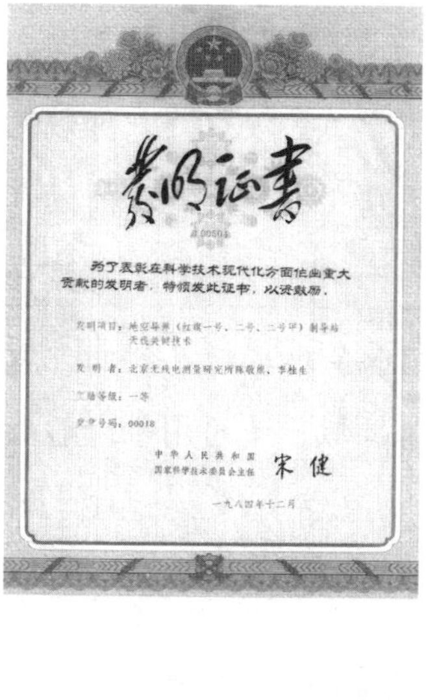
发明证书

为了表彰在科学技术现代化方面作出重大贡献的发明者，特颁发此证书，以资鼓励。

发明项目：地空导弹（红旗一号、二号、二号甲）制导站天线关键技术

发明者：北京无线电测量研究所陈敬熊、李桂生

奖励等级：一等

中华人民共和国
国家科学技术委员会主任 宋健

一九八四年十二月

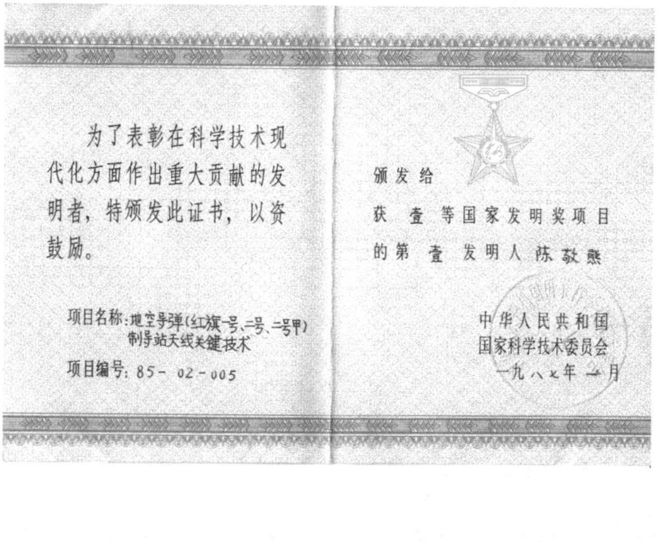
为了表彰在科学技术现代化方面作出重大贡献的发明者，特颁发此证书，以资鼓励。

项目名称：地空导弹（红旗一号、二号、二号甲）制导站天线关键技术

项目编号：85-02-005

颁发给

获 壹 等国家发明奖项目

的第 壹 发明人 陈敬熊

中华人民共和国
国家科学技术委员会
一九八七年一月

基础上才能举一反三，实现技术突破。正是这一工作思路，为陈敬熊成功解决制导站难题奠定了基础。

3. 学术活动促交流

孔子说："三人行，必有我师焉。"学术研究是一项创造性活动，不仅需要勤奋和努力，同时更需要交流和讨论，尤其在中国航天事业创业过程中，技术民主是一条非常重要的准则，体现在工作中就是，不论是权威专家，还是一般技术人员，彼此之间都可以相互学习、相互交流。陈敬熊不仅经常向所里的技术人员和工厂工人请教，还经常与同行学者、专家进行交流与讨论，在此过程中激发灵感，甚至闪现出解决问题的思想火花。

除了与院内技术人员交流学习外，陈敬熊还经常利用学术会议机会，增进与院外专家的交流。即便因事务繁忙而无暇参与，他也会向会议寄送学术论文，"以文会友"。1963 年 12 月，中国电子学会雷达专业委员会第二次全国学术会议召开，陈敬熊因故未能参加，但仍委托王励在大会上宣读他俩合作完成的《离散线性系统理论中的几个问题及其在雷达跟踪系统中的应用》一文。这篇论文的研究成果不仅适用于雷达跟踪系统领域，还可用于一般离散线性系统研究。

20 世纪 50 年代中后期，苏联派遣大量专家来华，协助中国发展科技事业。大部分苏联专家集中在国防科技系统，五院也有不少苏联专家，陈敬熊便经常和这些苏联专家探讨技术问题。在交流过程中，苏联专家深厚的学术功底和宽广的研究视野，令陈敬熊十分敬佩。他深切地体会到科研工作仅靠埋头苦干是远远不够的，还必须及时掌握国际学术界的最新动态，了解科技发展的前沿信息，否则即便其成果在国内属于领先水平，但在世界上还是落后一大截。

“文革”时期，国内学术活动基本处于停滞状态，莫说与国外同行对话，就是国内正常的学术交流也几乎为零。“文革”结束后，学术环境渐渐变得宽松起来，国内外各类学术会议的增多，为陈敬熊再次与海内外同行进行学术对话，提供了难得的机遇。

在 1979 年全国微波会议和 1980 年第十八届国际磁学会议上，陈敬熊宣读了他和徐燕生合作撰写的《关于含有圆周切线方向磁化铁氧体波导中电磁波的理论研究》论文。该论文用严格的分析方法，从 Maxwell 方程出发，研究了普遍情况下，完全填充和部分填充圆周切线方向磁化铁氧体的圆波导中的主模。在这种波导中，右旋和左旋圆极化的特征方程是相同的，因此它们的传播常数也是一样的；而当线极化波通过这种波导时，不出现极化面的旋转。他们通过研究得出结论：这种波导可用来制作极化不灵敏移相器，纠正了美国文献中的错误观点，为研制极化不灵敏移相器建立了牢固的理论基础。这篇论文获得了与会专家的一致好评。会后，此文相继刊登在 Trans IEEE MAG 1980 年 9 月号和《电子学报》1980 年第三期上，并且获得了 1978—1979 年度国防科委重大科技成果二等奖。

在天线研究领域，“天线与传播”国际年会是一项高水准的国际学术会议，创办于 1971 年，每年举行一届。会议的主要目的是针对电波、天线和电磁波理论在实际应用中的最新研究进展，为研究者提供一个表述、讨论的国际论坛。能

1983年10月20日，中国宇航学会第三届飞行器天线、传播学术会议与会代表合影（前排右七为陈敬熊）

1984年4月5日，天线测量技术讨论会与会代表合影（前排右六为陈敬熊）

够受邀参会的均是世界天线与传播领域的一流专家。

1980 年 4 月，陈敬熊应邀参加了在加拿大魁北克省举办的第十届“天线与传播”国际年会，并宣读了两篇学术论文，其中一篇是由他和毛康侯合作完成的《金属抛物柱面上天线的边值问题》，另一篇则是由他独立完成的《孔径天线方向性最优化问题》。陈敬熊在会上表现出的高深学术造诣与严谨治学态度，颇受国外同行的赞赏。

1983 年 4 月，陈敬熊赴美国休斯敦出席第十三届“天线与电磁理论”国际年会，并宣读了《相控阵天线的“盲点”问题》和《微带天线的理论与实践》两篇论文。

两年后，第十五届“天线与电磁理论”国际年会在北京西苑饭店举行，这是国际天线研究界首次在华举办高层次的学术会议。会上，陈敬熊宣读了

陈敬熊在美国休斯敦参加第十三届“天线与电磁理论”国际年会

《平面金属栅的理论和实验研究》一文。该论文由他和姜新发合作完成，文中所分析的栅网结构天线属于一个全新的学术领域，以往从未有人涉足过。陈敬熊还在会上宣读了与都世民合著的《底馈微带天线的输入阻抗的解析表达》等两篇论文。

此外，陈敬熊还积极参加国内各种学会组织，利用这些机会与同行保持频繁的联系，了解学术前沿动态。从1978年开始，陈敬熊先后担任过北京市电子学会副会长、中国宇航学会第一届理事、中国电子学会第二、三、四、五届理事、《天线学报》副主编、《系统工程与电子技术》编委会副主任、欧洲无线电联盟中国组成员、中国航天机电集团公司科技委顾问等。

不仅如此，陈敬熊还很注重与非本研究领域的学者进行跨学科交流。他之所以特别重视这种交流，与他的亲身经历有着密切的关系。在实际工作中，

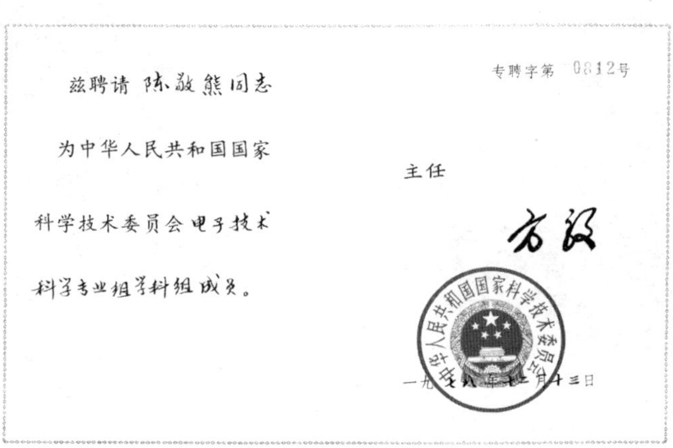
专聘字第 0812号

兹聘请 陈敬熊同志

为中华人民共和国国家

科学技术委员会电子技术

科学专业组学科组成员。

主任

方毅

中华人民共和国国家科学技术委员会

一九七八年十二月十三日

1978年12月，陈敬熊受聘为国家科学技术委员会电子技术科学专业组学科组成员

他运用数理知识解决了众多技术难题，也发现了不少权威理论的破绽。他因而经常鼓励年轻的科技人员不能只限于工程，对数学、物理之类的基础学科也要涉猎，只有这样，才能做到理论和实践的有效结合，不仅要知其然，更要知其所以然。

4.学术专著亮相国际书展

Maxwell 方程直接求解法是 1959 年由陈敬熊提出的，这一求解法在解决有源的 Maxwell 方程式时，具有运算简便、易于掌握的优点。此后，陈敬熊一直在工程实践中推广该方法。21 年后，毛康侯在 1980 年第 1 期《宇航学报》上发表《飞行器上天线边值的直接求解法》一文，将直接求解法从单一坐标扩大到曲线坐标系，进而提出了广义的 Maxwell 方程直接求解法。

20 世纪 80 年代初，陈敬熊觉得有必要全面阐述直接求解法的理论及应用。于是，他和李桂生等人开始整理资料，着手将 Maxwell 方程直接求解法系统化。为了使复杂而具象的工程问题抽象化，且易于理解，陈敬熊与李桂生利用直接求解法，对某些典型性问题做了深入研究，诸如波导激励、平直地面、尖劈、圆柱体、椭圆柱体、抛物柱体、球形地面、圆锥体边界的有源边界问题。通过对不同方法求解的比较，进一步解释直接求解法的特点。更为重要的是，陈敬熊将研究结果中的绝大部分公式，均简化到了便于计算的形式。

在此期间，陈敬熊还研究了应用最广泛的采用波导单元的相控阵天线的匹配问题。从研究不加匹配装置的阵开始，推及加了匹配装置以后的阵以及有关问题。为了进一步改善匹配装置的匹配效果，在一般的阵面外与波导单元内安装介质块和介质板。其介质常数与厚度可以是任意的，波导口还含有金属隔片，其大小尺寸也是任意的。

20 世纪 50 年代出现的行波管，是微波放大器中的一个关键性元件，其中的慢波结构是典型的周期性结构。无限多元的平面相控天线也属于这种类型。随后出现的波纹波导、平面波极化转换器、滤波器、反射器，给周期性结构提供了新的内容。处理周期性结构最有效的工具是 Floquet 定理，只要灵活应用函数技巧，便可以给这个定理在某些场合下以严格证明。

电磁场理论简言之，就是在各种边界条件下求解 Maxwell 方程式，也就是偏微分方程中的 Cauchy 问题求解。对于 Cauchy 问题，数学上已经研究得较多，但在实际工程应用上，所遇到的边界问题往往比较复杂，要将它转化为具有简单边界的 Cauchy 问题绝非易事。通常的做法是将所要处理的问题的复杂区域，划分成数个比较简单的几何形状区域，然后根据物理意义，在各区域间交界地区建立起满足边界条件的积分方程式。这样就将原来的 Cauchy 问题转为求解第二类 Fledholm 积分方程问题。

经过多年的系统整理与研究，陈敬熊和李桂生终于在 1987 年完成《电磁理论中的直接法与积分方程法》学术专著，并由科学出版社出版。这本专著不仅是陈敬熊、李桂生对他们 30 多年的航天科研工作实践的总结，也是他们学术水平的全面反映，同时也包含了都世民、陈骊、谢良贵、刘永华、张明、夏振荣等一批青年科研人员的辛勤付出，他们为专著的顺利付梓，做了大量的数学计算验证工作。可以说，这本专著是集体智慧的结晶。专著里所阐述的电磁理论中的求解方法见解独到，对天线工程具有重要的指导作用，对电磁场理论体系有重要贡献。

《电磁理论中的直接法与积分方程法》自出版以来，受到专业人士的高度评价，认为该书在处理电磁场问题时巧妙地应用了数学理论，是一本理论功底极强的专著。这本专著很快成为该领域科技人员和高等院校相关专业师生的重要参考书，同时也成为指导研究生进行研究工作的必读教材。此书后来在德国莱比锡国际书展上展出。

5. 当选中国工程院院士

“文革”之后，陈敬熊在科学研究上取得了一系列成就，推动了我国在相控阵天线、微带天线等科技领域的进步。为了表彰他为我国导弹、航天事业做出的突出贡献，1991 年 7 月起，陈敬熊享受国务院发放的政府特殊津贴。

更让陈敬熊没有想到的是，1995 年，他成功当选中国工程院院士。这是国家对他在科研领域数十年勤奋耕耘的最高褒奖。

成立于 1994 年的中国工程院是中国工程科技事业的最高学术机构和决策咨询机构，负有指导中国科学技术事业发展和培训、激励优秀工程科技人才的重要使命，中国工程院院士是国家设立的工程技术方面的最高学术称号。

1994 年 4 月，中国工程院启动 1994~1995 年度院士增选工作。10 月初，中国航天工业总公司发文，布置下属各单位根据中国工程院的要求，遴选本系统的中国工程院院士候选人。11 月 8 日，二院提名陈敬熊为院士候选人。在提名书中，二院详细列举了陈敬熊从事科研工作 50 年来所取得的主要成绩：第一，解决了贴近地面天线的理论和设计问题；第二，解决了我国第一代地空导

证 书

陈敬熊同志：

为了表彰您为发展我国科学研究事业做出的突出贡献，特决定从[illegible]年[illegible]月起发给政府特殊津贴并颁发证书。

国务院

政府特殊津贴第 315 号　　一九九一年十月一日

1991年10月1日，国务院颁发给陈敬熊的政府特殊津贴证书

弹武器系统制导雷达天线设计中的关键问题；第三，突破了相控阵天线设计中的关键技术；第四，提出了 Maxwell 方程的直接解法；第五，解决了大量微波技术和天线工程中的理论问题。提名书最后的总结部分写道：“陈敬熊同志热爱祖国，学风正派，为我国地空武器系统的发展作出了巨大贡献。”

经过近一年时间的严格筛选，1995 年 5 月，中国工程院正式公布入选院士名单，陈敬熊的名字赫然列在其中。名单揭晓当日，陈敬熊还不知道自己已经被评上院士，他像往常一样去二十三所门卫室取报纸。正走在路上，所里一位女同志兴冲冲地追上他，告诉了他这个好消息。谦虚的陈敬熊连声说：“谢谢！谢谢！这是院领导对我的信任，是大家支持我的结果。”

可在旁人眼中，陈敬熊之所以能够脱颖而出当选为院士，靠的是他勤奋的工作和扎实的学术功底。他的同事秦忠宇的观点很具有代表性：“陈副所长能够当选院士，是对他学术成就的认可。我觉得陈副

陈敬熊当选中国工程院院士证书

所长之所以能够当选院士，主要有三个方面的原因：首先，陈副所长的数学功底深厚，搞工程研究没有数学基础很难得到提高；其次，书山有路勤为径，陈副所长在学术上硕果累累，靠的就是勤奋这两个字；第三，理论和实践相结合，不做纯粹的理论研究，陈副所长总是能够在实践中找到解决问题的办法。”

陈敬熊当选院士后，一切如常，并未因其院士身份而搞特殊化，依然过着简朴的生活。每两年一度的院士大会，他从未缺席过，还根据自己的学术经验，积极建言献策。

6. 二十五年入党路

1954 年，陈敬熊向党组织递交了第一份入党申请。此后的 25 年里，他在要求入党的漫漫之路上，孜孜以求，不懈努力。为了实现入党的梦想，无论政治风云如何变幻，陈敬熊从未放弃，直至在党旗下举起右手宣誓的那一天。

陈敬熊对党的认识，经历了从模糊懵懂到积极要求入党的转变过程。他在上海读书时，两耳不闻窗外事，一心只读圣贤书。他的想法很单纯，希望毕业后可以利用自己掌握的科技知识干出一番大事业。那时，他对政治并不热心，对党的了解也比较肤浅。除了从报刊等渠道获知一些有关中国共产党的消息外，他触动最深的就是交大校园里轰轰烈烈的学生运动。可是，他只见表象，不明其理。

新中国成立之后，陈敬熊对党员和党组织的认识逐渐清晰起来。在京工作期间，陈敬熊不仅在科研工作中找到了方向，在思想认识上也有了很大提高。他身边的领导干部如室主任吴展、王云枫等，都给他留下了很好的印象：他们不仅对工作兢兢业业，还经常关心周围的同志，帮助他们解决实际困难。共产党员那种全心全意为人民服务、艰苦朴素、吃苦耐劳、和群众打成一片的举动，与国民党贪污腐化、唯利是图的所作所为，形成鲜明对比。目睹这些区别之后，陈敬熊逐渐觉得“中国共产党党员”这几个字可亲可敬起来。受身边党员的影响，陈敬熊在思想上开始要求进步。他努力工作，积极参加单位组织的各种活动，在“三反”“五反”运动中被指定为所里的节约检查委员，还担任过工会小组长、工会委员，两度获选所工会主席，在群众中树立起一定的口碑和威信。抗美援朝期间，陈敬熊主动要求报名参军。

1954 年，陈敬熊第一次向党组织递交入党申请书。他在随后写给妹妹陈佐华的信中说：“我有许多缺点，我一定要改掉它，争取做一名共产党员。”

年轻的陈敬熊是这么说，也是这样做的。他以勤奋工作来表明自己要求进

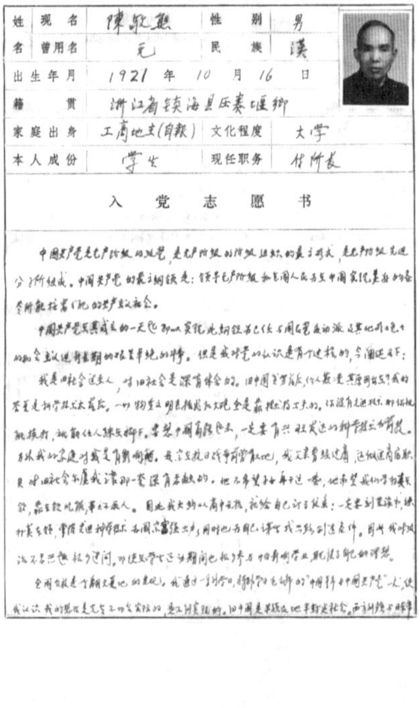
姓名 现名	陳敬熊	性别	男	
曾用名	无	民族	漢	
出生年月	1921 年 10 月 16 日			
籍贯	浙江省镇海县			
家庭出身	工商地主(自报)	文化程度	大学	
本人成份	学生	现任职务	付所长	

入党志愿书

陈敬熊填写的入党申请书

步的态度。1956年技术人员职级调整，陈敬熊因工作成绩突出，受到嘉奖，从九级副研究员晋升为五级副研究员。

在1957年的一份思想总结里，陈敬熊吐露了他的心声：

到北京后看到祖国日新月异地变化，以及当时一些一起工作的党员同志的优良作风。他们勤勤恳恳地工作，毫不计较个人得失，吃苦在前，享乐在后，除了自己业务工作外，还担任了好多群众工作。不仅这样，当时还有好多非党员同志表现都不错，也搞了不少群众活动，自己与他们比较，确实相形见绌，大大落后了，我觉得要赶上去才好。

此后，陈敬熊又多次提出入党要求。尤其是受钱学森之命去西安组织攻关“543”制导站那件事情，他感受到党和国家对他的信任，思想认识水平得到了进一步提高。

1979年12月26日，是陈敬熊人生中值得铭记的日子。

这一天，二院二十三所科技处党支部召开支部大会，专门讨论陈敬熊的入党问题。会上，陈敬熊的入党介绍人叶建华和苏恩惠，对他做出的评价是：“其为人耿直，待人诚恳，能够积极依靠组织、倾听群众意见，不断提高思想水平；在工作上认真负责，能较好地完成组织交给的各项任务，特别是在各种路线斗争中主场坚定、旗帜鲜明。”

经过表决，科技处党支部全票通过了陈敬熊的入党申请，同意吸纳他为中共预备党员。支部大会的决议上写道：

“陈敬熊同志本人历史和家庭、社会关系清楚，陈敬熊积极要求进步，靠近组织，对党有着深厚的感情；他从1954年开始，先后多次提出入党申请；20多年来，他经受住了党组织的长期考验；陈敬熊在党组织的长期培养、教育下，思想觉悟有了很大的提高。陈敬熊同志革命事业心强，工作认真负责，刻苦钻研业务，对国防科研事业有了一定贡献。他作风正派，待人诚恳，性格直爽，平易近人，联系群众，有为共产主义事业奋斗到底的决心。陈敬熊同志基本上具备了共产党员的八项条件。希望陈敬熊同志入党后，更加严格要求自己，努力学习，改造世界观，要深入实际，深入第一线，以自己的技术专长为四化多做贡献，戒躁戒躁，争取做一个名副其实的共产党员。”

期盼了25年，并为之努力了25年，党支部大会终于批准了自己的入党申请，多年来梦寐以求的理想终成现实，此时此刻坐在会场内的陈敬熊激动万分。但是，在荣誉面前，他也感到了压力。陈敬熊不断告诫自己：“除了做好本职工作之外，我在各方面都要以党员标准严格要求自己，在群众中多起表率作用，因为大家都在看着你，看你到底像不像一名共产党员。”

中国共产党预备党员要转为正式党员还须经历一年的考察期。陈敬熊在这一年里，时时刻刻都以党员标准来衡量自己的言行，待人诚恳，密切联系群众，起到了党员的先锋模范作用。1980 年 12 月 27 日，科技处党支部大会一致同意陈敬熊按期转为正式党员。

陈敬熊

陈敬熊院士传记

Academician Chen Jingxiong's Biography

第八章

传递科技星火

“一花独放不是春，百花齐放春满园。”为了让航天事业后继有人，陈敬熊不断探索青年人才培养的新路径，甘为人梯。

作为中国第一代航天人，陈敬熊在长期的科研工作中，积累并总结出一套适合中国航天事业发展的理论和经验。他不仅在实践中充分加以运用，还毫无保留地将这些知识、经验传授给年轻科技人员。早在 1957 年，陈敬熊便受邀到北京大学讲课，深受学生欢迎。在五院二分院期间，陈敬熊努力践行“师傅带徒弟”的工作方法，成为年轻人的良师益友。退休后，他仍在二十三所担任研究生导师，为研究生培养工作殚精竭虑。同时还在北京大学、清华大学、北京航空航天大学等高等院校担任过兼职教授。数十年来，陈敬熊为我国航天事业的发展，不断播撒着科技星火。

1. 执教北大、清华

1957 年，因陈敬熊在国内天线研究领域具有一定的知名度，北京大学物理系无线电教研室聘请他为无线电班的学生讲授“天线设计与电磁场理论”。考虑到陈敬熊还有繁忙的科研任务，物理系一周只给他安排两节课，上课地点就在北京大学外文楼一楼的一间小教室内。

每次去北京大学授课，单位都会派军用吉普车将陈敬熊送到外文楼下。他非常准时，从来没有出现迟到、缺课或调课的现象。陈敬熊平日上课时，习惯穿一件蓝色中山装，一副文绉绉的样子，颇具学者风范。学生们纷纷猜测陈老师来自校外哪个单位。当得知陈老师来自国防系统时，大家不禁肃然起敬，“怪不得陈老师的专业功底这么扎实，上课从来不用看讲稿”。

的确，因为事先准备充分，陈敬熊对讲课内容早已滚瓜烂熟，上课时根本用不着翻阅讲稿，常常在黑板上写满理论推导公式。由于教与学之间缺乏互动，他并不知道自己的授课效果如何，学生们到底理解没有。慢慢地，陈敬熊发觉必须改变这种“满堂灌”的方式，否则学生们接受、消化不了课堂知识。

如何恰到好处地把握教学进度呢？陈敬熊在讲课时放慢了速度，尽量照顾学生们能记好笔记，因为此时还没有天线设计与电磁场理论方面的教科书和参考书，笔记就成了学生们的唯一教材。

陈敬熊上课时不仅重视讲授理论知识，还经常以自己在工作中的实践经验举例，以此强化学生们对理论知识的理解。例如，在讲天线设计时，他就一一罗列各种复杂地形，包括平原、山地等，以此解释当边界条件难以确定时，只有通过试验才能确定最佳方案的道理。这种理论与实践相结合的教学方法，令听过他讲课的北京大学学生王守阳等人获益匪浅。

陈敬熊严谨的教学态度和生动形象的上课内容，深得同学们的推崇。渐渐地，慕名前来听课的学生多了起来。除了无线电班的学生外，还有其他班的学生和来自中科院的进修生，每次讲课，教室里都坐得满满的，约有70人。

时光飞逝。转眼间，一个学年即将结束。当讲完最后一节课后，陈敬熊长舒了一口气，心想自己总算没有辜负院里和校方的嘱托与期望，圆满顺利地完成了教学任务。正当他整理教案之际，教室里突然响起一阵掌声，这是学生们对陈老师精彩讲课的由衷感谢。在大家的簇拥下，陈敬熊与无线电班全班学生在外文楼前合影留念。

1957年，陈敬熊（二排右五）和北大物理系无线电班学生在外文楼前合影

1986年，北京大学聘请陈敬熊为兼职教授的聘书

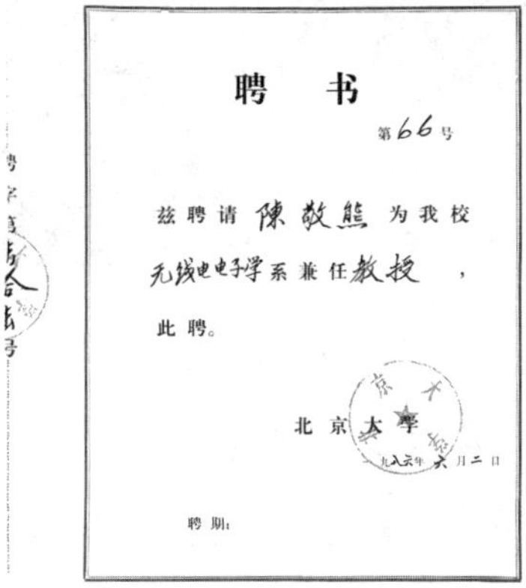
聘书

第66号

兹聘请陈敬熊为我校无线电电子学系兼任教授，此聘。

北京大学
一九八六年六月二日

聘期：

1987年，清华大学聘请陈敬熊为兼职教授的聘书

兹聘请

陈敬熊同志 为我校无线电电子学系兼职教授。聘期从一九八七年一月至一九八九年一月。

清华大学 校长 高景德

清聘字第8714号 1987年1月20日

30年后，陈敬熊和北京大学再续前缘。1986年，陈敬熊被北京大学聘为无线电电子学系兼职教授，讲授电磁场和微波技术课程。在担任北京大学兼职教授期间，陈敬熊经常与北大同仁就电磁场研究领域的前沿问题进行交流和讨论。他在一次讲座中提到：随着科技进步，电磁场理论中的许多问题已经基本得到解决，但是北大作为这个领域的佼佼者，不应只满足于能够解决问题，还需将目光放得更远一些，在前沿课题上进行开拓性研究，引领电磁场理论的潮流。为此，陈敬熊为北大物理系出谋划策，认为应在“传输线特性阻抗问题”“无限区间中本征函数、本征值展开问题”“散度算子转移问题”等三个方面有所突破。

翌年，陈敬熊又接到了清华大学聘书，出任该校无线电电子学系兼职教授，并担任博士生导师。这一接踵而至的聘任，无疑是对陈敬熊学术成就的认可。

在清华大学任教期间，陈敬熊先后招收了两名博士生——章贤钟和赵俊生。为了成为一名称职的博导，陈敬熊每次给学生上课前，都会先下工夫把要与学生讨论的问题研究一遍，然后再给他们深入分析。上课时，学生们可以畅所欲言，陈敬熊从不会因为学生的一些不成熟想法而责怪他们。

教学相长。在和学生们讨论学术问题的过程中，陈敬熊不断闪烁出新的

1990年，陈敬熊（前排左三）在清华大学主持博士研究生毕业论文答辩

想火花。他与赵俊生先后合作完成两篇具有重要理论价值的学术论文——《含有多层铁氧体的平面传输线的色散特性分析》和《部分隔离器的网络特性分析》，第二篇论文填补了我国隔离器研究领域的空白。

隔离器是最基本、也是应用最广泛的铁氧体器件，多用于雷达、通信系统和一般微波测量系统。国外学者对波导隔离器和微带隔离器有比较多的分析研究，但都集中在分析隔离器的核心部分，而对结型隔离器负载对隔离器性能的影响、隔离器接头和转换对隔离器性能的影响、串联隔离器与单隔离器性能的关系等问题，尚无系统的理论分析。陈敬熊与赵俊生师生二人针对这一情况，采用网络理论，分析了负载、接头对隔离器性能的影响，给出串联隔离器的离散矩阵，研究了串联隔离器与单隔离器性能之间的关系。

陈敬熊和北京航空学院（今北京航空航天大学）也颇有渊源。早在 1979 年，北航就聘请他为该校的兼职教授，指导该院无线电工程系微波与天线专业

1992年，陈敬熊（右）与他的博士研究生赵俊生共同探讨科研问题

的科研工作、专业建设以及研究生培养。1980 年，陈敬熊在北航做了“电磁场理论中的典型问题”专题报告。在讲座中，陈敬熊详细介绍了包含无限长金属条、平面金属板空隙、具有无限边缘的波导窗口和波导电感薄片、波导中的介质匹配块的求解等问题。

陈敬熊的讲座深入浅出、条分缕析，对于电磁场理论研究具有现实的指导意义，引起听众的强烈反响，师生们踊跃提问，气氛十分热烈。为使学生们能够系统地学习电磁波理论知识，北航当即决定邀请陈敬熊在校内开设“电磁波理论”课程，使其能将自己在电磁波理论方面的成果传授给北航学子。

这是一门全新的课程，没有现成的教材可供使用。于是，陈敬熊在认真备课之外，还自己动手编写《电磁波理论》教材，它包含四个部分：第一，Maxwell 方程的直接求解法；第二，圆柱坐标中磁场边界值问题；第三，圆锥体外部电磁场的边界值问题；第四，周期性结构问题。这本教材凝结了陈敬熊从事电磁场微波理论研究的多年心血，颇受各方好评。

陈敬熊在北京航空学院开设专业课程的同时，还参加学院的研究生培养工作，对研究生毕业论文进行评审。虽说不是自己指导的学生，但严谨细致是陈敬熊的一贯作风。他亲笔演算论文中的每一道公式，仔细阅读论文中的每一个结论，不曾有丝毫懈怠。

陈敬熊对教育工作充满热忱，他切身体会到，中国航天事业要发展壮大，

1980年12月25日，北京航空学院院长沈元给陈敬熊的感谢信

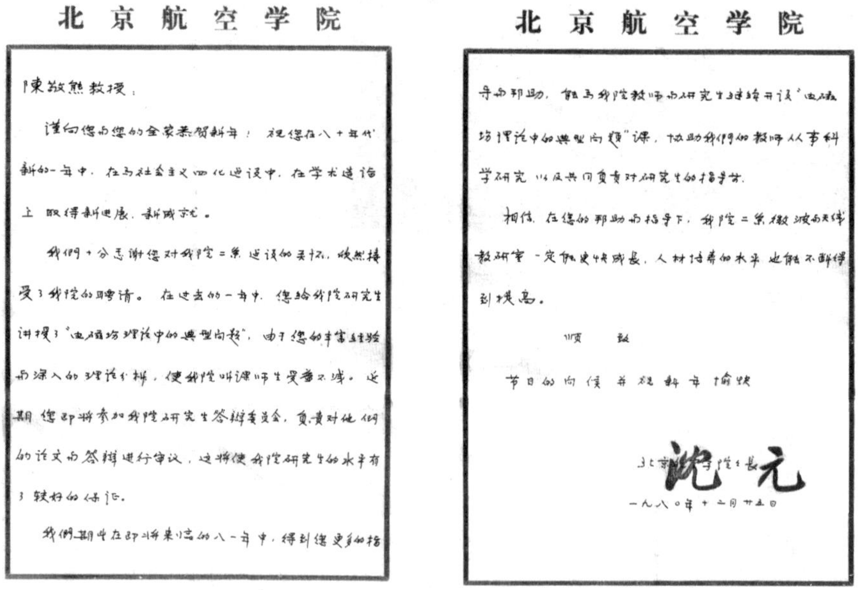
北京航空学院

陳敬熊教授：

谨向您和您的全家恭贺新年！祝您在八十年代新的一年中，在为社会主义四化建设中，在学术造诣上取得新进展，新成就。

我們十分感谢您对我院二系建设的关怀，欣然接受了我院的聘请。在过去的一年中，您给我院研究生讲授了"电磁场理论中的典型问题"，由于您的丰富经验和深入的理论分析，使我院听课师生受益不浅。近期您即将参加我院研究生答辩委员会，负责对他們的论文和答辩进行审议，这将使我院研究生的水平有了较好的保证。

我們期望在即将来临的八一年中，得到您更多的指导和帮助，能为我院教师和研究生继续开设"电磁场理论中的典型问题"课，协助我們的教师从事科学研究，以及共同负责对研究生的指导等。

相信，在您的帮助和指导下，我院二系微波和天线教研室一定能更快成長，人材培养的水平也能不断得到提高。

顺致

节日的问候并祝新年愉快

北京航空学院院長 沈元

一九八〇年十二月廿五日

离不开人才的支撑，离不开人才梯队的建设。他觉得自己有义务和责任把平生所学所知传授给年轻一代，以使他们尽快地茁壮成长，使航天事业后继有人。

2．"师傅带徒弟"

航天科研工作是一项由多学科、多专业在一个总体思想指导下有机组成的庞大系统工程，不仅技术复杂，对科技人员自身素质也有很高要求。国防部五院建院初期，为了事业发展需要，从全国各高等院校招募了一大批青年学子。当时全国一年的大学毕业生只有 8 万人左右，而分配到航天系统的就有 2 万多人。但即便如此，还是远远不能改变航天科技人才严重匮乏的局面。

为了解决这一矛盾，五院采用"拔青苗"的办法，即从理工类高校中挑选优秀的大四学生充实到科研队伍中，以解燃眉之急。同时，还将部队转业干部和一批具备一定文化水平的士兵调入五院。但是，上述这些人员的知识结构还

不能适应实际工作的要求，有的甚至根本不具备相关的专业知识。以1960年二分院人员结构为例，共有10000多人，其中，军人5000余人，工人近4000人，技术人员不足1000人，由此可见专业技术人员所占比例之低。

1961年7月17日，聂荣臻出席国防部五院干部大会时，重点谈及年轻知识分子的培养问题，要求尽快找到培养青年科技人员的有效方法，解决专业对口的人才短缺的突出矛盾。为此，聂荣臻认为要在业务上严格要求他们，多给他们实践锻炼的机会；年轻人也须勤学苦练，踏实钻研，戒骄戒躁，虚心地向老专家学习，加强基本功训练，力求成长得更快一些。

的确，如何培养青年人才，已经成为航天事业发展亟待解决的紧迫问题。为了让刚踏上工作岗位的年轻人迅速进入角色，二分院党委号召青年科技人员在工作中发扬刻苦学习的精神，结合任务，边干边学。然而，必须承认的是，不同个体之间的学习能力高低参差不齐，尽管在参加工作之初，他们站在同一起跑线上，但由于个人天赋不同、学习理解力不同、钻研业务的刻苦程度不同，在工作过程中必然拉开差距。

陈敬熊在工作中也逐渐认识到这一问题，认为要让年轻人迅速成长起来，可以通过“传帮带”的方法来解决。于是，陈敬熊在二分院最先倡导并实践“师傅带徒弟”的办法。

陈敬熊之所以能提出这一设想，他自己是有底气的。早在1956年12月，陈敬熊的职称就已经升至五级副研究员。他出众的科研能力、丰富的设计经验与扎实的数学基础，在二分院是有目共睹的。大家在工作中遇到什么难题，都愿意向“陈老师”请教。

而陈敬熊之所以能想到“师傅带徒弟”的办法，与他和助手李桂生的成功合作不无关系。1953年12月，毕业于清华大学的李桂生，从张家口的解放军通信学院调至军委通信部电信技术研究所。进所后，他被安排和陈敬熊共事。

在日常工作中，陈敬熊不仅把自己的经验毫无保留地传授给李桂生，还和他合作撰写了《架于地面附近天线性能的研究》论文，刊于1957年《电子学研究》第二期上。

从此，这对"黄金搭档"的研究成果就"一发而不可收"。李桂生在陈敬熊的帮助下，独立完成了《鱼骨天线理论分析与测试》《圆柱体——圆锥体外部电

1965年，陈敬熊（右）与李桂生在半坡遗址合影

1983年，陈敬熊（右）和李桂生（中）等在美国参加学术交流时合影

场的边值问题》两篇论文，成为一位名副其实的天线专家。李桂生的成功自然离不开他个人的勤勉，但毋庸置疑，这也与陈敬熊的帮助、关心不无关系。正是李桂生的成长史，令陈敬熊意识到“传帮带”是培养青年科研人才的一条重要途径。

于是，他主动向二分院领导要求承担毛康侯、卢丽贞、肖明、章近豪4名青年科技人员的培养工作。陈敬熊在带徒弟的过程中，因材施教，对于有一定专业知识背景的科技人员，就鼓励他们敢于实践、不畏挫折；对于没有任何专业知识的科技人员，则从天线的基础知识讲起，手把手地向他们传授技术与经验。他白天在办公室给他们授课，晚上则采取个别辅导方式，拾遗补缺。实践证明，这种言传身教的方法效果显著，青年科技人员迅速成长起来，不仅能胜任科研工作，有的还可以独当一面，成为了技术骨干。毛康侯即是其中的一位。

1958年9月，25岁的毛康侯从哈尔滨军事工程学院毕业后，被分配到二分院。在第一设计部二分队工作了一段时间后，毛康侯调至102工程组，从而结识了时任102工程组组长的陈敬熊。在陈敬熊的指导下，毛康侯开始从事导弹天线的理论研究和工程设计。

毛康侯主要利用业余时间，每周两次去陈敬熊家，向他请教问题。陈敬熊总是认真、仔细、耐心地给予解答，使毛康侯的业务能力迅速提高。在这一过程中，他们师徒二人合作完成了《高速飞行器天线的理论与实际》等多篇高质量的学术论文，对规范导弹天线结构设计的理论依据具有指导作用。

“师傅领进门，修行在个人。”在陈敬熊的悉心教导下，经过多年的不懈努力，毛康侯成长为我国导弹天线的设计专家，与他人合作出版了两部专著——《飞行器天线工程设计指南》《防空导弹天线》，发表学术论文 50 余篇。1992 年，毛康侯获得国务院颁发的政府特殊津贴。1995 年，他在导弹天线隔离度方面的研究成果，获得部级科技成果二等奖。

1960 年进入二分院工作的卢丽贞，也是陈敬熊的“得意门生”之一。卢丽贞毕业于西安交通大学，在校期间攻读的是发电专业，对天线理论知之甚少。针对这种情况，陈敬熊特意为卢丽贞“开小灶”，从零起点开始，由浅入深、循序渐进地将她带入天线设计的广阔天地。在陈敬熊的精心指导下，卢丽贞的科研水平突飞猛进，能够独立开展有关提高天线表面利用系数问题的研究。此后，卢丽贞还在陈敬熊的指导下，设计各种类型的辐射器和天线反射面的模型，通过大量试验，对这些模型的优劣进行理论分析和总结。这些研究在日后设计末制导天线时，发挥了重要的参考作用。

除了这种“一对一”的方式，集中授课也是陈敬熊“带徒弟”的主要方法。他担任第三设计部副主任后，在天线理论研究之外，又多了一项雷达精度分析工作。为了尽快适应这项新任务，他首先扩充知识储备，认真学习自动控制理论、信息论、概率论和随机过程理论，以及与此相关的工程方法。

随后，陈敬熊在第三设计部开办学习班，坚持每周五下午在二分院东工业区九号楼的五层为年轻技术人员讲课，传授概率论、噪声理论等新知识和新技术，培养专业人才，满足科研工作需要。陈敬熊每次授课时，王励、翁祖荫、蔡庆宇、林苹平、王润章等求学若渴的青年人一边听，一边记笔记。虽然他们大多都是本科毕业，但仅凭在学校里学到的知识，远远不能满足工作需求，所以，陈敬熊的课就成了他们头脑的“营养剂”。

鉴于听课者的相关基础知识比较薄弱，陈敬熊使出浑身解数，尽可能让自己的课程变得生动形象起来。他经常运用实际生活或电子技术中的例子来阐明随机变量的特点。例如，在解释泊松流的原理时，他提到公交车站候车人数的变化过程，又讲到真空电子管从阴极射出的电子往阳极移动的过程，以此为听课者建立起一个直观模型。与此同时，为了更好地让年轻人消化这些基础知识，陈敬熊还在课程之外安排固定时间，专门为参加听课的学员答疑释惑。

座谈是陈敬熊传授工作经验的另一“法宝”。在第五设计部天线研究室工作期间，他组建了由其本人和熊继衮为主要负责人的天线理论组，定期召集相关人员进行座谈，对工作中遇到的“疑难杂症”进行“会诊”，以使年轻人少走弯路。

陈敬熊“师傅带徒弟”的办法逐渐取得成效，也引起了二分院领导的重视。为了推动本院科技干部的培养工作，1961 年，二分院召开经验介绍报告会，决定在全院范围内宣传推广陈敬熊“师傅带徒弟”的实践方法。陈敬熊与毛康侯分别在会上交流了心得体会。会场上的许多听众都是“师傅带徒弟”

1967年，陈敬熊（前排中）与同事们在北海公园合影

这一方式的受益者，基本上都听过陈敬熊的课或者接受过陈敬熊的指点。因此，陈敬熊一上台，还未开口，场下就爆发出雷鸣般的掌声。看到这一幕，陈敬熊很激动，这是领导和同事们对自己的赞许，更表明了“师傅带徒弟”的做法取得了成效。当天到场的还有八一电影制片厂的摄录人员，他们将会议的全过程记录在电影胶片上。这部彩色电影纪录片摄制完成后，还在二分院放映过，成为见证我国航天事业薪火相传的珍贵影像资料。

3. 建立雷达育人基地

从 20 世纪 50 年代在北京大学讲课，到 20 世纪 60 年代在二分院带徒弟，陈敬熊一直担当着传道、授业、解惑的角色。当然，他毕竟不是专职教育工作者，兼职讲课也好，“师傅带徒弟”也罢，这些传授方式面对 1980 年之后航天事业迅猛发展的局面，就显得力不从心。要适应航天事业快速发展的速度，满足人才梯队建设的需要，就必须建立起一整套完善的人才培养体系。于是，陈敬熊又开始为航天系统自主培养研究生的工作忙开了。

1978 年改革开放以后，国家恢复研究生学位教育，这让陈敬熊看到了系统培养航天人才的希望。1980 年 9 月 4 日，经第七机械工业部批准，陈敬熊晋升为研究员。次年，国务院学位办公布第一批研究生导师名单，航天二院有两人获得担任研究生导师的资格，一位是宋健，另一位是陈敬熊。1985 年，经申请批准，陈敬熊又成为二院首批博士生导师之一，同时还担任二十三所学位评定分委员会主席一职，负责培养所内的研究生。

万事开头难。航天系统内部对是否要自主培养研究生，还存在一定争议。有的同志认为航天工作的重点在型号研制方面，科研任务较重，培养研究生这一工作本应由高等院校承担，这样做是否有越俎代庖之嫌？况且，像二十三所这样的航天科研机构也没有培养研究生的经验。此时，陈敬熊面临着前所未有的压力。然而，他不惧非议，因为他认定航天事业要兴旺发达，必须后继有人，高层次人才的培养迫在眉睫。所以，陈敬熊不仅自己带头培养研究生，还鼓励具有多年工作经验的技术专家王世锦、姜新发、蔡澜、张金海等人招收研究生。

1982 年，二十三所正式招收第一届“电磁场与微波技术”和“信号、电路与系统”专业方向的硕士研究生。虽然全国范围内的研究生教育工作已全面恢复，但航天系统与普通高等院校或者中科院之类的科研机构不同，在研究生培养方面几乎没有经验可循，不少工作只能是“摸着石头过河”，处于探索阶段。

针对这种情况，陈敬熊亲自上阵，主持研究生招生录取工作。首先从招生考生入手，硕士研究生入学考试需要考数学、英语、政治以及两门专业课。为了能够达到同期高等院校的水准，陈敬熊在组织数学、英语和政治出题时，参考了高等院校的试题；而两门专业课则由二十三所自行命题。随后，他又亲自参加阅卷和面试工作。

经过层层严格选拔，国防科技大学应届毕业生罗晓秋成为二十三所第一位研究生。作为他的导师，陈敬熊也成为该所首位硕士研究生导师。此后，陈敬熊又相继招收陈骊、沈江林（与王励合作）、黄佳（与王励合作）、程臻（与姜新发合作）等多名研究生。

许多学生热衷于报考陈敬熊的研究生，很大程度上是冲着他的学术知名度

1986年，陈敬熊（前排右四）等领导和专家与二十三所首届毕业研究生合影

而来。他的高徒程臻在恩师 90 华诞时写了一篇题为《身边的航标》的文章，回忆起就读于陈敬熊门下时的情景："26 年前，我有幸成为陈先生的学生。那时候，只听说先生在天线领域很有名，我很敬畏。后来，通过学习和工作，慢慢了解到先生理论功底深厚，在天线理论方面贡献卓著，在工程上解决了重大难题，因此拿到了国家发明一等奖。"

陈敬熊在培养研究生方面有着自己的见解。当年在交大的求学经历，使他清楚地认识到，创新能力的培养是研究生教育的核心内容，而创新能力就集中于毕业论文的设计和撰写。在指导研究生进行毕业论文设计时，陈敬熊经常告诫学生，要脚踏实地，切忌好高骛远，试图通过一篇硕士论文来解决某一重大理论问题是不切实际的；读研期间最要紧的是学好基本功。因此，他经常勉励学生，要打下坚实的理论功底，要善于吸收他人的成果，在已有的基础上搞创新，只有如此，方能在今后解决实际问题时起到事半功倍的效果。

利用二十三所承担着大量科研攻关项目的优势，陈敬熊因地制宜，指导学生结合研究所正在研制的型号进行毕业论文设计。这样既可以让研究生对航天科研有所了解，为今后进入航天系统工作做好知识储备，以便毕业后可直接参与有关型号的研制，也能有针对性地解决科研过程中碰到的一些实际问题。可谓一举两得。

1983 年 9 月，毕业于北京邮电大学、在长春邮电学院工作了一年的陈骊考入二十三所，成为陈敬熊带教的第二位研究生。在陈敬熊的指导下，她选择“周期性结构金属栅网传输特性”这一课题作为毕业论文的选题。

与其说是指导，不如说是陈敬熊与陈骊在科学征途上的共同跋涉。陈敬熊不仅忙于所里的科研工作，还兼任着不少所外的学术职务，有时候真有点分身乏术。不过，在给陈骊上课这件事上，他从不马虎。若是会议或其他工作与规定的上课时间有冲突，他都会事后把缺失的课程补回来。陈骊在论文写作时，总是乐于把自己遇到的一个个难题“抛向”导师。这并非是她偷懒，而是陈敬熊的细致与耐心，让她觉得与导师交流学术问题，简直是一种“享受”。经过陈敬熊的悉心指导，陈骊顺利地完成了毕业论文。在论文答辩会上，与会专家一致认为这篇文章论据正确，推理严密，条理清晰，在理论及工程设计上具有应用价值。

注重发挥学生的个性、宽严并济，是陈敬熊培养研究生的主要方式。这受到了他的导师张钟俊先生的启发和影响。陈敬熊对此深有感触，他曾多次提及：“我在交大读研究生的时候，张钟俊老师只管大的研究方向，让我有很多自由时间看书、做研究。那时候我对于分数啊，看得不是很重。课程考试 Pass 过去就行了。有时间，我就去做自己喜欢的研究工作。所以我主张，对学生特别是有一定天赋的学生，不要管得太死，应当有宽松的学术环境，充分发挥学生的个性和聪明才智。”

在招收陈骊的那一年，为了在雷达信号处理领域强化新技术的探索研究，陈敬熊还与王励联合招收了两名“信号、电路与系统”专业的研究生——沈江林和黄佳。

沈江林毕业于北京大学，在陈敬熊和王励的共同指导下，结合二十三所正

1986年，陈敬熊（前排右三）参加研究生毕业论文答辩会

在研制的一部远距离目标探测雷达，就目标多普勒频率及其变化率的估计这一现代跟踪测量雷达关键技术进行研究，完成毕业论文《目标多普勒频率及其变化率的估计》。该论文综合国内外成果，提出新的估计方法，并通过计算机模拟，证明方法是可行的，具备理论和实用意义。

另一名研究生黄佳先前就读于北京航空航天大学，她的研究生毕业论文《开环自适应天线旁瓣对消器的研究》与二十三所在型号研制任务中亟待解决的关键技术问题相结合。在王励、陈敬熊的精心指导下，黄佳顺利完成了论文，并通过答辩。该论文得出的结论至今仍在某型号中使用。

1985年，陈敬熊和姜新发共同招收了硕士研究生程臻。程臻在写毕业论文《同轴馈源研究》时，陈敬熊不仅审阅了其论述逻辑和结论，而且对文中所有的公式都核实和推导了一遍。论文中给出的同轴馈源结构简单，效率高，频带宽，在卫星地面站天线上得到广泛应用。这一研究成果推进了同轴馈源的设计和理论研究，对提高地面站天线性能、降低天线造价、普及卫星通信方面，都有现实意义。

陈敬熊深谙“教不严，师之惰”的道理。他在严格要求学生的同时，对自己也是高标准、严要求。他认为在教给学生知识之前，老师自己一定要先弄懂搞清。他说：“学生有问题，你要能回答出来；如果不能，至少要告诉他们往哪个方向研究才能找到答案。”陈敬熊一直奉行着这样的理念。担任研究生导师时，他虽已年过花甲，但为了让学生更加深入地掌握理论，还是坚持站在黑板前推导公式，而且一站就是两三个小时。对于学生研究的课题，陈敬熊始终是同步前进，甚至超前一步，为的就是在他们遇到困难时能够给予悉心指导。

1988 年，程臻在陈敬熊和姜新发的共同指导下，完成了学业，取得了硕士学位，之后分配在二十三所天线室工作。他后来又考取北京航空航天大学博士研究生，一边工作，一边继续深造。有一次，陈敬熊遇到程臻，关切地问起他的学习情况。当得知程臻正在钻研小波理论时，陈敬熊立即把自己所了解的有关小波问题的最新学术信息告诉程臻。由此可见，陈敬熊对于青年学子的关心。

“名师出高徒”。程臻因为在工作中出类拔萃，1990 年便被提拔为二十三所天线研究室副主任，2003 年升任二十三所所长，是国防科技工业有突出

陈敬熊（前排右三）在二部八六级研究生论文答辩会上合影

贡献专家，入选国家百千万人才工程，成为航天雷达领域的领军人物。

程臻每当想起陈老师的耳提面命，总是感激不已。调离二十三所时，程臻整理出读研究生时的许多讲义和笔记。翻阅这些已泛黄的旧物，多年前陈老师给他讲课时的情景又浮现在眼前。程臻谦虚地说："由于天资不足，用功不到，陈老师教给的知识，我只学到了一些皮毛。"

十年树木，百年树人。陈敬熊深深理解这句话对于中国航天事业发展的重要性，因为他真真切切地感受到航天事业从无到有、从小到大、从弱到强的这几十年，走得非常艰难。每一个型号的研制、定型都凝聚着航天人的心血，有的人甚至还为此付出了生命的代价。所以，陈敬熊觉得有责任和义务将航天实践中总结出来的各种科研经验、知识，传承给年轻人。只有这样，航天接力棒才能一代一代地传承下去。

这正是陈敬熊重视人才培养工作的重要原因。1989 年 9 月，航空航天工业部授予陈敬熊"航天系统科研机构优秀研究生导师"荣誉称号，以表彰他在研究生培养工作方面做出的突出贡献。这也充分证明陈敬熊提出的雷达人才基地建设之路是完全正确的。

4."学术问题不留情面"

在同行眼里，陈敬熊以治学严谨而著称。每当有人请他审阅论文、设计方案或技术总结时，无论本单位的还是外单位的，他都会不遗余力地查阅有关文献、核实数学模型，甚至进行全过程推导，并客观公正地提出自己的意见。有时，陈敬熊为审阅一篇论文会花上几个星期的时间。对待学术问题，他从不敷衍了事。凡与他接触过的人，无不为他的严谨作风所折服。

孟子云："尽信书，则不如无书。"陈敬熊在对待学术问题上从来不迷信权威，不唯书，只唯实。在参与各种学术交流活动时，他从不盲目追随。对于存在理论缺陷的论点，即便是国际学术权威论证出来的，他也敢于发表相左的意见。改革开放之后，"并矢格林函数法"创立者、美籍华裔电磁理论学家戴振铎受邀到国内讲课，陈敬熊专程前往聆听。在听课过程中，细心的他发现戴振铎的公式在推导过程中出现不很严密的地方，遂当场向戴振铎提出异议。两位电磁学领域的专家就此在会场上展开学术争鸣，你来我往，堪比"华山论剑"。

20 世纪 80 年代，由于陈敬熊在国内电磁场与微波技术学界享有崇高的声誉，许多学者和科研单位经常请他帮助修改论文或对科研项目提出意见和建议。他当时身兼二十三所副所长一职，学术、行政一肩挑，工作繁忙，但对同行们的请求，非但从不推辞，还尽心竭力，力求做到完美。

陈敬熊（左二）参加某型号雷达系统科研成果评审会（左一为张履谦）

“严格、严密、严谨”，是陈敬熊在审稿过程中始终坚持的标准。他审评论文或项目不仅仅停留于阅读现成的结论，为了判断结论准确与否，他往往亲自动手从头至尾演算一遍。若发现文章或项目存在不足，他会毫不客气地指出来，这些在他的笔记本中都有记载。例如，在某警戒雷达的评审意见中，陈敬熊对于该型号的雷达性能予以充分肯定，认为其“作用距离远、搜索空域大，有一定抗干扰能力，动目标显示性能好，可靠性高，接收维护简单”，但他同时也一针见血地指出其缺点：检飞时雷达发生发射机打火；雷达试用时间短，其性能需要进一步试验检测；近距离信号脉压副瓣干扰较明显。

事实证明，凡经陈敬熊认真审阅的论文，发表后都会在业界获得良好反响。例如《毫米波大功率固态功率合成和有源固态相控阵》《体散射及其反演》《埋地物体奇点的计算》《从目标的脉冲响应提取奇点方法》《电磁理论中的广义本征函数展开问题》《地形与模板匹配技术理论研究》等。

陈敬熊培养研究生的严谨作风也是一以贯之，做他的学生可不容易，学生们都知道陈老师的脾气，不该出错的公式推演如果算不准确，老师肯定会毫不客气地当面予以批评。陈敬熊在学术问题上从来不留情面。

陈敬熊在研究生毕业论文答辩会上，一向坚持原则，对毕业论文审查和答辩要求十分严格，因为他深知航天无小事，从表面上看通过论文答辩只是为了拿到毕业证书，实际上论文的质量却直接关系到航天科研工作，甚至一个公式都能影响到某项科研产品的精确程度。所以，对待学术问题，绝对不能含糊。

陈敬熊在二十三所工作时，还担任二院学位评定委员会副主席，负责二院研究生培养的相关工作，对于二部、二〇七所以及二十五所等单位的学位工作也给予关心，尤其在担任这些单位研究生毕业论文答辩委员会主席时，他认真评阅、仔细批注每一份论文。

在陈敬熊的学生眼中，陈老师既是严师，对他们提出了高标准和严要求，同时也像慈父，经常无微不至地关心他们的生活。每次上课，他总会提前到教室，和学生们聊聊他们在生活中遇到的一些问题，叮嘱他们在紧张的工作、学习之余，注意身心健康。此外，陈老师还特别注意学生们人格的养成，要求他们做到德智体全面发展。“我不但要求学生做学问，最重要的是教他们做人，教他们要诚信，要有正气。古代人常说：“正心、修身，方能齐家、治国、平天下！” 这是陈敬熊一贯坚持的培育人才的标准。

5. 创造发展机会，提携青年才俊

在二十三所发展过程中，陈敬熊作为主管科研项目的所领导，甘为人梯、为后辈托青云。因为他深知中国航天事业要传承星火，必须给年轻人机会，让他们在实践中成长、成才，能够担负起科研重任。蔡庆宇就是他最为关心的年轻科研人员之一。

1960年，蔡庆宇从清华大学自动控制专业毕业后，分配到二分院第三设计部从事雷达总体研究工作。蔡庆宇和陈敬熊的结识开始于陈敬熊为院里的青年人讲课。陈敬熊的课总能深入浅出，给学生留有思考空间。讲课中，他还不时地与大家讨论，提出问题，并经集体讨论，得出令人信服的结论。蔡庆宇还记得，有一次陈敬熊让他到黑板上做过两道题目，结果他都做对了，陈敬熊知道他已经掌握了这些知识，就让他向大家说明这个问题的原理。陈敬熊之所以采取这样的方式，是因为他在讲课过程中，非常重视解答问题出现的前因后果。他认为对一个问题，不仅要知道如何能够解决，还要知道这个问题是怎么产生的，也就是它的历史情况。这样一来，就能对一个问题了解得比较彻底。这也就使科研人员弄明白在怎么解决问题的同时，还要知道问题的来龙去脉。课后，陈敬熊走到蔡庆宇跟前，很满意地拍了拍他的肩膀："以后要是在工作中遇到什么问题，你就来找我。"蔡庆宇后来回忆说："如果不是听了陈老师的课，后来从事的科研工作就是空中楼阁。所以，那个时候的学习为以后工作打下了基础，使我受益匪浅，为我参加总体设计工作及进行数据处理打下了良好基础。"

20世纪80年代，蔡庆宇在研究某地空型号单脉冲跟踪雷达的跟踪问题时，发现在用雷达跟踪高速低空飞行目标时，出现了精度估计问题，即雷达测角回路中加速度补偿问题。这与非线性微分方程组的解密切关联，它关系到整个系统的制导精度，是问题的关键所在。为此，蔡庆宇逐步把物理模型抽象出来，建立了相关数学模型，形成了一套公式，但如何分析它在雷达制导过程中所起的作用，却一直困扰着他。如果这个理论难题不攻克，雷达的精度就难以提高。此时，有些束手无策的蔡庆宇突然想到，"何不去请教一下陈老师？"

打定主意后，蔡庆宇赶紧拿着资料，找到了陈敬熊。问明蔡庆宇的来意，陈敬熊立即帮助他一同分析问题。根据经验判断，陈敬熊认为这一问题属于泛函分析的范畴，而泛函分析正是蔡庆宇的知识“短板”。虽说陈敬熊完全可以替蔡庆宇解出这道难题，但他知道若是如此，仅是帮助蔡庆宇解了燃眉之急，根本无助于他学术能力的提高。“授人以鱼，不如授人以渔”。为了让蔡庆宇进一步得到历练，陈敬熊没有直接把答案告诉他，而是让他先从泛函分析知识的补缺着手。经过半年夜以继日的学习，蔡庆宇终于掌握了这些在大学中没有学习过的数学知识。

之后，陈敬熊再次和蔡庆宇讨论问题，发现这个问题的实质是解一个非线性多变量的微分方程组问题。但用自动控制领域中“频率法”不能解决问题，于是，陈敬熊提出利用抽象函数中牛顿求根法解这组微分方程。在这一思路下，他把一般用牛顿法求解超越函数根的问题，推及抽象空间，并利用推广的牛顿法解决了求解非线性微分方程组问题。陈敬熊将分析思路和公式推导写成手稿交予蔡庆宇，蔡庆宇按照此方法进一步深入研究，这样在不增加一般单脉冲跟踪制导雷达硬设备的前提下，仅仅在计算机增加了“加速度补偿”计算法的十几条指令，便能大大提高系统制导跟踪精度，十分简单易行，

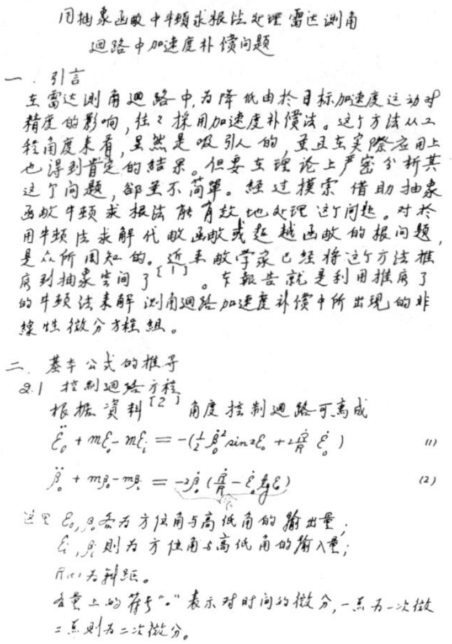
用抽象函数中牛顿求根法处理雷达测角回路中加速度补偿问题

一、引言

在雷达测角回路中，为降低由于目标加速度运动对精度的影响，往往采用加速度补偿法。这个方法从工程角度来看，显然是吸引人的，并且在实际应用上也得到肯定的结果。但要在理论上严密分析其这个问题，却并不简单。经过摸索，借助抽象函数牛顿求根法能有效地处理这个问题。对于用牛顿法求解代数函数或超越函数的根问题，是众所周知的。近来数学家已经将这个方法推广到抽象空间了[1]。本报告就是利用推广了的牛顿法来解测角回路加速度补偿中所出现的非线性微分方程组。

二、基本公式的推导

2.1 控制回路方程

根据资料[2]角度控制回路可写成

$$\ddot{\varepsilon}_0 + m\varepsilon_0 - m\varepsilon_i = -\left(\frac{1}{2}\dot{\beta}_0^2\sin 2\varepsilon_0 + 2\frac{\dot{R}}{R}\dot{\varepsilon}_0\right) \quad (1)$$

$$\ddot{\beta}_0 + m\beta_0 - m\beta_i = -2\dot{\beta}_0\left(\frac{\dot{R}}{R} - \dot{\varepsilon}_0 \tan\varepsilon\right) \quad (2)$$

这里 ε_0，β_0 各为方位角与高低角的输出量；ε_i，β_i 则为方位角与高低角的输入量；$R(t)$ 为斜距。

各量上的符号“·”表示对时间的微分，一点为一次微分，二点则为二次微分。

蔡庆宇珍藏的陈敬熊撰写的《用抽象函数中牛顿求根法处理雷达测角回路中的加速补偿问题》部分手稿

从而对该型号的研制工作起到了推动作用。蔡庆宇对此印象极为深刻，将陈敬熊的手稿一直珍藏至今。

随后几年时间里，蔡庆宇又在陈敬熊的帮助下，对系统精度的解析表达式进行了研究，觉得这种方法的应用颇具前途。1984 年，蔡庆宇将这些研究问题写成了《利用非线性补偿提高雷达自动跟踪系统的精度》一文，并公开发表。这篇论文因具有很高的理论水平与实用价值，备受学术界关注。在论文正式发表前，蔡庆宇提出与陈敬熊共同署名时，却被他婉言谢绝了。

不拘一格用人才，是陈敬熊倡导的为后辈托青云的理念。1978 年，恢复学术活动后的北京市电子学会邀请陈敬熊担任电子学会信息论学会委员，但他另举贤才，推荐王励出任委员一职；《通信学报》请陈敬熊担任编委，但他依然觉得从工作需要看，王励比自己更适合。从这两件事不难看出，陈敬熊重视青年人才的培养，从来不停留于口头，他确实把机会留给了年轻人，这尤为可贵。

20 世纪 80 年代末 90 年代初，社会上流行“搞导弹的不如卖茶叶蛋的”的说法。此话虽然带戏谑成分，但也反映了包括航天系统在内的广大科技人员收入待遇偏低的窘境。

当时，长三角、珠三角等沿海开放地区的不少企业纷纷以优厚待遇，从航

陈敬熊（右二）与同行们讨论学术问题

天系统挖走大量科研人员，还有一些具有一技之长者干脆“下海”创业，自己当老板，航天系统人才流失严重，科技大军的“军心”有所动摇。这不但给航天系统造成经济损失，也有泄露国家机密的隐患，还使得国家重点型号的研制工作严重拖期，以至于型号总设计师放下手边的工作，亲自跑到人事部门去要人。面对这种严峻的局面，也为稳定人心，陈敬熊身为二十三所副所长，觉得自己不仅有责任把这些航天青苗培养成才，更重要的是要把他们留在航天系统，为国效力。

因此，无论在平时工作中，还是在指导学生期间，陈敬熊总是鼓励年轻人，希望他们树立远大志向和人生目标。陈敬熊还时常以自己的亲身经历现身说法，告诉青年科研人员，航天技术水平展示了一个国家的综合实力，中国的航天事业大有可为，投身航天事业必将收获美好未来。

当然，陈敬熊也不回避现实问题。在谈到待遇时，他劝慰年轻人要用发展的眼光来看待这一问题：知识分子政策有一个逐步落实的过程，形成尊重知识、尊重人才的风气也不是一蹴而就的事情，国家财力有限，各方面要办的事情太多，解决问题需要有一个过程，不要因此产生消极乃至颓废的情绪，消磨时光，否则“少壮不努力，老大徒伤悲”。

与此同时，陈敬熊本人也以身作则，举荐后辈。他经常说：“未来的发展靠年轻人，为年轻人创造条件，不妨做个伯乐。”在关键时刻，陈敬熊总是给予他们关怀和支持，将机会留给年轻人，让他们有机会在实践中成长、成才，能够

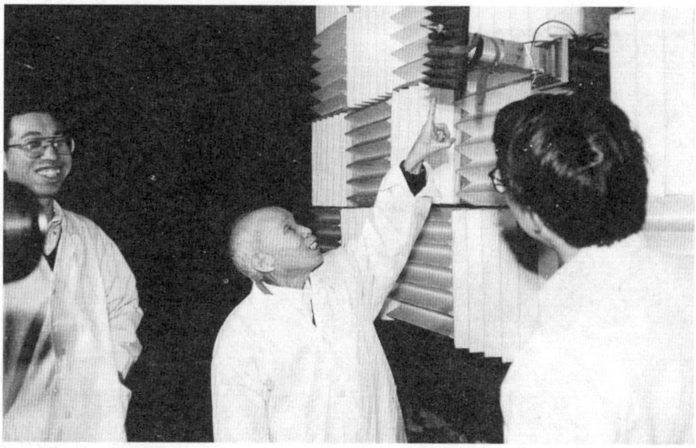

2001年，陈敬熊（中）与青年科研工作者讨论天线测试问题

担负起科研重任。

1983年，年仅19岁的谢良贵考取二十三所硕士研究生，所里为他指定的导师是王世锦。然而，身为高级工程师的王世锦却想打“退堂鼓”。原因很简单，王世锦认为自己都没有研究生学历，怎能带研究生呢？陈敬熊得知情况后，多次与他谈心。他借用唐代文学家韩愈的名篇《师说》里的句子来开导王世锦：“弟子不必不如师，师不必贤于弟子，闻道有先后，术业有专攻，如是而已。”只要在专业上学有所长、技有专精，无论学历高低，都可以成为合格的老师。他还告诉王世锦，国外高校的副教授就可以带博士生，只要有真才实学，肯定可以指导好研究生。陈敬熊的一番话让王世锦茅塞顿开，消除了畏难情绪。

见到王世锦的表情“由阴转晴”，陈敬熊知道自己的话起了作用。于是，他在耐心开导之余，还向王世锦传授做好导师的经验，并在实际教学过程中，亲自示范、带教。陈敬熊还和王世锦共同研究确定了谢良贵的研究课题：多层折线结构的极化变换的设计问题。陈敬熊对折线周期结构的电磁散射特性做过大量深入的研究，并发表了论文。谢良贵的研究课题区别在于折线周期结构是敷设在介质板上的，因而，陈敬熊的研究结果对谢良贵开展课题研究具有重要的参考价值。为读懂陈敬熊的研究论文，谢良贵经常向他请教有关问题，也有了很多机会了解和学习他的学术思想和研究思路，尤其从其清晰物理概念的分析方法中获益良多。

师恩难忘。谢良贵对于陈敬熊的栽培感念于心：“我在读研究生期间，陈先

陈敬熊（中）参加研究生培养工作讨论会

生认真给我解释了不同极化的电波对金属折线周期结构照射时，金属折线的电流分布情况，他的估计与我后来数值计算的结果非常吻合。由于电流分布估计得准确，也就使得给出解析解成为可能，而‘矩量法’用矩形脉冲来模拟电流则需要求解几十阶的矩阵方程，运算量之大可想而知。陈先生这种清晰物理概念的分析方法不仅对我的课题研究有帮助，而且对我以后的技术工作也受益匪浅，我在任二院院长期间帮助解决的几个型号技术问题，受到了他以前分析问题的思想启发。”

陈敬熊深厚的数学功底也让谢良贵印象深刻。他迄今仍记得在推导陈敬熊的“对金属折线周期结构的电磁散射特性分析”的公式时，吃尽苦头，其中一个关于周期性积分的公式，他花了足足三个月才弄通。另一个关于 Sommerfled 定理的应用，陈敬熊巧妙地将算子与积分互换，不仅得出了解析表达式，而且使级数的收敛速度增加了一个量级。“他娴熟运用数学的能力实在是太强了。”谢良贵赞叹道。

这样，谢良贵读研期间等于是获得了两位导师的指导。此后，王世锦还指导或协助指导过 10 名硕士研究生，也得到了陈敬熊的帮助。

1986 年，谢良贵获得硕士学位，留所工作。为了继续深造，1989 年，谢良贵在电子科技大学（成都）攻读博士学位。读博期间，谢良贵经常和陈敬熊一起研究讨论问题。1993 年，谢良贵和陈敬熊开始共同研究电磁脉冲问题，并在《系统工程与电子技术》的英文版上发表了*Discussion on Electromagnetic Missile*一文。谢良贵仍记得与陈敬熊合作撰写论文的细节。事实上，这篇论文的前期准备工作都是由陈敬熊完成的，他交给了谢良贵两项任务：一是把文中所有的公式重新推导一遍，二是将文章译成英文。这两件事看起来很简单，但谢良贵明白这是陈敬熊在刻意培养他的学术能力。因为按照陈敬熊的思路，把公式重新推导一遍就不是件容易的事，它考验着谢良贵的细心与耐心。

如今，谢良贵已成为航天系统的领军人物，现任中国航天科工集团公司总经理助理，其多项科研成果获得国家级奖项。在谢良贵担任二院院长期间，陈敬熊经常跟他谈及人才培养问题，建议院里鼓励年轻同志，大胆任用，让他们在重要岗位上得到锻炼。

每逢新春佳节，王励、蔡庆宇、秦忠宇等人都会相约前去陈敬熊家里，给老师拜年。陈敬熊虽然已从科研一线退了下来，但仍不忘青年人才的培养问题，总会叮嘱他们："要为所里型号工作做贡献，要支持所领导把型号工作搞好，所里的不少领导是你们的晚辈，你们要鼎力支持他们，协助他们搞好工作。"王励他们听后频频点头，他们很了解陈敬熊，知道他每时每刻都在为航天科技事业的人才队伍建设而操心。

直到2002年，耄耋之年的陈敬熊仍结合工程实际问题，给所里的年轻技术人员讲解"低仰角跟踪"问题。参加听课的史仁杰、刘丹受陈敬熊讲课内容的启发，于2003年在海军某试验基地某测量雷达的研制工作中，成功解决了"低空掠海飞行目标的高精度稳定跟踪"问题。这项技术达到了国内领先水平，得到使用部队的高度赞誉。

陈敬熊

陈敬熊院士传记

Academician Chen Jingxiong's Biography

第九章

吾爱吾家

人生是一艘漂泊的船，家就是温暖的驳岸。在这片遮风挡雨的屋檐下，有暖心的亲情，更有甜蜜的爱情。家成了陈敬熊事业上取之不尽、用之不竭的动力源。

家，对于每一个人来说，都是最温馨的心灵港湾。无论是身处逆境，还是在科研工作上遇到何种艰难困苦，陈敬熊都没有皱过眉。因为，在他的背后，始终有一股强大的力量在支撑着他，那就是源自父母、兄弟姊妹、一双儿女的亲情，更有相濡以沫的爱妻的默默支持与奉献。

陈敬熊是个性格坚毅的汉子，从未在困难面前低过头、服过输。然而，就是这样一位铮铮男儿，也有黯然落泪的时候，只为亲人的离去触动了他强大内心中最柔软的神经。

家是一个永恒的话题。儿女情长、伉俪情深、父慈子孝……人们总是用最美好的语言来描绘幸福的家庭生活。数十年如一日奋战在科研一线，尽管陈敬熊平日里与亲人聚少离多，但他总是想方设法，尽己所能关爱着家里的每一位成员。因为在他的心底有最质朴的家庭观念：吾爱吾家。

1. 对父母的愧疚

1954 年，陈敬熊的科研人生进入第四个年头。此时的他已是军委通信部电信技术研究所的技术骨干，还担任了研究所的工会主席，公务繁忙。正当陈敬熊埋头攻克军用短波天线通信难题之时，从上海传来了慈父不幸去世的噩耗，且父亲后事早已料理完毕。难道是陈敬熊对家里的事情不闻不问？全然不是。陈母明白儿子从事的工作事关社稷安危，特意关照家中其他成员，尽量不让陈敬熊知道此噩耗，以免影响他的科研任务。没能见上父亲最后一面，陈敬熊心中至今仍留有深深的遗憾。在他的心目中，父亲陈葆珊是位勤奋踏实、可亲可敬的人。

经过数年打拼，1938 年 5 月，陈葆珊把陈敬熊母子七人全都接到黄浦江畔，一家人挤在一栋不大的石库门住宅里。陈葆珊在生意场上摸爬滚打多载，深知一个人要在社会上立足，必须接受良好的教育。所以，他辛辛苦苦将一大家子迁来上海的用意不单单是为了团聚，更是为了子女的教育。果不其然，在陈敬熊兄弟姊妹 6 人中，除小妹妹陈佐夏之外，其他人全都接受了高等教育。父亲的良苦用心，一直令陈敬熊感念至深。

看到陈敬熊在事业上取得如此丰硕的成果，许多人纷纷对他的家庭教育环境投去好奇的目光。在如今竞争激烈的社会背景下，很多“望子成龙”“望女成凤”的家长对孩子采取了高压方式，认为只有严格管教，才能让孩子出人头地，以至于“虎妈狼爸”层出不穷。与之形成鲜明对比的是，陈敬熊的家庭教育环境相当宽松。“一点压力也没有。我们家里是这样，父亲也没有办法辅导我们，就让我们自己去闯。他说你们觉得对就去做。”

陈葆珊精于算术。陈敬熊之所以能在数学方面出类拔萃，或许是从父亲那里继承了这方面的基因。这当然只是一种臆测，但有一点是可以肯定的，那就是陈葆珊对儿女们并非放任不管，而是有着严格的要求。在商场上奋斗多年，陈葆珊见惯了商战中的尔虞我诈，因此他一直教导子女不要从商，要多学本领，将来能够自力更生，不依赖他人。在教育问题上，陈敬熊的母亲刘金英与丈夫站在同一立场。陈敬熊时常对人提到此事：“这个思想在我父亲、母亲那里都是根深蒂固的，他们都这么告诉我们。”

俗话说：“男主外，女主内。”陈敬熊的父亲长年在外工作，母亲就以柔弱的身躯挑起了家庭的重担。在宁波乡下时，她不但要照管六个子女，有时还要在田里耕作，里里外外都靠她一个人打理，非常辛苦。直到全家搬到上海，母亲才从繁重的家务中稍稍得到解脱，不必再像以往那样在地里挥汗如雨了。

细数起来，陈敬熊与双亲共处的时间并不算太长。除了年幼时在镇海的那十多年，就是迁居上海后，一家人共同生活了近 12 年。自 1950 年下半年，陈敬熊北上工作，便与父母南北分隔，难得相聚。

不过，这些丝毫没有淡化陈敬熊对二老的那份体贴与关爱。虽身在北京，他心里却时常惦念着家里，尤其挂念父亲的身体状况。陈葆珊体形肥胖，患有严重的高血压，而且出现过几次中风的预兆，幸好都扛过去了。陈敬熊因此很担心父亲的身体，每次给家里写信，总免不了问及父亲的健康情况，叮嘱弟妹们悉心照顾。可谁曾想，1954 年，就在陈敬熊忙于地面天线研究的节骨眼上，陈葆珊旧病复发，不久便离开人世。

按照中国人“养老送终”的传统，陈敬熊是次子，应该立即赶回家中，协助母亲和兄长料理后事。但深明大义的母亲却坚持不让家里人打电报通知陈敬

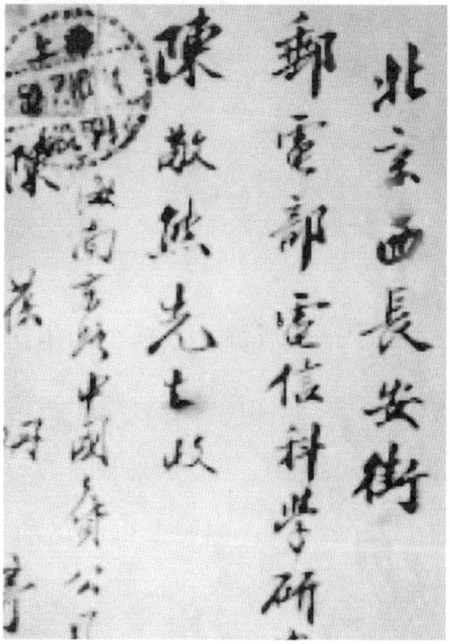

父亲陈葆珊写给陈敬熊的信

熊。虽说她没有进过学堂、念过书，更弄不明白二儿子究竟研究的是什么，但确信儿子的工作对于国家而言非常重要。都说国家的事再小也是大事，自家的事再大也是小事。这个简单的道理，母亲非常明白。她打定主意，含泪让大儿子陈敬亚写信告诉陈敬熊，父亲身体安好，让他集中精力，专注于工作。因此，被蒙在鼓里的陈敬熊直到几个月后才知晓父亲已经辞世。这犹如一个晴天霹雳，让陈敬熊顿时陷入悲痛之中。为人子者，以孝为先。他时常深责自己没有尽到孝道，一直为此愧疚不已。“父亲为了我们那么多子女劳苦一生，去世的时候都没能见上最后一面，遗憾！非常遗憾！”陈敬熊至今想起此事，仍微微哽咽。

《尔雅》有云：“善事父母为孝。”父亲走了，已无法再在膝前尽孝。让母亲生活得更加舒适安康，成了陈敬熊最大的心愿。他自知不能天天侍奉在母亲左右，就以另一种方式将自己对母亲的一片孝心从北京源源不断地“输送”到上海。

自从父亲过世后，陈敬熊每月都会给母亲寄去80元生活费。以现今的生活标准来看，80元不过是区区小数，甚至还不够富裕之家一天的菜钱。然而，在20世纪50年代，这笔钱差不多是一个普通工人两个多月的工资。陈敬熊因为是科技人员，又是单位里的中层干部，工资比普通工人高一些，但他汇出的这80元，等于把自己的相当一部分工资都作为了母亲的赡养费，拳拳孝心可见一斑。

“刘金英，敲图章。”每当邮递员把从北京寄来的汇款单送到茂名北路陈宅的时候，都会这样呼唤陈母出门领取单据。久而久之，陈家接收汇款单的日子便成了弄堂里一道靓丽的风景线。街坊邻里们都知道刘金英在北京工作的二儿子很孝顺，每个月都会寄钱给她。“陈家姆妈，侬真是好福气啊！”一看到刘金英拿着私印，出门来领汇款单，左邻右舍总是要夸赞一番，羡慕不已。陈敬熊的母亲听在耳里，乐在心中。是啊，多好的儿子！

1956年，陈敬熊的女儿陈适雷在上海出生，由于夫妻俩工作繁忙，无暇照看孩子，便将适雷寄养在母亲那里。此后，陈敬熊寄来的汇款单上的数字也从80元变成了120元。

陈敬熊虽长于数学，但前前后后给母亲寄过多少钱，连他自己恐怕也算不清楚。陈敬熊的侄子陈一雄当年与奶奶同住，倒是清楚地记得上初中以后，二叔寄给奶奶的钱都是由他到邮局去取的，而且这个“任务”持续了很长时间。毋庸置疑，陈敬熊寄给母亲的钱何止成千上万，但他觉得再多的金钱也不足以回报父母的养育之恩。

陈敬熊母亲原本可乐享含饴弄孙的晚年生活，幸福而又宁静，可没想到，这一切在1966年初夏被一场浩劫击得粉碎。由于陈敬熊父亲陈葆珊在新中国成立前是私营企业的高管，在“三反”“五反”运动中受到过一定的冲击。孰料“文革”开始后，“造反派”又旧事重提，陈家不可避免地被卷入政治风暴之中。

陈葆珊已不在人世，身为陈妻的刘金英就首当其冲地成了批斗的对象。年近古稀的陈母不仅挨斗，身心遭受摧残，红卫兵还闯入茂名北路陈宅，将陈家祖上传下的资财以及陈葆珊留给她的钱物一并掠走。更令人发指的是，陈母被“造反派”从原先居住的卧室里赶了出来，无处可去的她只得带着简单的铺盖栖身于过道旁的小屋里，那儿没有窗户，黑洞洞的，终日不见阳光。到了寒冬腊月，西北风“飕飕”地在过道里肆虐，年迈的陈母冻得蜷缩成一团，心里却还想着身在北京的二儿子，盼着他能躲过这场灾难。儿行千里母担忧，更何况是在那个纷乱的年代。与此同时，陈敬熊与母亲以及在沪的几个兄弟姊妹一度失去了联系。他惦记着母亲的安危，不知道家里是否会被查抄。怎奈，他自身也一度遭到迫害，力不从心。

粉碎“四人帮”后，陈母得到了平反昭雪。“人是平反了，可被抄走的东西呢？到哪儿去了？天知道。究竟哪儿去了，不可能没有，一定是有人私吞了。”陈敬熊只要和亲友们谈到母亲在“文革”中遭受的迫害，就愤愤不平。其实，他并不在乎家里的经济损失，他真正心疼的是年迈的慈母，为母亲受到的不公正对待而鸣不平。

党的十一届三中全会揭开了中国改革开放的序幕，人民的生活水平也伴随着改革开放的推进而蒸蒸日上。陈敬熊的母亲在儿女和孙辈们的悉心照料下，颐养天年，自得其乐。1989 年，92 岁高龄的刘金英安详离去。依照中国人的习俗，高寿老人辞世属于喜丧，可陈敬熊无论如何也接受不了这一事实。他是一名科技工作者，当然明白生老病死是自然规律，但关键是，自己没能在母亲临终前，与老人家见上最后一面。当时，正在外地开会的他突然接到家里来电，得知母亲已病入膏肓，他心急如焚，赶紧请假，买了火车票就径直往上海赶，但陈母没能等到陈敬熊回来的那一刻，就驾鹤西去。

父母去世之时，都未能守在床榻之旁，陈敬熊的内心充满了愧疚，久久不能释怀。但陈敬熊无愧于共和国的航天事业，他对祖国的赤子情怀和对工作的赤诚之心，天地可鉴，陈敬熊的父母亦当含笑九泉。

2. 情重姜肱

《后汉书》里记载着这样一个故事：彭城广戚（今山东省微山县城夏镇戚城）人姜肱（字伯淮）与他的两个兄弟仲海、季江，“俱以孝行著闻”。姜肱兄弟三人“友爱天至，常共卧起。及各娶妻，兄弟相恋，不能别寝，以系嗣当立，乃递往就室”。后世便以“情重姜肱”来比喻兄弟之间的友爱。

陈敬熊共有兄弟姊妹六人，他排行老二，大哥叫陈敬亚，另有三弟陈敬鹏、四弟陈敬蛟、大妹陈佐华和小妹陈佐夏。陈家六兄妹之间情谊笃厚，谓之“情重姜肱”，最贴切不过。

每当提起手足间的情意，陈敬熊的思绪就会回溯到80多年前在老家宁波的往事。读私塾之前，陈敬熊经常与哥哥弟弟一同在村边的河里玩耍，“钓鱼、捉鱼，什么都干过”。

不过，比起乡下那无忧无虑的孩提时代，在上海共同生活的那段时光，是陈敬熊和他的兄弟姊妹印象最深刻的。1938年，陈敬熊的父亲把一家人从宁波接到了上海。陈家兄妹早就听说十里洋场的大上海繁华摩登，很是向往，只是他们来的不是时候，因为“八一三”抗战的烽火硝烟刚刚散去不久。此役以中国军队失利、华界陷落而告终。公共租界和法租界虽被日寇团团围困，由于英、美、法等国尚未对日宣战，其安全问题暂时无虞，上海的租界因此成为免遭日敌蹂躏的“孤岛”。陈敬熊一家就住在公共租界之内，他们兄弟姊妹的求学生涯也都在这小小的“孤岛”上延续下去。

在这种特殊的环境下，报刊上登载的、街头巷尾谈论的，无不是中日战事进展、世界局势骤变。男孩子对时事政治有一种与生俱来的兴趣，陈敬熊兄弟四人也不例外。尤其是1941年6月22日，法西斯德国突袭苏联，苏德战争随之爆发，第二次世界大战进入到新阶段。此后，陈敬熊与哥哥陈敬亚、三弟陈敬鹏更是时刻关注战况。但日本因与德国和意大利结成轴心国集团，其控制下的报纸杂志对苏德战争一直采取片面报道的手段，以图掩盖真相。好在苏日之间尚未正式宣战，设在公共租界内的苏联《时代》杂志社办事处从1941年9月开始，每天下午4点出版英文小报《每日战讯》（*Daily War News*），如实报道苏德战场上的动态，鼓舞中国人民抗日的信心。这张小报是很多青年学生了解二战时局的重要信息来源，不少学生自发组织共同阅读、讨论，还集体到进步教授家里去求教时政、军事方面的问题，并戏称这是念“私塾”。

《每日战讯》最初是免费赠送的，因索阅的读者日增，自1943年元旦起改为每份售价2角。但即便如此，仍供不应求。

陈敬熊兄弟几个也是《每日战讯》的热心读者。那时，陈敬鹏每天的任务就是排队获取《每日战讯》。不过，要完全读懂这份英文报纸登载的内容也非易事。三弟陈敬鹏的英文水平不高，大半文章都读不太懂。“我二哥可以看懂”，对陈敬熊的英语能力，陈敬鹏颇为赞叹。因此，读报的任务一般都由陈敬熊承担。就这样，陈家兄弟几个通过《每日战讯》了解外面的世界，共同的兴趣爱好也把兄弟间的感情拉得更近了。

除了关心时政，学习成绩优异的陈敬熊还是弟弟妹妹眼中的“小先生”，特别是在数学上遇到解不出的难题时，他们首先想到的就是去请教陈敬熊。

1950年7月，陈敬熊前往北京工作，之后由于职业的特殊性质，他很少回上海与家人团聚，但这并不妨碍他与兄弟姊妹之间的情谊。

陈敬熊的哥哥陈敬亚结婚较早，先后生育了六个子女。他的妻子原本是家庭主妇，直至1956年才开始上班，因为要抚养这么多孩子，单靠陈敬亚那点微薄收入显然力不从心。陈敬熊父亲在世时，因为薪资丰厚，对陈敬亚一家，多少还可以接济一些。1954年陈敬熊父亲去世后，陈敬亚全家的经济来源一下子缺了一大块。也就是从那时起，身在北京的陈敬熊每个月都会给上海家里寄钱。三弟陈敬鹏也定期给母亲汇款。陈母向来勤俭，这些钱除了一部分自用外，余下的就用于补贴陈敬亚家的开支及他的几个孩子上学所需的费用。

20 世纪 60 年代，陈敬亚的两个孩子相继考取北京的高校。陈敬熊的大侄女陈新雷 1960 年考入北京大学，她的弟弟陈二雄 1963 年被中国科技大学录取。陈敬熊不但承担了他们姐弟的部分学杂费，而且他的家也成了姐弟俩的新家。“实际上就等于我们的半个父母”，陈新雷如此评价自己的二叔和二婶。在京求学期间，一到休息日，只要学校里没有什么要紧事，姐弟二人一准就汇聚到叔叔家里。陈敬熊和常菊芳把他俩视为己出，一到周末就备下丰盛的饭菜，给他们改善伙食。陈新雷姐弟也把叔叔家当作自己的家。陈二雄在专业上遇到难题，时常与叔叔探讨。遇到叔侄俩谈兴正浓时，连饭都顾不得吃，非得常菊芳三番两次催促不可。

即便在“文革”那段特殊时期，陈新雷他们周日去叔叔家的习惯也没有中断。尽管陈敬熊在单位里受到了“造反派”的冲击，但他对国家大事仍旧非常关心，所以，陈新雷每周回去，都会把学校发生的一切，一五一十地告诉二叔。

1964 年，陈敬熊一家与常菊芳的弟弟妹妹们合影

事实上，每逢休息日，来陈敬熊家中做客的还不止陈新雷姐弟。1961 年，常菊芳的妹妹毕业后分配到北京工作。两年后，她的弟弟同样也分到了北京。每逢星期天或节假日，他们也都喜欢到姐姐家串门，顺便“打牙祭”。虽然从辈分上讲，他们要比陈新雷长一辈，但年龄与陈新雷也只相差三四年，所以彼此间的关系非常融洽，如同一家人。“上海是一个大家庭，北京那时候很热闹，也是一个大家庭。”回首往昔，陈新雷依然流露出一份眷恋。新春佳节，陈新雷姐弟若是不回上海过年，就会在叔叔家热热闹闹地过个欢喜年。

在旁人看来，陈敬熊是一位德高望重的技术专家，但在陈敬熊的几个兄弟姊妹和他们的下一代眼里，陈敬熊更是一个好哥哥、一位和蔼可亲的长辈。在陈家兄弟姊妹中，陈敬熊的经济条件算是最好的。也正因如此，他一直以来都尽可能地在经济方面对兄弟姊妹加以照应，即便退居二线后也不例外。

2009 年，陈敬熊从自己的积蓄中拿出一大笔款项，资助五个兄弟姊妹的家庭。因为小妹陈佐夏长期患病，且家庭经济相对困难，陈敬熊便特意给她家 5 万元，其余 4 个兄妹家则数额各异，最少的也有 1 万元。陈家亲友都竖起大拇指，称赞陈敬熊手足情深。陈敬熊作为中国工程院院士，待遇颇高，取出一部分分给兄弟姊妹并不困难，但陈敬熊自己

陈敬熊夫妇回上海探望亲人

平素生活十分节俭。他家食谱里，最常见的是草鱼、鲈鱼、鲫鱼，还有北方人常吃的鲤鱼，他所钟爱的鳜鱼却很少出现在餐桌上。鳜鱼乃名贵的淡水鱼品种，唐朝诗人张志和在《渔歌子》中写下“西塞山前白鹭飞，桃花流水鳜鱼肥”的名句。可见，自古以来，鳜鱼便受到人们的偏爱。现如今，鳜鱼虽不是珍稀难觅的美味，但其售价较之普通的食用淡水鱼却高出不少，节约度日的陈敬熊就嘱咐老伴尽量少买。

“有一件事让我感受很深。”只要说起二舅陈敬熊对兄弟姊妹的照顾，他的外甥女俞曼雷就滔滔不绝。“2009 年，我外祖母家在茂名北路的老房子动迁。按照当时的政策，可以分到好几套房子。动迁是家庭大事，二舅虽然在北京，但我们做小辈的也必须跟他商量。”陈敬熊获悉此事后，不但表示放弃自己的权益，而且还对俞曼雷提了一个要求。这个要求既出乎俞曼雷的意料，却又在情理之中。“他希望能给我的阿姨，也就是他最小的妹妹留一套房子。阿姨从小出去到外头，叶落归根总是要回来的，所以得有一套房子给他们家住。”多么朴实善良的一位老人，他把亲情看得比什么都重要。心胸坦荡的陈敬熊视房产如无物，他的心中一直坚守着“血浓于水”、亲情重于一切的信条。陈敬熊的这一要求立即得到其他家庭成员的一致赞同，他在处理亲情关系上的正确做法，还潜移默化地影响着下一代。

3. 相濡以沫六十载

“树上的鸟儿成双对，绿水青山带笑颜。从今不再受那奴役苦，夫妻双双把家还。你耕田来我织布，我挑水来你浇园。寒窑虽破能避风雨，夫妻恩爱苦也甜。你我好比鸳鸯鸟，比翼双飞在人间。”这是脍炙人口的黄梅戏《天仙配》中的经典唱段，曲中传唱的虽是神话故事中董永和七仙女的爱情传奇，但以之来描绘陈敬熊和其夫人常菊芳的那份真挚、隽永、和谐的伉俪深情，却毫不为过。

从1955年喜结连理至今，陈敬熊与常菊芳一直举案齐眉、相濡以沫，哪怕在最困难的时候，两人都相互扶持、不离不弃。曾有人问陈敬熊：“这么多年来，您和夫人的感情生活有没有经历过一些不愉快的事情？”陈敬熊听闻，不假思索地答道：“可以这样讲，基本上没有，至少我对这样的事一点都没有印象。我这个人脾气比较急躁，但她的性情很温和，我们互相谅解，所以争吵是从来没有的，更不用说动手，最多是开开玩笑，那样倒是有的。”言语之间，陈敬熊的脸上洋溢着幸福的微笑。

寻根溯源，陈敬熊和常菊芳这段跨越半个多世纪的爱情，既非“父母之命，媒妁之言”，也不是亲朋好友从中撮合介绍，而是源于一次不经意的邂逅。“那好像是1948年或者1949年，应该是新中国成立前的事情。”时隔60余年，陈敬熊对初次见面的时间已然有些记忆模糊，但他至今仍清晰地记得当初见到常菊芳的第一印象：“她是一个比较文静的女孩子。”

常菊芳出生在浙江镇海一个工商业者家庭，比陈敬熊小5岁，是家中的长女，其下还有5个妹妹、两个弟弟。她的父亲常庆贵是华成烟草股份有限公司的营业部主任。创办于1917年的华成烟草公司是老上海著名的民族烟草企业，在其注册的众多香烟品牌中，以“美丽”牌卷烟最为家喻户晓。抗战全面爆发前夕，该公司拥有职工达3700余人，拥有卷烟机53台，规模仅次于简照南、简玉阶经营的南洋兄弟烟草公司，名列沪上华资烟厂的榜眼。因此，常家的经济实力要强过陈家一大截。然而，生活在这样一个小康之家的常菊芳并不快乐。此中的缘由主要是她与继母矛盾重重。常菊芳16岁时，她的生母因病去世，留下了她与5个弟弟妹妹，最小的当时才3岁。为照管孩子和便于生意场上的应酬，常庆贵不久即续弦。常菊芳的继母姓王，她进门后接连给常家生了两个千金。

新进门的继母为常家添丁增口原本是喜事一桩，然而，常菊芳却怎么也乐不起来。原来，王氏出身乡间，思想保守封建。她竭力反对女性接受高等教育，口口声声说，书读得再好，女孩子家终究还是要嫁人、做饭、生孩子，等于把钱扔进了水里。但常庆贵还是坚持认为，无论男女，只有读书才是正途，“小囡嫁妆再多也无用，要有本事才能自立”。父亲的这句话，让常菊芳受益终生。为这事，常父还与王氏争吵过几次，故而，继母总是对常菊芳她们施以脸色。常父再娶是期望新进门的女主人能照料几个未成年子女，常家还为此雇了佣人，但由于王氏不善理家，佣人们做的都是些笨重的粗活，照顾弟弟妹妹们生活的重任，就落在了常菊芳的肩上。

1945年，常菊芳考入东吴大学化学系。东吴大学是苏州大学的前身，成立于1900年，是基督教会创设的教会大学。她先是在东吴大学上海分校念完大一，然后去苏州的东吴大学本部又读了一年。说

畢業證書

學生常菊芳係浙江省鎮海縣人現年十九歲在本校高中普通科修業期滿成績及格准予畢業此證

上海市私立上海女子中學校長

中華民國卅四年七月 日

三十五年度第二學期呈請上海市教育局補行驗印

常菊芳的高中毕业证书

是读书，常菊芳却比同龄人忙碌得多。她每学期都要把弟妹们上学的事情先安顿好，自己再匆忙赶去学校报到，每每迟到、脱课，学得很艰辛；其他同学在课余时间不是博览群书，就是参加社团活动，而常菊芳则要一刻不停地做着针线活，制衣、纳鞋、编织无所不能。为何不让佣人或雇请裁缝去做这些事呢？原来，常父是个精明的生意人，他一是嫌佣人粗手笨脚，做不来精细活；二是由于发现外面请来的裁缝私自克扣布料，将之据为己有。因而，这些“女红”都归了常菊芳。有时候，常菊芳不得不把打毛衣的活儿带到学校，利用下课时间，在僻静的角落里，飞快地转动两根绒线棒。由于课外实在没有太多时间用来阅读、复习，常菊芳的学业成绩时常落在班级平均线的后面，唯独数学成绩还算是过得硬。“因为数学作业是限时完成，要交给老师。”常菊芳如今想起大学时代的旧事，依然带着些许无奈与留恋。

最终，家庭的重负还是逼得常菊芳在念完第二

江蘇私立東吳大學修業證明書 理字第五一〇六號
為證明事查學生常菊芳係浙江省鎮海縣人於公元一九四五年秋季至一九四七年春季在本大學理學院化學系肄業肆學期特此證明
教務長
公元一九五一年二月三日

常菊芳的东吴大学修业证明书

学年后就不得不申请肄业，踏上了社会。离开校园后，她当过家庭教师，也曾在缝纫学校任教。不过，她生活的重心依然在家里，在她的弟妹们身上。让一个柔弱的女孩背负起维护偌大一个家庭正常运转的重任，这其中的甜酸苦辣岂是常人能够体会到的？常菊芳的内心纵有千言万语，可父亲早出晚归、继母横眉冷对、弟妹们还年幼，她在家里能向谁吐露呢？幸而，常菊芳有个最要好的闺蜜——陈敬熊的大妹妹陈佐华。常菊芳与陈佐华是中学同窗，从初二到高三，两人同在一个班级，彼此都将对方视作知己，哪怕是藏在心中的小秘密都会告诉对方。常菊芳工作后，只要遇空闲，就会到陈家串门，与陈佐华一起谈天说地，畅想未来，喜哉乐哉。就这样，陈敬熊的母亲对常菊芳也熟悉了，她很是喜欢这个懂事能干的姑娘，常菊芳亦把陈母当作自己的母亲一样看待，还经常向陈母述说心中的苦楚。

此时的陈敬熊正在交大电信研究所攻读硕士研究生，整天在学校里刻苦学习，徜徉于书海之中，尽管学校离家并不远，但他基本上是住在学校里，通常星期日才回家，因此，与常菊芳一直未能谋面。

一个偶然的机会，彻底改变了两个人的情感生活。那是一个风和日丽的下午，陈佐华拉着常菊芳，有说有笑地走进位于茂名北路的陈宅。陈敬熊那天放学后，也早早地赶回家，刚走到门口，就听到屋里传来银铃般的笑声，这笑声显得非常陌生。“这是谁在笑？家里来客人了？”陈敬熊不禁有些好奇，不觉加快了脚步。

“哥哥回来啦，”看到进来的是陈敬熊，陈佐华赶紧起身，把身旁的常菊芳拽到陈敬熊面前，“这是我的同学常菊芳。”与这位温文尔雅的女生面对面地站着，陈敬熊一时不知所措。常菊芳也显得有点拘谨，眼前这个意气风发的青年才俊，让她有些怦然心动。“陈佐华哥哥好！”还是常菊芳的一声招呼，打破了这极其短暂的僵局。

虽然谈不上一见钟情，但初次相识的好感，留印在了陈敬熊和常菊芳的心中。可以说，第一次偶遇，就在两个年轻人的心里悄悄埋下了爱情的种子。自那以后，他们彼此间的交往多了起来，两颗年轻的心也越贴越近，爱情种子终于萌芽了。1950 年 6 月，陈敬熊顺利通过学位论文答辩，并被分配到华东邮电管理局工作。有了稳定的职业，陈敬熊便有更多的时间，与常菊芳长相厮守了。

然而，就在两人感情日笃的节骨眼上，他们的恋爱之路却出现了小小波折。7 月，陈敬熊从交大校友那里获知邮电部新近成立了一个电信科学研究所，急需一批高学历的青年技术人才加盟。一听说这个好消息，陈敬熊有些按捺不住了。华东邮电管理局这只“铁饭碗”虽能保证衣食无忧，可是整天摆弄电信器材的枯燥与乏味，已经让工作仅月余的陈敬熊心生厌烦。“好男儿志在四方”，他想用自己学到的理论知识报效国家。正是揣着一腔建设祖国的豪情壮志，没过多久，陈敬熊便踏上了北上的列车。

常菊芳十分理解陈敬熊的想法，也很支持他的选择。然而，如此一来，她便与陈敬熊远隔千里，也不知道这段“小荷才露尖尖角”的恋情将走向何方。起先，两人还鸿雁传书，互述衷肠，但因电信科学研究所成立伊始，各项工作千头万绪，被分在天线组的陈敬熊主要从事通信天线理论的研究工作，当时他只感觉“一切都是乱哄哄的”，加之建国初期的政治运动此起彼伏，使他应接不暇。1951年秋，全国范围的知识分子思想改造运动登场，紧接着在年底，国家分别在党政机关工作人员中开展“反贪污、反浪费、反官僚主义”、在私营工商业者中开展“反行贿、反偷税漏税、反盗骗国家财产、反偷工减料、反盗窃国家经济情报”的斗争，俗称“三反”“五反”运动。

此间，陈敬熊既要忙于搞科研，又要投身上述运动之中，深感分身无术，用他自己的话说就是“招呼不过来了”。在这种特殊情况下，陈敬熊和常菊芳的联系也渐渐稀疏，以致最后中断。尽管失去了联络，但陈敬熊的内心深处依旧眷恋着常菊芳。每当万籁俱静之时，陈敬熊抬头仰望星星点点的夜空，脑海里就会浮现出常菊芳那动人恬美的微笑，他恨不能一步就跨回浦江之畔，与心上人说说体己的话儿。“我住长江头，君住长江尾。日日思君不见君，共饮长江水。”北宋词人李之仪的《卜算子》，或许最能表达陈敬熊对远方恋人的思念之情。

然而，一想到许久未与常菊芳联系，陈敬熊便有些惴惴不安。“她会不会埋怨我？会不会不再理我？”很多个问号在陈敬熊的心里上下翻动。好几次，陈敬熊拿起钢笔，打算写信给心上人，但看看桌上成堆的资料，便又搁下握在手中的笔。“我还有很多事情要做”，极富事业心的他，干脆将儿女情长撂在一边，又一头扎进繁忙的工作中。

时光荏苒。转眼间，日历翻到了1952年仲秋，知识分子思想改造运动和"三反""五反"运动基本落下帷幕。10月27日，邮电部电信科学研究所与华东工业部电工研究所合并，成立电信技术研究所。陈敬熊的研究对象也随之转到了军用通信天线领域。同年，他在《无线电》杂志上发表了平生第一篇论文《垂直赫兹振子的电波在平地上的传播》，解决了志愿军在抗美援朝前线所遇到的通信难题。工作上取得的一点点小成就并没有令陈敬熊自满，但却让其体验到了从未有过的轻松：来北京工作已近两载，总算能将所学到的本领发挥出来，没有辜负领导和同事们的期望。

"两年了……"，当陈敬熊拿到刊载自己论文的《无线电》杂志时，他最先想到的不是别人，而是身在远方的常菊芳。"快两年没有互通音信了，她的心里还有我吗？还能接纳我吗？"陈敬熊的内心十分忐忑。几番犹豫之后，陈敬熊还是提笔给常菊芳写了一封长信，把长期积存在心中对常菊芳的思念与爱慕，都一股脑儿地倒了出来，字里行间，也少不了一个劲儿地道歉。

信寄出去了，这反倒令陈敬熊愈发坐立不安。每天上下班路过传达室，他都会询问门卫，有没有从上海寄来的信件。一个多星期后的一天清晨，陈敬熊刚踏进单位大门，就被门卫叫住："小陈，有你的信。""我的信？"门卫的这句话，让陈敬熊的精神为之一振。"肯定是上海来的，是她寄来的！"陈敬熊一边思忖着，一边快步走进传达室，接过信。还没拆开，单凭信封上那几个隽秀的字，他就确信是常菊芳的回信。

好一个"柳暗花明又一村"！数日来的等待没有白费，陈敬熊空落落的心随着这封信的到来，一下子变得充实起来。这应该就是爱情的力量。从此，两人不仅恢复了书信往来，感情也在激扬的文字间日臻深厚。渐渐地，常菊芳到陈家去的次数更多了，而这时她在陈家人面前又多了一个身份：陈敬熊的女友。

儿女的终身大事始终是父母最牵挂的。看着常菊芳这位准儿媳，陈母真是喜在眉梢。她认识常菊芳已经好多个年头，对这个姑娘的为人秉性也了如指掌。“应当说我母亲很赞同这门亲事，觉得她比较正派，处理问题等各方面很有一套办法，比较能干，所以我对她印象也比较好。”半个多世纪后回想起昔日的情景，陈敬熊对夫人仍赞不绝口。

经过两年多的精心“浇灌”，陈敬熊和常菊芳的爱情之花已然绽放，且越开越艳，两人开始谈婚论嫁。但是，这对情侣一个在上海、一个在北京，隔着千山万水，坐火车往返一趟要好几天时间。再者，陈敬熊身在单位，所处的岗位相当重要，也不允许他一年中抽出大段时间回沪探亲。为了能让陈敬熊安心工作，时任上海第五业余中学数学教师的常菊芳毅然放弃了安稳职业，调入军委通信部电信技术研究所，在该所工会办的职工业余学校里当起了数学教员，两人终于走到了一起。

有情人终成眷属。1955 年 11 月，陈敬熊挽着常菊芳步入婚姻的殿堂，从此开始了双栖双宿的幸福生活。就在陈敬熊夫妇结婚两周年之际，根据党中央关于发展我国导弹事业的指示精神，军事电子科学研究院被整建制划归国防部

1955年，陈敬熊夫妇在北京万寿路住所前合影

第五研究院，陈敬熊和常菊芳由此成了二分院首批员工，且一干就是数十载。

陈敬熊在二分院继续担负天线电波的研究任务，是业务骨干。常菊芳则在二分院政治部干部处工作。1960 年 12 月，她光荣入伍，被授予中尉军衔。1965 年 5 月，集体转业后，常菊芳被定为行政 19 级干部。此后，她受派遣前往贵州绥阳搞“四清”，又去过陕西洋县的二院“五七”干校劳动。1971 年，她转入二院二十三所任保卫干事。在单位里，常菊芳是一名优秀员工。早在 1955 年 4 月，常菊芳在上海第五业余中学任教期间，因表现出色，光荣入党。调到北京工作以后，常菊芳勤勉敬业、乐于助人，多次受到单位表彰和嘉奖。在家庭中，常菊芳更是贤内助，几乎包揽下全部家务。“军功章里有你的一半，也有我的一半”，正是有了常菊芳的鼎力支持，

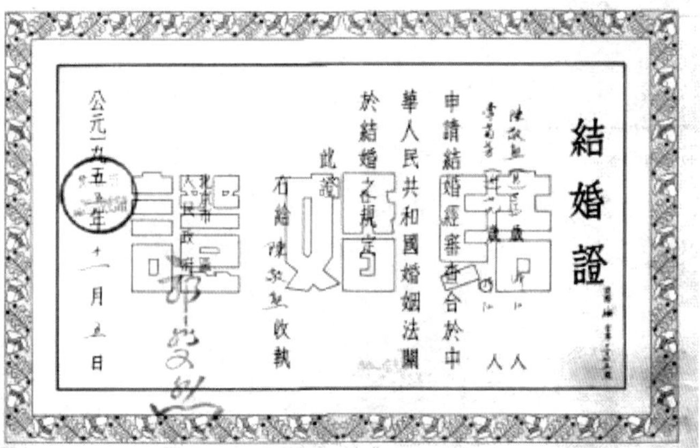
結婚證
申請結婚經審查合於中華人民共和國婚姻法關於結婚之規定
此證
右給陳敬熊收執
公元一九五五年十一月五日

陈敬熊夫妇的结婚证

陈敬熊才能全身心投入到科研事业之中，为航天事业作出了突出贡献。

1959 年孟夏，身怀六甲、即将临盆的常菊芳准备回上海待产，而陈敬熊此时正在外地出差，根本无法抽身陪妻子一同回去。深明大义的常菊芳毫无怨言，一个人带着行李坐上了南下的列车。也许是旅途劳累，外加火车的一路颠簸，动了胎气，常菊芳竟在车厢里早产了！幸亏有乘务员和热心旅客的帮助，大家接力看护照料，直至列车驶入上海站。下车后，由常菊芳的大妹常彩菊把常菊芳母子直接送回陈家。日后每每提起此事，陈敬熊总是面露愧色，“现在想想，当时自己实在是太粗心了，在这件事情上没有考虑周全。”

有人说，婚姻生活是一门妥协的艺术，夫妻之间要经常换位思考，真正的爱需要经常考虑对方的需求，夫妻二人若想幸福一生，须得学会放弃一些自己的标准和目标，向对方靠拢。此话听起来似乎有一定道理，但陈敬熊和常菊芳的相处之道绝不是舍弃自我的处事准则和事业目标，而是以互敬、互谅、互让来维系生活的平衡。简言之，即是性格上的互补。

和陈敬熊共事过的人都知道，他是个秉性耿直的人，有时难免性子急躁些。这一点，陈敬熊自己也承认。可是，他的夫人常菊芳却有着江南女子特有的温

常菊芳荣获二十三所“优秀共产党员”称号

柔与体贴。60 年来，夫妻俩互谅互让，从未拌过嘴、红过脸，在他们的“家庭字典”里根本找不到“争吵”“赌气”这样的字眼。用陈敬熊的话说，“我们互相谅解，所以从来没有打闹、争吵过。说说笑笑是常态。”

陈敬熊的大侄女陈新雷说：“我在北京待了 8 年，从来没有看到过他们吵架。我婶婶对二叔非常好，他脾气有的时候急一点，但是婶婶从来不发火。”在陈新雷的印象里，陈敬熊和常菊芳生活中时时处处都互敬互爱，“叔叔非常聪明，也特别用功，他每天都看书。我每次回去，他总是在书房里看书。他的房间我们一般不进去，免得打搅他。但叔叔也挺开朗的，我们帮着婶婶做饭时，他有时候会过来跟我们聊天。就算走进厨房，他手里还是拿着一本书。婶婶就开玩笑地说，‘你看上去还真像女同志一样，

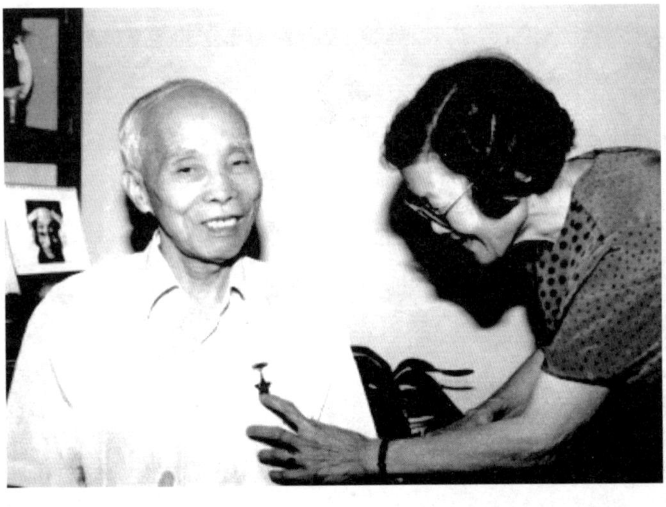

“军功章里有你的一半，也有我的一半”

只不过女同志一般喜欢捏着手绢，而你握的却是书。’婶婶话音一落，大家都哄堂大笑。叔叔听后笑呵呵地讲，‘我就是这样的，你们做饭好了。’”这是多么恬美的一幅生活画卷啊，平淡之中充满了欢乐。

当然，陈敬熊在家也有发脾气的时候，但这些“无名之火”都被常菊芳巧妙地“浇灭”。有一次，儿子陈互雄因为淘气，把家里的房门钥匙弄丢了。陈敬熊平日素来疼爱儿子，但儿子做错事情，依然免不了要受到父亲的一顿责骂。一见父亲发火，陈互雄愣住了，心里还纳闷：“爸爸今天是怎么啦？”正在操持家务的常菊芳听到陈敬熊的呵斥声，知道儿子又犯错了。她既没有袒护陈互雄，也不附和着陈敬熊一同教训儿子，而是把陈互雄拉到身边。在问明事情的本末原委后，常菊芳立即麻利地在床底下摸索起来，结果那把钥匙现身了。随后，常菊芳拿着钥匙，笑眯眯地对陈敬熊耳语了几句，慢慢地把父子两人的手挽在了一起。“此时无声胜有声”，常菊芳的这两招让陈敬熊的气消了大半，陈互雄也意识到了自己的错误。一场小小的家庭风波就这样轻而易举地被化解了。

以真心换真情，这是陈敬熊、常菊芳夫妇数十年和谐相处的根本原则。“我婶婶脾气包容性非常好，我叔叔对她也非常好。他什么事情都让我婶婶做主，他往家里寄钱都是我婶婶寄的，这说明他们两个非常信任，我叔叔用不着偷偷摸摸，这个是正大光明的事情。”陈新雷回忆说。

常菊芳不单对家人体贴入微，对待单位同事同样也是关爱有加。20 世纪 70 年代初，由于二十三所住房紧张，所里的青年男女结婚都面临无房可住的困难。所领导要求每一位专家腾出一间房，作为年轻夫妇的婚房。不少人对此颇有微词，可常菊芳二话不说，就让出自家的一间房给了一对小夫妻。此后，陈敬熊夫妇与这小两口和睦相处，关系十分融洽。

性情温柔的常菊芳又是个很有主见的人。1955 年年初，正在积极要求入党的常菊芳向父亲提出撤除她在华成烟草公司的股份。原来，常庆贵曾将其在华成烟草公司的部分股份均分给每个子女，常菊芳事先并不知情。一次，公司董事会进行换届选举，常庆贵让常菊芳帮他填写选票，她这才从选举资料里获知此事。常菊芳起初就觉得父亲的做法不妥。当她向上海第五业余中学党支部递交了入党申请书后，这件事一直萦绕在她的心头：这个问题必须解决！在常菊芳的再三要求下，常庆贵最终把她名下的股份改由王氏持有。

同年8月，在常菊芳调往北京工作前夕，常庆贵给了她500元钱，作为结婚的礼金。这笔钱在当时可不是小数目。拿着厚厚一叠人民币、望着父亲日渐苍老的脸庞，亲情的温暖瞬间涌入常菊芳的心田。“父亲上年岁了，这些钱应该留给他养老。”想到此处，常菊芳又把钱塞回老父的手中，但常庆贵说什么也不肯收回。常菊芳懂得父亲的心思，勉强把钱收下。不过，她想到苛刻的继母经常会过问家里资金的去向，所以常菊芳瞒着父亲，将此款交由大妹常彩菊保管，以备家中急需，同时也不让父亲为难，以免徒增不必要的家庭矛盾。

共沐爱河的陈敬熊夫妇享受着爱与被爱的甜蜜，令人羡慕和赞叹。1998年的一天，一位记者登门造访陈敬熊夫妇。在同老两口唠嗑的3个多小时里，常菊芳给记者留下印象最深的是她的诙谐与幽默。当被问及贵庚几何时，常菊芳笑着拍了拍陈敬熊的手，答道：“我们同样。”同样的岁数？常菊芳明明比陈敬熊小 5 岁啊！她这一简单的回答让人有点“丈二和尚摸不着头脑”。见记者愣了愣神，常菊芳不慌不忙地解释说：“他今年 77 岁，我今年 72 岁。你看，7 加上 7 等于 14，7 乘以 2 不也等于 14 吗？”来者闻听，恍然大悟，并被陈敬熊夫妇的恩爱之情深深打动了。后来，她在报道中如此写道：“他们都来自草长莺飞的江南水乡；他们都来自相似的家庭背景，青少年时都受到过良好的家庭与学校教育；他们还同年来到二院……这么多的相同，让我深切地感受到他们的相逢以及几十年的相与，真是一种缘分！”

在国内，若问起哪个地方的男子最会做家务，答案恐怕非上海男人莫属了。不过，陈敬熊虽然学生时代大半在上海度过，他身上却不曾具有上海男人的这一特点。如果一定要找寻出一丝半点的话，从科研一线退下来后，陈敬熊在家务方面的唯一特长就是做菜，特别是以鱼为原料的菜肴，他最为拿手。无论清蒸还是红烧，样样在行。

通常而言，与烹调相关的家务活包括三个部分：买、汏（江浙一带方言，意即洗）、烧。可陈敬熊做菜有个不成文的规定，那就是只管掌勺，不问其他。因而，买菜、洗菜、切菜都由常菊芳一手包办。等一切准备就绪，菜要下锅时，

陈敬熊夫妇有说有笑地讨论家务事

陈敬熊才出马，颇有一副大厨的架势。所以，每次当陈敬熊在外人面前夸耀自己的做菜本领时，老伴常菊芳就会在旁边捂嘴偷笑，还时不时插上一句："菜到锅里以后才是他负责，现在倒好，之前买菜切菜的功劳，他也往自己身上揽。"听到夫人这么说，陈敬熊会忍不住笑着朝她点点头："对，对，功劳簿上也有你的名字。"烧菜，这桩在寻常人家看来是件麻烦的家务活，在陈敬熊家里却演化成夫唱妇随的温馨一幕，且是日日这般甜蜜。

如果说"执子之手，与子偕老"蕴含着浪漫的成分，是世人对爱情的一种美好期盼的话，那么，如今已步入耄耋之年的陈敬熊与常菊芳则用他们的言行，将这份浪漫化作了现实。日常生活中，他们彼此间的一句话，甚至是举手投足，都成为对方幸福的源泉。携手走过一个甲子，陈敬熊夫妇的甜蜜

2000年，陈敬熊夫妇在北京玉渊潭公园合影

生活还将不断延续，延续……

4. 埋在心底的爱

在共和国历史上，1956 年是具有里程碑意义的一年。

这年元旦过后，北京城里依旧是一番锣鼓喧天、鞭炮齐鸣的热闹景象，难道人们仍然沉浸在新年的欢乐气氛中？大街小巷上那一道道“迎接公私合营”“庆祝公私合营”的红色条幅揭开了谜底。1 月 4 日，北京全市 327 家国药号申请全行业公私合营。在国药业的带动下，全行业公私合营的热潮传遍了整个京城，并从首都波及全国。1956 年年底，我国基本完成了对生产资料私有制的社会主义改造。这标志着新中国实现了从新民主主义到社会主义的历史性转变，社会主义的社会制度在中国基本建立起来了。

就在北京私营工商业的公私合营进行得如火如荼之时，科技文化战线也提前迎来了欣欣向荣的春天。1956 年 1 月，中共中央在北京召开关于知识分子问题的会议。周恩来总理在《关于知识分子问题的报告》中向全国人民发出了“向现代科学进军”的号召。3 个月后，中央政治局扩大会议将“百花齐放、百家争鸣”方针确定为繁荣和发展社会主义科学文化事业的指导方针。

这一年的 9 月 15 日，中国共产党第八次全国代表大会胜利开幕。中国人民在党的领导下开始了探索和开辟一条适合中国国情的社会主义建设道路的伟大征程。

也就是在中共八大召开的第三天，陈敬熊夫妇在上海迎来了他们的第一个爱情结晶，一个可爱的千金。陈敬熊的大哥陈敬亚给这个小姑娘取名“适雷”。乍一听这个名字，略感用在女孩子身上缺少了几分柔美，但细究起来，“适雷”二字的背后还颇有深意。“适”字有“刚巧、恰好”之意。陈家人觉得这个孩子出生在社会主义改造基本完成、社会主义制度全新确立之际，正所谓“生逢其时”;“雷”字，是以陈家的字辈排行来算的，陈敬熊兄妹这一辈人所养育的后代中，凡是女性，其名字里都要带个“雷”字。所以，看似不搭界的两个字就这样被组合在一起了。

女儿的呱呱坠地，无形中给整日忙于科研的陈敬熊增添了几分动力。看着活泼可爱的女儿，陈敬熊觉得自己再苦再累也值得，因为自己所从事的工作事关国家安全与人民福祉，只有国防稳固了，国民经济方能健康发展，千千万万个像他家一样的普通家庭方能安居乐业，广大少年儿童才能沐浴在幸福的童年里，茁壮成长。

这份“弄瓦之喜”让陈敬熊夫妇着实开心。高兴之余，抚养问题却让小两口犯了难：一则，陈敬熊肩负的科研任务异常繁重，加班加点是常态，还

童年陈适雷

要经常出差；常菊芳所从事的组织人事工作很繁琐，压力也不小。二则，双方的老人都不在北京，身边也没个帮手，夫妻俩实在没有精力与时间照顾女儿。无奈之下，陈敬熊只得把幼女留在上海，交给母亲代为照看。

坊间都说“隔代亲”，此话不虚。陈适雷在祖母的疼爱下，享受着无忧无虑的金色童年。可是，突如其来的“文革”却彻底打破了陈家原本平静的生活。年幼的陈适雷目睹了红卫兵闯入祖母家里，肆无忌惮地打砸，没收了祖母平生收藏的珍贵物件。暴力的言语与行为，深深刺痛了陈适雷幼小的心灵。打那以后，陈适雷时常会做噩梦，并在半夜里哭闹着醒来。陈敬熊的母亲不忍心孙女受此折磨，希望儿子把小适雷接回北京，期冀生活环境的改变能抚平她受伤的心灵。

转眼间，陈适雷已经由一个黄毛丫头出落成亭亭玉立的少女，就读于永定路中学。在外人眼中，年方二八的陈适雷乖巧伶俐，惹人喜爱。听到身边邻居、同事的赞美，陈敬熊夫妇本应乐滋滋的，可他们却始终欢喜不起来，因为细心的陈敬熊在日常生活细微之处，察觉到了某些令人揪心的端倪。“她十几岁的时候，我就发觉她言语行为有些异常。有的时候她的脑袋很清醒，处理问题蛮有一套。可是仔细观察的话，就会发现，她的某些话有些颠三倒四。”

陈敬熊看在眼里，急上心头。他料想定是“文革”中“造反派”抄家期间，陈适雷因受突然冲击而惊吓过度所致。好在她的情况并不严重，只要情绪不受干扰，就与常人无异。

中学毕业后，她先是到位于北京昌平的北七家公社插队，然后被分配进入二院 706 所工作。日月如梭，一眨眼，陈适雷到了谈婚论嫁的年纪。以女儿的相貌和自家的经济条件，陈敬熊要找个乘龙快婿断然不成问题。但陈适雷是个有责任感的女孩子，知道自己的实际情况不适合结婚。所以，尽管身边不断有异性在追求她，但还是被她一一婉拒了。为人父母，谁不想自己的闺女有个好

中学时期的陈适雷（左）

的归宿？残酷的现实摆在那里，陈敬熊十分理解和尊重女儿的抉择。

就这样，陈适雷到了知天命的年龄。按照中国人的家庭传统，没有出嫁的女儿一般都和父母住在同一屋檐下，一来单身女子独居，安全上缺乏保障，更主要的是，“女儿是父母的贴身小棉袄”，在照顾年迈的双亲方面，女儿好似有着天然的优势。然而，走进陈敬熊的家里，偌大一套居室，只有他和老伴共同居住，陈适雷住在哪里呢？

原来，陈适雷独自住在 706 所分给她的居室里。因为她是单身一人，所里最初只分配给陈适雷一间 9.8 平方米的小屋，厨房和卫生间几户合用。后来，706 所另分了一套面积稍大、厨卫独用的住房给陈适雷。她为什么放着父母家宽敞的大屋不住，偏偏选择这样的“蜗居”生活呢？

其实，陈敬熊夫妇很心疼自己的女儿，也想让她搬来与他们一起住，享受家庭的温暖。可是，陈适雷的生活习惯同老两口不合拍，上了岁数的人偏好清静，尤其到晚上，就寝时间比较早；而陈适雷则喜欢晚上外出，回到家常常是深更半夜，这样难免会惊扰二老的清梦。考虑到这层因素，陈适雷索性独居于那间陋室。

住着这么小的房子，吃喝拉撒睡全在里头，陈适雷当然不舒坦。她日复一日地跟父母吐苦水，说房子实在太小，没法住。她几次央求父亲出面，跟所领导打个招呼，帮助解决一下住房困难。陈敬熊又何尝不知道闺女的难处和心思呢？按照他在二院的资历，只要他亲自出马说情，帮女儿摆脱住房困境并不算什么太大的难题。

可是，耿直的陈敬熊却偏偏不这么想，在他心里有着另一杆秤。每当陈适雷提起说情的事情，他就直截了当地问女儿：“适雷，你扪心自问，你为单位做过哪些贡献？如果你没在工作中有过什么业绩，光提要求怎么行呢？所里分房肯定是有标准的，我相信你们领导不会故意刁难你。看待问题时，不能把责任都推到人家身上，还要找找自己的原因。”陈敬熊如是说并非在教训女儿，而是敞开心扉，把自己平生为人处世的原则讲给女儿听。

渐渐地，陈适雷不再提换房的事了，因为她知道父亲是个极有原则性的人。陈适雷隔三差五地打电话回家，问候父母，看看家里有什么事情需要她做。陈敬熊虽然在电话里总是叮嘱女儿：“你自己好好过，我们这儿，你放心。”可他内心深处仍不免有几许内疚。有一次，他语重心长地对陈适雷说：“爸爸实在没有办法给你解决房子，解决房子不是那么简单的事，在北京买间像样的房子，没有上百万元能行吗？爸爸的房子是组织照顾我，分配给我的。如果组织上不分给我，爸爸也是买不起的。爸爸年纪大了，确实没办法，一切就靠你自己了。”话音刚落，就听到话筒另一端传来些许微弱的抽泣声。陈敬熊知道女儿是个懂事的孩子，她能理解父亲的良苦用心。

尽管在女儿面前，陈敬熊是一位严父，但回转身，他也是一位不折不扣的慈父。每到逢年过节，所里、院里都会在慰问老同志时，送上些水果等食品，陈敬熊总是将这些东西捎给女儿，真是“可怜天下父母心”哪！

5. 大洋彼岸的牵挂

“世上只有妈妈好，有妈的孩子像块宝。”世人都道母爱伟大，殊不知父爱如山。高尔基曾经说过，“父爱同母爱一样的无私，他不求回报；父爱是一种默默无闻，寓于无形之中的一种感情，只有用心的人才能体会”。著名作家琼瑶也说过：“拥有思想的瞬间，是幸福的；拥有感受的快意，是幸福的；拥有父爱也是幸福的。”

陈敬熊对儿子陈互雄的爱就是这样的朴实无华。他从不把爱挂在嘴边，而是以自己的方式关爱着儿子。在陈互雄童年时代，由于平时科研任务繁重，陈敬熊几乎无暇陪伴在儿子身边，即便是有，也是零零星星的时间，难觅整段时光。不过，但凡有空闲时，他都尽可能地与儿子待在一起，谈天说地，就如同朋友一样，进行男子汉之间的对话。有时候，他带着陈互雄去动物园观赏各种动物。陈敬熊搞科研出身，所以非常注重培养儿子的科学素养，因而，陈互雄在孩提时代就知晓许许多多的世界之最，比如，世界最大的湖泊、最高的山脉、最长的河流等。陈敬熊对儿子的成功教育在亲友之间得到了一致认可，称赞有加。

在父母的呵护下，陈互雄茁壮成长，熬过了纷乱的“文革”岁月，小小雏鹰终于等到长硬翅膀、翱翔蓝天的那一天。

1977 年 9 月，教育部决定恢复由于“文革”而停顿了 10 年的全国高等院校招生考试，以统一考试、择优录取的方式，选拔优秀学子接受高等教育，华夏大地重新迎来了尊重知识、尊重人才的春天。1977 年的高考是新中国历史上唯一一次冬季高考，同时也是最为仓促的一次，从发布考试信息到开考只有一

1969年，陈敬熊、常菊芳与陈互雄在公园合影

个多月的时间。10月12日，国务院正式批准教育部上报的意见，宣布当年立即恢复高考。10月21日，高考即将开考的新闻见诸报端。消息一经公布，立刻在社会上引起强烈反响，570多万青年人踊跃报名，时年18岁的陈互雄就是这百万高考大军中的一员。

中国有句俗语，“老子英雄儿好汉”。尽管听起来非常直白，但含义深邃。其表意为父母出类拔萃，孩子自然也会出人头地；引申开去可以理解为，良好的家庭教育对子女的成长大有裨益。在陈家众亲戚的印象里，陈互雄从小就是个天资聪慧的孩子，尤其对数字特别敏感。陈敬熊的侄女陈新雷认为，这“大概继承了我二叔的基因，也说明我二叔教育得非常好”。先天的遗传和后天的教育，使得学生时代的陈互雄非同凡响。1977年全国高校共录取新生27.3万人，考录比例达29：1。陈互雄就是高考制度恢复后第一批幸运儿里的一分子，而且考进了赫赫有名的北京大学物理系。

北大物理系的历史可以追溯到1913年。这年夏天，北京大学理本科理论物理学门（不久改为物理学门）开始招收本科生，开创了我国物理学本科教育的先河。抗日战争期间，北京大学、清华大学、南开大学合组国立西南联合大学。西南联大物理系可谓人才辈出，培养出了包括诺贝尔物理奖获得者杨振宁、李政道，电机工程学家张守廉，天体物理学家黄授书和后来成为中国科学院院士的朱光亚、邓稼先等众多英才。1952年秋，在全国高等院校院系调整中，北京大学物理系集原北大、清华和燕京大学三校的物理精英，为中国高校实力最强的物理教育和科研基地，先后创办或参与创建国内高校第一个核科学专业、半导体物理专业、地球物理专业等。在1952~1966年的北大物理系毕业生中，有90多人日后荣膺中国科学院院士。因此，物理系是北大实力最为雄厚的系科之一。儿子被名校录取，攻读的又是这般好的专业，这让陈敬熊夫妇甚是欣喜。当然，令陈敬熊开心的还不止于此。谁人不知他钟爱数学，物理虽与数学分属两门学科，但蔡元培先生早在1918年北京大学数理学会成立致辞中就曾讲过：“数理之学，发达最早，应用亦最宏，有以数学讲音乐者，有以物理讲社会学者，故谓数学物理为诸科学之基本。”从这层关系上讲，陈互雄也算是继承了父亲的衣钵。

1978 年春天，陈互雄背上简单的行装，骑着自行车，兴高采烈地来到万物复苏的燕园，开始了象牙塔里的求学之路。“书山有路勤为径”，在北大的 4 年学习生涯中，勤奋好学的陈互雄经常泡在图书馆和实验室里，孜孜不倦地吸收着知识的养分。他甚至为了节省食堂排队买饭的时间，时常以馒头、面条简单果腹，然后继续埋头苦读。

20 世纪 80 年代，适逢改革开放后的第一波出国浪潮，许多有志青年都怀揣梦想，迈出国门，前往发达的资本主义国家学习先进科技与理念。临近毕业，胸怀大志的陈互雄也跃跃欲试。对于儿子出国深造的想法，陈敬熊非常支持。毕竟西方在物理等基础学科的教学与研究水平上要远远超越当时的中国，就连“物理”一词亦出自古希腊文。若有机会出去学习世界最前沿的尖端技术和最新理论自然是件好事，哪个父母不望子成龙呢？

毕业前夕，著名美籍华裔物理学家李政道为北大联系到了一个赴美留学项目，但名额有限，入选对象必须通过考试来遴选。这样难得的机会，陈互雄岂肯错过？但事不凑巧，就在考试前，陈互雄被查出感染乙肝，并伴有肺结核。他怕父母担忧他的身体，毅然决定先考试，再治病。没过多久，成绩发榜，陈互雄仅以 3 分之差，与留美名额失之交臂。得知这个结果，陈互雄未免有些失落，但陈敬熊与常菊芳非但没有遗憾，反而多了一份欣慰。因为他们很了解自己的儿子，这次一旦被选上，陈互雄必定不会由于身体的原因而舍弃这一千载难逢的良机。这不就耽误了他的病情吗？区区 3 分可以让陈互雄暂时安心在家调养。

毕业后，陈互雄在航天工业部二院二〇七所工作过一段时间，与父亲并肩战斗在航天科研战线上。一提起这个年轻人，曾担任过二〇七所负责人的孙庚臣就不住地赞扬：“小陈相当不错，为人正直，积极肯干，大伙都很喜欢他。”

在勤恳工作的同时，陈互雄从未放弃过英语和专业知识的学习，因为他一直怀揣着出国梦。经过数年准备，1988年，陈互雄再次向父母提出留学美国的打算。看到儿子如此执着，陈敬熊的心情可以用五味杂陈来形容，喜悦与担忧交织在一起，剪不断，理还乱。他高兴的是，儿子志存高远，就像年轻时候的自己一样，为着理想勇往直前。可是，陈互雄独自在海外生活，饮食起居乏人照顾，他的身体能吃得消吗？想到这里，陈敬熊心中七上八下。“儿大不由爹娘”，既然陈互雄留学的决心已定，陈敬熊夫妇最后还是给予了坚定的支持。

“慈母手中线，游子身上衣。临行密密缝，意恐迟迟归。谁言寸草心，报得三春晖。”唐代诗人孟郊的这首《游子吟》写出了母爱的伟大。就在陈互雄打点行装，准备出发之前，诗中这感人的一幕重现了。在帮儿子整理衣物时，常菊芳拿出十数件内衣、毛衣。一看见这些衣服，陈互雄的眼眶就湿润了，因为从内衣的针脚就能分辨出，它们全都出自母亲的一针一线。常菊芳素来勤俭持家，陈互雄贴身穿的衣服大多由她亲手缝制。想到儿子要长期在海外学习、生活，常菊芳随即赶制出一批换季所需的衣裤，为的就是方便儿子换洗。此情此景，怎能不让陈互雄动容？

就这样，陈互雄带着对未来的美好憧憬和双亲的殷切期望，飞越大西洋，来到美国。他先是在麻省州立大学攻读硕士学位，两年后，考取布朗大学博士研究生，仍旧选择物理学专业。稍有不同的是，陈互雄在布朗大学念的是应用物理方向，较之纯粹的理论研究更具挑战性，也更有发展前景。布朗大学创建于1764年，是世界闻名的美国“常青藤联盟”中的一员，亦为全美最早建立的高校之一。据说，在报考布朗大学的学生里，一般只有十分之一能如愿以偿。可见，要想进入这所美国名校深造绝非易事。这也从一个侧面反映出陈互雄在学术上已颇有造诣。

在布朗大学就读期间，陈互雄的确很为父母争气。他不仅成绩优秀，撰写的论文还在美国权威学术期刊《科学》杂志上发表，成了导师和同学们心目中的优等生。

凡有海外留学经历的人都知道，要在国外获得博士学位不是那么轻而易举的事情，更不消说是布朗大学这样的知名高校。对于陈互雄而言，他这个博士念得相当辛苦，不仅要完成繁重的学业，还要争取成绩全优，保住来之不易的全额奖学金。倒不是家里负担不起这笔开销，只是孝顺的陈互雄觉得自己是成年人，父母都已退休，该享享清福了，如果再让他们为自己的留学费用操心劳力，无论如何也过意不去。受父亲影响，陈互雄同样十分热爱体育运动。“文革”时期，学校里“停课闹革命”，陈互雄就在家里钻研体育知识。在布朗大学读博期间，一次偶然的机会，他获得了一份担任体育记者的兼职机会。充当体育记者既有了固定的经济来源，又能免费观摩比赛，何乐而不为？于是，陈互雄一边读书，一边工作，同时还兼任北大新英格兰和北加州地区校友会的负责人，生活过得忙碌而充实。

1997 年，陈互雄从布朗大学毕业，任职于全球最大的信息技术企业——IBM 公司。成立于 1911 年的 IBM 公司名列世界五百强企业前茅，IBM 不仅于 1981 年推出了世界上第一台个人电脑，还是全世界拥有专利数最多的企业。能被如此优秀的一家企业招入麾下，证明陈互雄的个人实力非同一般。

由于计算机技术更新换代的速率极其频繁，从事这一行当的人拼的不但是脑力，还有体力。加班加点对于计算机行业的人而言，是家常便饭。作为全球计算机行业的领军者，IBM 公司的工作压力更是可想而知。IBM 的创始人老托马斯·沃森还为公司制定了“行为准则”，其中有一条是“必须追求优异的工作表现”。员工稍有懈怠，随时可能面临被淘汰的危险。陈互雄从小就是好强的人，做什么事情都要极致完美。因此，他除了吃饭、睡觉和必要的社会活动，基本上把时间都用在了工作上。天道酬勤，他的努力付出换来了回报。陈互雄工作的出色业绩得到了 IBM 公司上层的首肯，他逐渐由一名普通职员走上了管理岗位，薪资亦稳步提升。

事业上小有成就的陈互雄从未忘记自己的母校。在美国有许多像陈互雄那样的北大学子，通过奋斗实现着梦想。虽说他们分布在各个州，工作于不同领域，但母校情结把他们紧紧团结在一起。昔日的北大学子们在美国组建了多个校友会。1994 年，陈互雄参与发起成立了北京大学新英格兰校友会，3 年后，又参加了北大北加州地区校友会的活动，并于 1999 年当选为副会长。作为校友会的核心人物，他不但要努力做好联络和服务校友的工作，还要致力于同当地其他各校友会、科技组织、专业组织以及不同类型的社团加强合作，协助校友寻找各种实习和工作机会，实现在专业领域的发展，并尽力丰富广大校友的业余生活。

工作、社交，让陈互雄获得了一种前所未有的成就感，他觉得自己的人生价值从中得到了体现与升华。可是，他却忽略了重要的一点，这一点也是父亲陈敬熊最替儿子担忧的，那就是健康。繁忙的工作本已使陈互雄有些应接不暇，再加上逢年过节校友会都要举办各类庆祝活动，其日常维护工作也相当繁琐。要应付这一切，陈互雄只有一再压缩自己的休息时间。成语中有“积劳成疾”一词，意为因长期劳累过度而得病。终日忙碌不已的陈互雄也是由于作息不规律，身体每况愈下，结果被查出罹患结肠癌。惊悉这一消息后，陈敬熊夫妇焦急万分。陈敬熊一再打电话给儿子，希望他回国治疗，在家静养。但陈互雄总是一笑了之，还反过来劝慰父母说他的病问题不大，美国的医疗条件好，准能痊愈。他还告诉父亲，自己的医药费基本由保险公司支付，经济上的负担微乎其微。既然陈互雄这样坚持，陈敬熊也拗不过儿子。可他还是放心不下，托人找了北京的老中医开出药方，寄往美国，嘱咐儿子照着方子到唐人街的中药铺去抓药煎服。为了方便与儿子联络，耄耋之年的陈敬熊还学会了收发 E-mail，利用电邮及时掌握儿子的身体状况，并把通过各种渠道收集来的良方、偏方告诉儿子。

浩瀚的太平洋，既是陈敬熊父子交流的障碍，又是一脉相通、遥寄亲情的载体。虽然彼此每日间都忙着各自的事务，但千山万水都割不断父子情深。“儿行千里母担忧”，做父亲的又何尝不是如此？在陈敬熊内心深处，有两件事情放心不下。

一是儿子的健康。尽管经过精心治疗，陈互雄的身体状况已大为好转，但乙肝和结肠癌对他的健康始终是严重威胁。陈互雄只身在异国他乡奋斗，生活方面不如在家里那样可以得到悉心照料。况且，男孩子在生活细节方面经常是粗枝大叶。陈互雄有既往病史，要是老毛病再犯起来，那怎么得了？陈敬熊夫妇时常为此忧心忡忡，每次通越洋电话，都要反复叮嘱儿子一番。

二是儿子的婚姻大事。陈互雄长得人高马大，一米八以上的个子，五官端正，相貌堂堂。在北京时，他就是不少女孩子心目中的“白马王子”。就读北大期间，周围已有女同学向他表露爱意。陈互雄若想在校园里寻找爱情，易如反掌。然而，那时的陈互雄专心于课业，并未考虑个人问题。本科毕业后，工作，出国留学，攻读硕士、博士，对于陈互雄来说，人生大事一桩接着一桩，他几乎没有更多时间去留给花前月下的浪漫。等到获得博士学位、觅得合适工作，各方面都稳定下来了，陈互雄遂打算寻找心仪的另一半，不料却被突如其来的重疴击倒。陈互雄虽不是学医的，可他明白乙肝是一种具有较强传染性的疾病，所以此后他再也不提爱情婚姻这档子事了。“他不愿意结婚，他要结婚的话早就结婚了，因为他了解自己的病。”回想起儿子的终身大事，陈敬熊唏嘘不已。

2004 年秋天，陈互雄回北京探望父母。盼星星，盼月亮，陈敬熊夫妇总算盼到了阔别已久的儿子回家，心里真有说不出的高兴。可是，他们很快发现儿

凝望窗外，陈敬熊牵挂远在大洋彼岸的儿子

子不对劲的地方：其一，儿子面色晦暗，精神状态也比以前差了很多，但他是还强打精神，勉强装出若无其事的样子；其二，儿子此次返京，经常外出，从他的言语之中，陈敬熊得知他差不多把北京的名胜古迹都跑了个遍，这与他以往偏爱去书店、图书馆之类的文化场所大相径庭。

难道儿子有什么难言之隐？尽管陈互雄嘴上不说，但心里已经猜得八九不离十。“我看得出来，他回到国内来，实际上就是对父母的告别，就是永别的意思。”每每忆起那段往事，眼泪总会在陈敬熊的眼眶打转，“我理解，很理解他。”

陈互雄在家里待了一段时间后，再度返回美国。起初，父子俩一直保持热线联系，差不多每天都互通电话，电子邮件也是你来我往。然而，随着病情日益加重，陈互雄实在顶不住了。他与主治医生联系后，住进了医院。不过，当时陈互雄自认为情况还不特别严重，要院方替他保密。因此，陈敬熊家中原先每日几乎定时响起的电话铃声“哑巴”了，他的电子邮箱里再没有儿子发来的新邮件，一天、两天……十天、半个月……直到 2005 年 1 月，从大洋彼岸传来儿子去世的噩耗。

自此以后，陈敬熊再也不碰家里的那台电脑，再也不使用 E-mail 了。因为只要一打开邮箱，里面全部都是他与儿子交流的邮件。不必打开这些邮件，单是邮件列表发件人姓名一栏上那一连串“陈互雄”，就足以令陈敬熊触目伤怀。

这不禁让人联想起高尔基的另一句名言：“时间的流逝，许多往事已经淡化了。可在历史的长河中，有一颗星星永远闪亮，那便是亲情。时间可以让人丢失一切，可是亲情是割舍不去的。”陈敬熊对儿子的爱正是一种寓于无形，却又难以割舍的亲情。

6. 一项特殊的奖学金

2011 年元旦假期刚结束，北京大学物理学院校友网上就登出一则简讯：“新年第一天，物理学院一行 7 人前往五棵松看望陈敬熊先生和常菊芳女士夫妇，向二老拜新年。一行 7 人都是 2009~2010 学年获得‘陈互雄奖学金’的同学，有研究生，也有本科生。”不明事由的人不禁会问，陈敬熊夫妇为何要以儿子的名义在北大设立奖学金？要回答这个问题，还是先来了解“陈互雄奖学金”的概貌。

“陈互雄奖学金”全称为“陈互雄物理教育基金”，是北大物理学院校友基金项目之一，设立于 2008 年，奖金总额 20 万美元。按照院方的规定，该基金分为奖学金和奖教金两大类别。奖教金每年奖励物理学院两名 40 岁以下的优秀青年教师，金额为每人 1 万元人民币。学院的优等生按年度可获得总额 6 万元人民币的奖学金奖励，其中设特等奖一名，对象是致力于理论物理研究方向的研究生，奖金1万元；一、二等奖人数均为三名，奖金分别为7000元、5000元；三等奖七名，奖金为2000元。一至三等奖的奖励对象面向物理学院的全体研究生和本科生。此外，学院还根据北大教育基金会提供的基金获益情况，每年对获奖人数和奖金额度进行相应调整。截至2011年，北大物理学院共有67名师生荣获“陈互雄物理教育基金”奖励，奖金支出逾15万元。

应当说，“陈互雄物理教育基金”是北大物理学院较为重要的一项奖励基金，其20万美元的捐赠数额在学院所有校友基金中名列前茅，而且基金还获得了“北大叶氏校友等额配比基金”的等额配比支持，从而使本金达到40万美元之巨。翻开学院的校友基金项目一览表，可以看到表中对该基金简介如下：“为促进北京大学高等教育事业的发展，支持物理学院的人才培养和学科建设，感念儿子陈互雄先生（北大物理系77级校友）对北大的一片赤诚，陈互雄先生父亲陈敬熊先生与母亲常菊芳女士于2008年11月捐赠陈互雄先生生前积蓄二十万美元在北京大学设立‘陈互雄物理教育基金’，长期用于支持北大物理学院人才培养和学科建设项目。”

读罢这段简明扼要的文字，方才令人恍然大悟。原来这项奖学金的经费源自陈互雄生前积攒的钱物。老年丧子对任何人来说都是莫大的打击，陈敬熊夫妇也不例外。然而，悲伤归悲伤，陈敬熊并未因陷入悲痛而无法自拔，他以一个航天人特有的坚忍意志，从失去爱子的哀痛中坚强地走了出来，与老伴商量后，决定在陈互雄留下的积蓄中拿出20万美元捐给儿子的母校——北京大学，设立不动本基金。陈敬熊夫妇把对儿子的爱与思念，化作了对青年学生的厚爱和对祖国教育、科学事业的奉献。

在陈敬熊家的相册里，有这样一张温馨的照片：头戴博士帽、手捧毕业证书的陈互雄站在中间，陈敬熊和常菊芳一左一右立在儿子身旁，灿烂的笑容写在这一家三口的脸上。这是 1997 年 5 月陈敬熊夫妻前往美国布朗大学参加陈互雄的博士毕业典礼时，全家在校园内的合影。睹物思人，每当看到这张相片，陈敬熊就会思绪万千。想着想着，时光仿佛倒流，又回到了 17 年前的那个初夏。

1997 年，陈互雄顺利通过论文答辩，获得了梦寐以求的博士学位。5 月，已是 76 岁高龄的陈敬熊与老伴一起漂洋过海，来到儿子身边。时隔 14 年后，再度踏上美国国土，令陈敬熊感慨万千。1983 年他第一次赴美，为的是参加国际学术会议。尽管陈敬熊胸有成竹，但仍不免忐忑，毕竟他代表祖国在世界性的学术论坛上亮相。而此次他是到布朗大学参加儿子的博士毕业典礼。多少年来，陈家还从未出过一个博士，这就好比古代科举考试里的进士及第，陈互雄一举摘得这顶学历金字塔上的桂冠，让陈敬熊兴奋了好久。所以，他这次来到美国全无前一次那样的压力，始终抱以轻松、欢快的心情。

1997 年 5 月，陈敬熊夫妇前往美国布朗大学，参加儿子陈互雄的博士毕业典礼

陈敬熊夫妇在布朗大学校园里合影

毕业典礼结束后，陈互雄又领着老两口前往布朗大学所在的罗得岛州及美国东海岸的纽约、黄石公园等地游览多日。之后，陈敬熊夫妇依依不舍地与儿子作别，启程回国。临行前，陈敬熊和常菊芳千叮咛万嘱咐，关照儿子一定要劳逸结合，当心身体。

然而，陈敬熊夫妇担心的事情还是发生了。由于学习、工作两头忙，日积月累之下，陈互雄的健康状况急转直下。他原本就有基础疾病，长期的劳累加上独自一人生活，2005 年元旦刚过，由于癌细胞扩散，多处转移，出现恶性突发，以致不治。2005 年 1 月 23 日，陈互雄不幸在美国逝世，年仅 46 岁。

爱子过世犹如晴天霹雳，使陈敬熊夫妇一下子坠入极度悲痛之中。“我堂弟去世之后的几年，我们从来不敢在叔叔婶婶面前提起此事，因为他们太伤心了。一说起儿子，叔叔就掉眼泪。”陈新雷提及此事也极为伤感。

但是，陈敬熊从来就是一个公私分明的人。自家虽然遭遇不幸，但他依然强忍悲伤，把组织上交付的任务摆在第一位。就在陈互雄去世的当月，他受聘担任中国航天科工集团公司第二研究院长峰集团高级顾问。2008 年还出任《航天学报》编委。

还是在 2008 年，陈敬熊与老伴做出了一个出人意料的决定：从陈互雄生前积蓄中拿出 20 万美元无偿捐赠给他的母校，设立不动本基金，支持物理学院的学科建设和人才培养。听到这个消息，许多熟悉他们的人在惊讶之余，更加敬佩这两位胸怀坦荡的老人。当然，也有善意者劝陈敬熊多留一点给自己，做养老之用。但是，陈敬熊却不那样想，他的理由简单而掷地有声：“陈互雄的财富是北大给予的。在他人生最后的时刻，北大同学们给他带去了许多美好的时光。所以，我们的心愿就是把儿子的这些财富捐献给母校。”可以说，这笔捐款饱含

陈敬熊在北京大学“陈互雄物理教育基金”设立仪式上发言

了陈敬熊夫妇对儿子的深深眷恋，以及对北大的衷心感谢。

2008年12月10日下午，“陈互雄物理教育基金”设立仪式在北大物理学院举行，陈敬熊夫妇与北京大学校长周其凤院士和北大物理学院院长叶沿林共同出席了仪式。

仪式上，周其凤校长对陈敬熊与常菊芳表示了真挚的感谢和崇高的敬意。他不无感慨地说道：“陈敬熊院士一家与北大有着深厚渊源。陈院士是我国杰出的电磁场与微波技术专家，曾于20世纪80年代执教于北大，为国家的航天事业培养了一批优秀人才。陈互雄校友不仅学业优异，而且为人热心，有领导才能，作为北京大学新英格兰和北加州地区

陈敬熊夫妇与出席“陈互雄物理教育基金”设立仪式的师生在北大物理学院门口合影

校友会的主要负责人之一，他尽心尽力服务校友、服务社区、服务母校，团结了大批校友，也为母校赢得了声誉。今天的捐赠，既是对陈互雄校友爱校深情的感念，也是对北大物理学院的深深期许，更是对学弟学妹们殷切的关爱和鼓励！”周其凤校长的一席话情真意切，道出了陈敬熊夫妇博爱精神的真谛。与此同时，校方还在北京大学百年纪念讲堂的一个座位上镌刻了陈敬熊夫妇的名字。这是对两位老人义举的感谢，也是对陈互雄校友的怀念。

就在“陈互雄物理教育基金”设立之前，北大物理学院还收到了一份特殊的礼物。2007 年 9 月 4 日，北大物理系 77 级校友基金向学院捐赠了 131 册原版专业图书，旨在支持学院的教学和科研工作。77 级校友们都知道陈互雄在生命的最后几年全身心地投入到校友会的建设与发展之中，为了感念他对母校的赤诚之心，他们特意在所有捐赠图书的扉页上都题写了“纪念陈互雄同学”的字样。

2009 年 11 月 22 日，北大物理学院青年志愿者协会组织了一次探访活动。5 名“陈互雄物理教育基金”获得者与青协代表一行 7 人到陈敬熊家中拜望。在两个半小时的愉快交谈里，同学们畅所欲言，向这位德高望重的老专家汇报了自己的专业方向和学习情况。陈敬熊频频颔首赞许，并对青年学子寄予厚望。他勉励低年级的学生要夯实数理基础，透彻理解物理概念；鼓励高年级本科生和研究生们要敢于提出问题、尝试新方法，勇于思考，勇于反驳，“不唯书，不唯上，只唯实”。

同学们无不被陈敬熊的人格魅力所折服，他真是一位可亲可敬的长者，他把对爱子的舐犊情深转化为对莘莘学子的关爱。这种人间大爱令人动容。

陈敬熊

陈敬熊院士传记

Academician Chen Jingxiong's Biography

第十章

最美不过夕阳红

“莫道桑榆晚，为霞尚满天。”陈敬熊的晚年生活虽悠然自得，但仍以坚韧不拔的精神，在数学世界里孜孜以求，书写出人生的“不老传奇”。

“最美不过夕阳红，温馨又从容。夕阳是晚开的花，夕阳是陈年的酒。夕阳是迟到的爱，夕阳是未了的情，多少情爱化作一片夕阳红。”正如这歌中所唱，陈敬熊的晚年生活如一杯味美醇厚的陈酿、一束绚丽多姿的鲜花，品着回味无穷，看着令人神往，过得舒心而充实。这背后的缘由，不仅是因为他通过持之以恒的锻炼，拥有了健康的体魄，更是源自其广泛的兴趣爱好：音乐、文学、烹饪、养花……当然，还有那与他“厮守”多年的数学。在这许多爱好之中，有不少是陈敬熊退居二线后才开始喜欢上的，唯独对数学，历经岁月沧桑，他一直“痴情”不改。

“但得夕阳无限好，何须惆怅近黄昏。”陈敬熊循着自己特有的方式，不断续写人生的精彩乐章，使迟暮之年更加熠熠生辉。

1. 鲐背之年的“不老传奇”

“陈老，我来给您拜年啦！”2013 年 1 月 23 日一大早，中国航天科工集团公司党组书记、总经理许达哲和副总经理方向明一起来到陈敬熊家中，向这位中国天线理论和制导雷达天线设计领域的主要开拓者和他的夫人致以新春问候。

农历正月的北京，春寒料峭，但陈敬熊家里却是暖意融融。许达哲为二位老人送上鲜花，并握着 92 岁高龄的陈敬熊的手嘘寒问暖，“您二老要好好保重身体。二老身体健康，对集团公司和二院来说就是利好消息。”

的确，陈敬熊虽已是鲐背苍耈，但身体却十分硬朗，他每天坚持工作，孜孜不倦地阅读专业书籍，关心着中国航天科工事业的发展。“我基本不得病，连感冒都不得。我除了体检之外，从来不跟医生打

2013年1月23日，中国航天科工集团公司党组书记、总经理许达哲（右三）和副总经理方向明（左二）等登门看望陈敬熊夫妇（右一为二院院长宋欣，左一为二院党委书记张连成）

2014年春节前，中国工程院副院长潘云鹤（右三）拜访陈敬熊院士

交道。五十年没有打过交道。”只要有人问起陈敬熊的健康状况，他总是略带自豪地这般回答。那么，究竟是哪些因素造就了陈敬熊鲐背之年的“不老传奇”呢？事实上，这其中也没有什么玄机，归纳起来就是以下简简单单的几点：持之以恒的锻炼、营养合理的膳食、规律的作息安排、锲而不舍的学习精神，再加上淡泊平和的心态。这些生活习惯和处事原则看似平常，并无特别之处，但难就难在数十年如一日地一以贯之。

陈敬熊又是如何做到上述这些的呢？一切还要从他的学生时代讲起。

1943年秋，陈敬熊如愿考入上海大同大学。但在新生入学的例行体检中，他被发现肺部有点小毛病。这还不算，那时的陈敬熊身体羸弱，抵抗力差，动不动就感冒。“身体是革命的本钱”。于是，他下定决心通过长跑来锻炼身体。之所以选择长跑，一则是因其简便易行，二来是因其能提高呼吸系统和心血管系统机能，有利于防病治病，可谓是一项两全其美的锻炼方式。

陈敬熊的家地处上海中心城区，狭小的弄堂七拐八弯，周围马路的路幅也很窄，一早一晚更是车水马龙，拥挤不堪。就是在这局促的空间里，陈敬熊因陋就简，每天绕着圈跑步，不亦乐乎。天长日久，隔壁邻居好奇地问他：“格能（这么）小的地方，侬（你）天天跑步，吃力伐（累不累）？”陈敬熊笑而不答，只是一个劲地向前飞奔。

1950年到北京工作后，陈敬熊发现，比之上海，首都的道路宽阔了许多，城市布局也更显大气，这让喜欢健身长跑的他“如鱼得水”，跑得更来劲了。初到二分院时，他住在一街坊。陈敬熊每天黎明时分起床，洗漱之后便开始运动，他从家出发，沿永定路一路向北，直达半壁店。后来，他家搬到了三街坊，便又从三街坊向北跑到田村，有时还把目的地选在更远的鲁谷，一来一回要好几十里地。

有人曾向陈敬熊请教锻炼的经验，他自我总结道：“我没有别的特长，就是跑步，这种锻炼方法简单得不能再简单了，难的是要坚持，风雨无阻。”确实，对于参加锻炼的人来说，最大的天敌就是“三天打鱼，两天晒网”。这种三心二意的坏习惯在陈敬熊身上却找不到一丝半毫。他对待长跑就像对待科研任务一样，有恒心、有毅力。无论刮风下雨，还是大雪纷飞，哪怕是出差外地或是出国开会，陈敬熊都未曾给自己找借口，锻炼从没拉下过一天。1983年4月，休斯敦大学的师生们发现一连数日清晨都有一位两鬓斑白的老者在校园里疾步飞奔，身姿矫健。没错，他就是正在休斯敦大学参加第十三届“天线与电磁理论”国际年会的陈敬熊。尽管在异国他乡，人地生疏，但陈敬熊的长跑习惯依旧不改。一天清晨，陈敬熊跑步时遇到一位黑人学生。因为处于快速奔跑状态，陈敬熊并没有看清对方的长相，可他看到这位学生友善地朝自己竖起了大拇指，陈敬熊也笑着向他招招手，作为回应。虽然双方没有语言交流，但外国友人使用这一世界通行的手势来表达对陈敬熊坚持锻炼的敬佩之情。

当然，人上了年岁后，生理功能减退，腿脚也不灵便了。因此，从75岁起，陈敬熊逐渐缩短了跑步路程，最后干脆改长跑为走路健身。为了保证运动量，他每天外出步行两趟，上午和下午各一次，加起来约有3千米。若逢雨天，他撑着伞也要坚持走。“老人越不动越不想动，越不想动就越动不了。”陈敬熊虽不是养生方面的专家，可他的运动养生理论却实在而又实用。

陈敬熊在健走方面还有一点与众不同之处，那就是时间掌握绝对精准，这或许与他长期从事科学研究有关。他家住在二十三所旁边的家属区里，单位与家属区之间有一道小门。每天中午 11 点 15 分，陈敬熊会准时从家里出发，迈着稳健的步伐，穿过那道小门，前往二十三所门卫室取订阅的书报。他到达门卫室的钟点总是惊人地准确：11 点半。因此，二十三所的同事们只要看到陈敬熊走进大院，就知道已到了午饭时间。

如果说，坚持锻炼是陈敬熊用来强身健体的“外功”，那么合理膳食和规律作息则是他保持健康的“内功”。

“我最喜欢吃的就是鱼、螃蟹，还有蔬菜；从来不喝酒；肉吃得少，而且只吃瘦肉；我也喝点酸奶；饭吃得不多，一般讲起来半碗饭就行了，吃那么饱没好处。”如同他简短的言语一样，陈敬熊的饮食习惯亦可用简单纯粹来形容。

陈敬熊爱吃鱼、蟹，大抵与其从小在江南水乡长大有关。童年时那些捉鱼摸蟹的趣事，迄今仍常常在他的脑海中回放。陈敬熊小时候住在宁波乡下，村里有好些没人看管的池塘，里面有很多野生的鲫鱼。这些欢快游动的小精灵因此成了村中孩童最佳的“玩具”。“我对钓鲫鱼非常感兴趣。我很小的时候，我们村有个人钓了一条一斤以上的大鲫鱼，那么长的大鲫鱼！我钓的最重的一条鲫鱼也不过五两，只有他的一半。”一旦打开了钓鱼的话匣子，陈敬熊兴奋得像个小孩子，脸上洋溢着发自内心的快乐。

比钓鲫鱼更刺激是钓黄鳝。陈敬熊回忆道：“钓鳝鱼很不简单。鳝鱼在洞里头，我们拿一个篮子，一个鱼钩。鱼钩是用竹子弯成的，拿蚯蚓做饵。把竹钩慢慢放进洞里面，缩在洞里头的鳝鱼就能被钓出来，一下子可以钓好几条。鳝鱼也很狡猾，不是什么洞都待。但可以通过观察来分辨洞里到底有没有鳝鱼。

洞里的水比较浑浊的话，大概是有鳝鱼在里头；水如果比较清，一般什么都没有。我看水比较浑了，就将钩子放进去，鳝鱼一下子咬住了。拉出来后，用手掐住鳝鱼，就大功告成了。”

俗语云：“三岁看大，七岁看老。”幼年时代的生活经历，使陈敬熊养成了爱吃鱼的饮食习惯。大概也正是因为这个饮食习惯，耄耋之年的陈敬熊依然思维敏捷，在理解力方面不输当年。“我爱看书，现在记忆力是差一些了，理解力照样还是没有减退。这证明吃鱼对脑子有好处。所以我建议你们多吃点鱼。”只要一提到鱼，陈敬熊总是拿自己的亲身体会举例，提醒身边的人食鱼有益健康。

说到螃蟹，陈敬熊自有一番理论。一则，螃蟹的价钱不太贵；再者，蟹肉细腻味美，利于消化。作为地地道道的江南人，陈敬熊最喜欢的是清水大闸蟹。只可惜，北京不似江浙一带，大闸蟹的消费群体相对面窄量少，在“秋风起，蟹脚痒”的时节里，市场上供应的大闸蟹也不多。所以，陈敬熊通常吃海蟹。同样是水产品，虾却在陈家难觅踪迹，陈敬熊认为年岁大的人，肠胃蠕动慢，虾肉不易消化，还是少吃为宜。由此可见，陈敬熊不仅在专业领域建树颇多，在饮食方面亦是见解独到。

提起螃蟹，还有一段感人的小故事。二十三所11室的研究人员李小倩平素十分敬重陈敬熊。有一年的金秋十月，李小倩从《航天报》刊登的采访报道中得知陈敬熊爱吃大闸蟹，她二话不说，就拉着爱人一起到水产市场选购大闸蟹。从市场出来后，李小倩夫妻拎着螃蟹直奔陈敬熊家。敲开房门，常菊芳见眼前站着一男一女，十分陌生，问道："你们找谁？""阿姨您好，请问陈院士在家吗？"一听是找老伴的，常菊芳赶忙喊陈敬熊出来迎客。闻听呼唤，正在看书的陈敬熊走出书房，来到门口。他推了推眼镜，仔细打量来者："你们是？"见两位老人一脸茫然，李小倩主动自我介绍："陈院士，我是二十三所 11 室的，看了《航天报》对您的采访，知道您爱吃大闸蟹，这不，我买了一些，给您送家来了。"说着，她顺势就要把提着的螃蟹交到常菊芳手里。"谢谢！谢谢！你的好意，我心领了。不过，你们上班辛苦，收入也不高，还要养家糊口，我怎么能随便收你们的东西。"陈敬熊连连摆手，常菊芳也一个劲地朝后退，说什么也不肯收下。李小倩两口子你一言我一语的，硬是把大闸蟹留在了陈敬熊家的厨房里。陈敬熊也实在拗不过他们，只得勉强收下。

"哎呀！对了，那个送蟹的年轻人叫什么？"陈敬熊目送李小倩夫妇走后，突然想起这个问题，赶忙回头问常菊芳。"当时，她说得挺快，没听清楚，我只记住了她是 11 室的。"听了老伴的回答，陈敬熊心里有了主意。第二天，他亲自来到二十三所科技委，委托科技委秘书长安洁帮助寻找这位好心人。陈敬熊离开后，安洁立刻前往 11 室，很快找到了送蟹的李小倩。

这年的除夕，陈敬熊按惯例设宴邀请二十三所党办、所办、行政处、人力资源处、科技委以及团委等部门的同事，对他们一直以来的关心照顾表示谢意。李小倩也是那天宴会的座上客。有人好奇地问她："陈院士怎么把你也请来了？"闻听此言，李小倩脸一红，笑着没答话。还是安洁上前把李小倩给陈院士送蟹的事一五一十地讲了一遍，众人恍然大悟，原来李小倩是陈敬熊的特邀嘉宾，大家对她交口称赞。陈敬熊端着酒杯，起身走到李小倩面前："小李啊，谢谢你的礼物！你也是工薪阶层，买那么贵的蟹给我，我真是受之有愧呀！"李小倩连忙答道："陈院士，您真是太客气了。您是我们航天系统的资深专家，我素来敬仰您，能为您做点事，也是我的荣幸。"听到这里，陈敬熊微微点头，脸上现出激动的神情。

陈敬熊的一日三餐是定时定量，晚餐一般安排在 7 点之前，这与他的作息时间相关联。他的生活非常有规律，晚上 10 点就寝，清晨 6 点起床。一天 8 小时的充足睡眠，让陈敬熊精力充沛。正因如此，陈敬熊把晚饭时间放在 7 点前，不然吃饭过晚，既不利于消化，又影响睡眠。

相信每一个首次见到陈敬熊的人，都会惊诧于他思维之清晰、记忆力之好。"不得老年痴呆症"是陈敬熊给自己定下的目标，而这一目标的实现，完全得益于其锲而不舍的学习精神。别看陈敬熊已年逾九旬，但他的学习能力与劲头，绝对不输给年轻人。陈敬熊虽不是数学专业出身，但他痴迷于数学，退休之后更是将大部分的时间花在了数学研究之上。"我买了 5 本科学出版社出版的专业书，全是数学方面的，有那么厚！"一聊起数学，陈敬熊就兴致盎然。阅读数学专业书籍，几乎成了他晚年最大的嗜好。

在普通人看来如同天书一般艰涩难懂的数学图书，在陈敬熊的眼中却是味

陈敬熊在专心阅读

如饈馔的精神食粮。“这些书读起来不轻松啊，但是很锻炼思维。”说这话时，陈敬熊的眼神中透着一种满足。他家有 4 个书柜，里面装满了各种专业书籍。看到感兴趣的地方，他时常还会利用自创的一套算法，将相关的数学公式重新推导一番。“有时候把公式推导出来，我自己很高兴。因此我生活非常充实，脑袋不会空的。”人的大脑和肢体都存在用进废退的规律，陈敬熊思维敏捷，自当获益于日复一日的数学“脑力体操”。

事实上，陈敬熊在年轻的时候，就是一个地地道道的书迷。陈新雷在北京大学上学期间，曾多次跟着二叔去逛王府井。别人去王府井，不是买服装鞋帽，就是购一堆美食拎回家。陈敬熊逛街，从不进百货商店，而是径直往外文书店里跑，那是他每趟前往王府井的必到之处。这倒苦了陈新雷，原来是想着跟叔叔进城买点好吃好喝的，结果倒成了叔叔的“书童”，要帮他把买的一大摞书搬回家。

即使在“文革”那段特殊时期，陈敬熊被下放到“五七”干校烧火、养猪，身处逆境的他也不曾放弃学习。“那个时候很多人住一个大房间，我的床刚好在角落里，晚上他们都睡觉了，我就在那儿偷偷看书。”

从古至今，人们都在不懈追求长寿的秘诀。运动、营养，并非健康长寿的全部成因。在大多数情况下，淡泊平和的心态比较前两者，显得更为重要。儒家有“以德养寿”的提法，即孟子所说：“仰不愧于天，俯不怍于人。”唐代医学家孙思邈在《备急千金要方》中也说道：“德行不充，纵服玉液金丹，未能延寿……道德日全，不祈福而有福，不求寿而自延，此养生之大旨也。”陈敬熊的“不老传奇”，很大程度上与他平和宽容、淡泊名利的心态，有密切的关系。

陈敬熊是我国电磁场与微波技术领域的顶尖专家之一。但他对待同事和学生却从不摆架子，扶持后辈、鼓励后进，在待人接物方面处处显现宽厚的长者风度。众所周知，在学生面前，陈敬熊是一位严师。他曾自我评价说：“做我的学生可不容易，该解决的东西如果算不出来，我就会直接批评他们，不留情面。”可陈敬熊的学生们都理解老师的“苛刻”是对事不对人。他对学生的论文不仅仔仔细细地审阅，还把文中的每一个公式都认真演算一遍。如果发现疏漏谬误，他会把学生请到家里，帮助他一一修正。然而，在平时的学习、生活中，陈敬熊又如一位慈父，无时无刻不关心着学生们的成长，竭尽全力给他们悉心指导，甚至不惜甘当绿叶。

“我心态很好，心态好到什么程度呢？家庭琐事也好，国家大事也好，如果是好的，那就高兴；如果不太好，可以冷静一下，慢慢地可以稳定下来。如果都想用武力解决怎么行？不要自己给自己找麻烦。自己跟自己过不去有什么好处？”陈敬熊的这番话细细回味起来，颇具哲理。他并不是不关心家庭、不关注国事，而是已经把自己的生命融入到工作当中。在他看来，只要每个人做好本职工作，兢兢业业，恪尽职守，那就是对家庭和国家最大的负责与贡献。他这种把事业当作生命的博大胸襟和宠辱不惊的淡然，非常人所能拥有。也许，乐观豁达才是陈敬熊"不老"的真正秘诀。

陈敬熊长寿因子里的环境因素也是不容忽视的重要一环。如果生活在一个矛盾迭出、钩心斗角的环境里，置身其中的人又怎能心静气顺，益寿延年呢？幸而，陈敬熊的家庭和工作环境都相当和谐。他与夫人相亲相爱、琴瑟和鸣。夫妻俩在一起，有的是欢声笑语，多的是体谅与扶持，正所谓"笑一笑，十年少"，幸福和睦的家庭生活让陈敬熊充满活力。在单位，陈敬熊是领导和同事心目中的"能

在陈敬熊90岁生日宴上，陈敬熊夫妇与学生合影（前排左一为黄佳，后排从左到右：匡勇、沈江林、王励、程臻）

人”“善人”，得到众人的尊敬；而二院所倡导的“求实、创新、协同、奉献”也令陈敬熊在工作上“游刃有余”，能够充分施展才干。在这种“英雄有用武之地”的环境中壮志得酬，可以实现自己的抱负与理想，陈敬熊怎能不心情舒畅呢?

时至今日，陈敬熊仍然坚持运动，严守膳食习惯和作息规律，于书海中畅游，享受着从容而充实的晚年生活。他的“不老传奇”还将延续，堪比黄山不老松。

2. 晚年老乐生活

“采菊东篱下，悠然见南山。”东晋诗人陶渊明归隐田园之后，躬耕劳作，悠然自得，留下了这脍炙人口的诗句。退居二线的陈敬熊除了继续在本专业领域耕耘不辍外，也有了更多的时间投入养花弄草、烹制美食之类的“闲事”之中，使自己的晚年生活更加丰富多彩。

先来讲讲养花吧。很多老年人都喜欢在家种些花花草草，既能打发时光，也可愉悦身心。看着花草们慢慢长大，生活自然也充满乐趣，陈敬熊也不例外。与众不同的是，他家的植物来自“五湖四海”。这里所谓的“五湖四海”并非指全国各地，而是其来源五花八门。按常理，一般人都会去花鸟市场采购心仪的花草，但陈敬熊家离花鸟市场路途遥远，岁数大了，来来回回不方便。所以，他摆弄的植物都是所里、院里的领导和同事们来家探望时送的。时间一长，他家阳台上的花卉盆栽也就多了起来，宛若一个微型苗圃。兰花是他的最爱，也是家里数量最多的一类植物，蝴蝶兰、春兰等，加起来有五六盆。还有不少花草，陈敬熊也说不出其“姓甚名谁”，反正他就是存着一个心念：别糟蹋了这些花，人家送来了，就要好生养着，养到枝繁叶茂才好呢。

花开四季，姹紫嫣红，虽令人赏心悦目，可养花也非易事，绝对是一项技

陈敬熊精心浇灌花草

术活。为了养好这些宝贝，陈敬熊不但自己琢磨，还不耻下问，常向单位大院里的园丁讨教经验。慢慢地，他掌握了其中的要领。凡是到过陈敬熊家的人，都会被他家阳台上郁郁葱葱的各式花草所吸引，羡慕之余，大多会向他求教养花的诀窍。“这个东西不要加好多肥料，勤浇水是关键，但是浇水要有规律。”他总是先卖个关子，然后再细细解释，“一定要干透、浇透。不要今天浇一点，明天浇一点，那不行。得干透以后再浇，一个星期差不多浇一次就可以了。”观赏着这些争奇斗艳的绿叶红花，陈敬熊心旷神怡，这也算是他晚年生活的一大收获吧。

钱钟书先生曾发出如此感叹：“这个世界给人弄得混乱颠倒，到处是摩擦冲突，只有两件最和谐的事物总算是人造的：音乐和烹调。”的确，音乐如同心灵体操，在给人以美的享受的同时，还有怡情修身的特殊功效；烹调不仅能让味蕾感受珍馐美味，其整个过程更能使人体会到生活的情趣。这两者正是陈敬熊闲暇之余喜欢做的事情。

他喜爱幽雅抒情的歌曲，是“金嗓子”周璇和“一代歌后”邓丽君的粉丝。尽管这两位歌星生活在不同的年代，但她们有着共同的特点：音色柔美，婉转动听。特别是邓丽君的那一曲《何日君再来》，每一个音符、每一段歌词，都能让陈敬熊眼前浮现出中学时代师生同仇敌忾、共赴国难的那段峥嵘岁月。陈敬熊至今还珍藏着邓丽君的不少磁带。

陈敬熊爱看书，但也非一天到晚捧着书卷不释手。阅读间隙，他时常看看电视剧，舒缓一下。电视连续剧《三国演义》是他的最爱。说来有趣，当有人问起《三国演义》里他印象最深的剧情时，他的回答竟是片中的主题曲《滚滚长江东逝水》与片尾曲《历史的天空》。这两首歌曲气势恢宏，尤其是《滚滚长江东逝水》的歌词取自明代大儒杨慎的词作《临江仙》，它也是罗贯中《三国演义》的开篇词，意境深远的文字配上格调古雅的音乐，再经著名男中音歌唱家杨洪基的歌声诠释，令陈敬熊一曲难忘。至于毛阿敏的那首《历史的天空》，不单单是歌曲朗朗上口，更因为毛阿敏是上海的女儿，在黄浦江边长大的陈敬熊听了她的歌，悄然多了几分乡思。

若说音乐是精神食粮，那么与烹调有关的物质食粮，也是陈敬熊津津乐道的话题。他不仅爱吃鱼，更是烹鱼的高手，清蒸、红烧无所不精。但从个人角度而言，陈敬熊并不主张清蒸的做法，倒不是他口味重，而是清蒸鱼一旦出锅就得趁热动筷，且最好一顿“扫光”，若搁到下一顿吃，那“色、香、味”就会逊色不少。陈敬熊与老伴年事已高，要一顿吃完一整条鱼，对老两口来说还真是个不小的“挑战”。所以，他更偏好红烧鱼，一餐吃不完，放在冰箱里，下顿热一热还依旧可口。

屈指算来，陈敬熊做鱼的历史有十余年了。也就是说，他从八十岁高龄那时起开始学习烧鱼，这真是应了那句“活到老，学到老”的俗语。虽然烧鱼的资历算不得深厚，可陈敬熊对自己的手艺却是信心满满，“我烧鱼有一套”。起初，他总爱在红烧鱼里放点辣椒，一来除腥增味，他喜欢那鲜中带辣的浓郁味道；二来菜肴的色彩也因此丰富起来。看着红红的辣椒点缀其中，总令他食欲大增，只是多食辣椒易上火，且浓油赤酱也不利健康。因而近些年来，陈敬熊做红烧鱼时，尽量少放或不放辣椒，并尽可能少油低盐，做到清淡适口。

“没有文学的生活是死的，这是至理。文学陶冶情操，增加生活乐趣，犹如呼吸新鲜空气，不仅能消除疲劳，且有时能引出灵感来，有助于工作中出现的问题的解决……”不要以为这段清新的文字出自哪位文人骚客之手，它恰恰是从陈敬熊的一篇自述里摘录下来的。别看陈敬熊是理工科出身，他的古文功底丝毫不输于中文专业的人，而且他在古体诗方面还有自己独到的见解。盛唐诗人中尤以“李杜”（李白和杜甫）闻名。陈敬熊虽赞赏杜甫诗作的工整对仗，却更偏爱李白的诗。他认为李白的诗篇大气磅礴，飘逸洒脱，极富灵性。“我喜欢李白的诗，也喜欢韩愈的散文。”每当与人谈论中国古典文学时，陈敬熊总是那样兴致勃勃。在他看来，古典文学蕴含着修身齐家的哲理，既能陶冶性情，也教会人们很多做人的道理。特别是在工作劳累的时候，念念诗文，不啻为消除疲劳的最佳办法。直到现在，九十有余的陈敬熊还能整段整段地背诵名篇佳段。

“《祭十二郎文》你会背吗？”这不，陈敬熊张口就能吟诵韩愈的名篇。《祭十二郎文》是韩愈诸多抒情散文中的佼佼者，历来被誉为“祭文中的千年绝调”。在普通人眼里，这篇近 1300 字的散文且不说背诵，单是从头至尾地念上一遍也觉得费力。可是，陈敬熊却能操着带有浓浓江南韵味的普通话，抑扬顿挫地把文章的开篇部分一字不差地背出，不禁引起旁人的由衷赞叹。“以前我还背得出全文，现在都忘得差不多了。”陈敬熊对于他人的夸赞，一向谦逊有加。

文学是通往心灵的时空隧道，而时政新闻则是通向社会、了解社会的桥梁。陈敬熊因为年龄的关系，现在已经很少出远门了，但他仍是“家事、国事、天下事，事事关心”，每天要阅读《参考消息》《中国日报》等报纸、杂志，要观看央视、凤凰卫视的新闻节目，其资讯信息的更新速度丝毫不输给年轻人。“养老制度改革”“高校去行政化”“嫦娥工程”等，聊起这些社会上的热门话题，陈敬熊信手拈来，滔滔不绝。

谈起二院近年来的发展，陈敬熊（左一）在二院副院长全春来（右一）面前竖起了大拇指（左二为二十三所原党委书记周吉祥）

2011年，陈敬熊（右）与二十三所所长金立亮讨论航天专业人才队伍建设大计

2011年，二十三所党委书记袁建中向陈敬熊（左）介绍二十三所近年来的发展情况

从养花到烹饪，从音乐到文学，要说这是陈敬熊全部的爱好，那还不尽然。他还有一大爱好，那就是体育。作为一个体育爱好者，陈敬熊除了长年坚持跑步、健走之外，还热衷欣赏球类比赛，比如乒乓球、羽毛球、网球、足球、篮球、排球等。以陈敬熊现在最喜欢的篮球来说，一提起当今中国篮坛的代表人物，陈敬熊就如数家珍：“我觉得中国篮球的发展还是大有希望。关键问题是怎样培养新人。像姚明没话讲的，那是大个子，二米二六的大个子，还是美国 NBA 的明星，了不起。除了姚明之外，易

陈敬熊（右一）参加政治学习

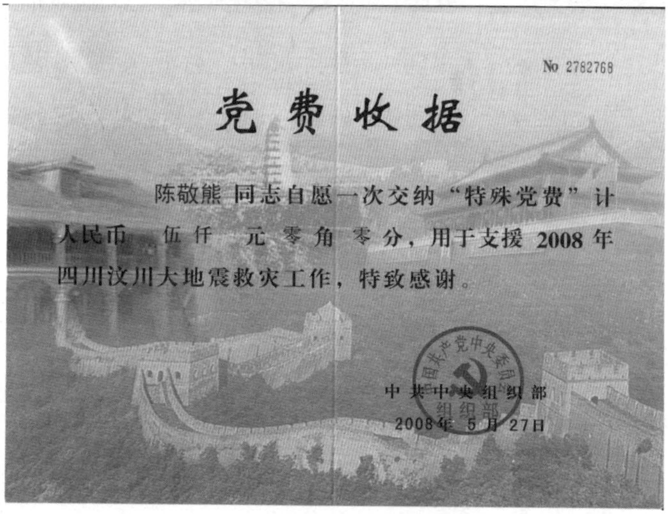

No 2782768

党费收据

陈敬熊 同志自愿一次交纳“特殊党费”计人民币 伍仟 元零角零分，用于支援 2008 年四川汶川大地震救灾工作，特致感谢。

中共中央组织部
2008年 5月27日

中共中央组织部出具的“特殊党费”收据

建联也不错。现在又出来一个新人，美籍华人林书豪，在篮球队里他的个子并不高，一米九一，但的确是凭着实力闯入 NBA 的，很厉害。”

比起乒乓球、羽毛球，中国足球、篮球、排球的竞技水准还不尽如人意，尤其是足球水平令陈敬熊大失所望。陈敬熊认为“我们现在的足球水平属于世界三流”。谈起足球，陈敬熊自然联想起 20 世纪二三十年代的“亚洲球王”李惠堂。李惠堂是那个年代叱咤中国足坛的风云人物，当年在民间流传着这样一句话：“看戏要看梅兰芳，看球要看李惠堂。”足见人们对他的推崇与喜爱。李惠堂也是陈敬熊年少时崇拜的偶像，“香港南华队的李惠堂是中国最厉害的足球运动员”，陈敬熊迄今还记得李惠堂所属的球队，更让他佩服的是李惠堂率队参加 1936 年柏林奥运会之事。那时的中国积贫积弱，国民政府无力资助中国足球走向世界。为了赴柏林参赛，李惠堂与队友提前两个多月出发，沿途进行了27场比赛，将门票收入作为参加奥运会的费用。他们省吃俭用，一路风尘赶到柏林。但因连日征战，李惠堂等疲惫不堪。在正式比赛时，终以0比2负于英国国奥队，首轮即遭淘汰。“虽然输了，可我很敬佩他们的敬业精神。现在的中国足球也需要这样的敬业精神。”“这‘三大球’（足球、篮球、排球）应当总体地抓，我觉得它们的希望还是很大，关键问题是看怎样培养新人。”“老骥伏枥，志在千里”，鲐背之年的陈敬熊期冀着中国的“三大球”水平跻身世界前列。这应该也是这位世纪老人“中国梦”的一部分吧。

3. 两桩未了的心愿

半个多世纪以来，陈敬熊在电磁场、微波天线和制导雷达领域可谓建功卓著。他数十年如一日，在科研一线兢兢业业，任劳任怨，为祖国的国防科技事业做出了杰出贡献，得到了国内外同行的一致肯定和赞誉。1995年5月，陈敬熊当选中国工程院院士，当之无愧。回望自己在航天科技战线上所付出的辛劳、遭遇的挫折与收获的成功，陈敬熊感慨万千。尽管为科研攻关，他彻夜不眠，黑发熬成白头；尽管为产品研发，他一头扎进试制现场，与家人聚少离多，但都无怨无悔。如果说还有什么遗憾的话，那就是在陈敬熊退休前后，有关部门委托他进行的两项科研工作由于种种因素，半途而废。每每谈及此事，陈敬熊总是流露出遗憾的神情。这成了他两桩未了的心愿。

20世纪80年代中期，航天二院总体部开展“高能电磁脉冲对电子设备损伤机理研究”，临近退休的陈敬熊受邀加入到研究团队之中。他的主要工作是从电磁场的角度，对电磁脉冲理论进行分析论证，为试验提供理论依据。电磁脉冲是一种突发的、宽带电磁辐射的高强度脉冲。由于这种电磁脉冲对于电子设备极具毁伤性，从20世纪80年代初期起，电磁脉冲毁伤就受到了世界各国军

阅读、思考、钻研，陈敬熊一直关注着数学理论的发展

事家们的关注。可以说，陈敬熊领受的这一任务也源自于此。

对于年近花甲的陈敬熊来讲，研究电磁脉冲理论是一项全新的工作，但他并未感觉压力重重。用陈敬熊的话来说就是“我比较喜欢新的工作”，换言之，他喜欢具有挑战性的工作。具体而言，陈敬熊就是要从理论上推导出电磁脉冲究竟要使用多宽的脉冲、多大的功率，才可以破坏诸如雷达等仪器设备。经过半年多时间的艰苦探索，陈敬熊基本攻克了电磁脉冲技术难题。“这个问题其实有很多方面牵扯到数学原理。假如你的数学基本功不扎实，这项工作就干不了。”钟爱数学的陈敬熊真是“三句话不离本行”。他后来还亲自参与了相关试验。

很可惜，1988 年陈敬熊办理退休手续后，接下去的试验验证工作就未曾参加。不过，他的阶段性研究成果并没有因此遭废弃。1993 年，陈敬熊和谢良贵共同撰写了 *Discussion on Electromagnetic*

Missile 一文，从数学角度阐述了电磁毁伤的机理，并且严格证明了其全空间内的辐射功率是受限的。

退休是人生的一个重大转折，尤其对长年奋战在国防科技最前沿的陈敬熊来说，这更是意味着今后的生活将失去许多“实战”的机会。然而，机遇总是青睐那些有准备的人。才赋闲在家没多久，陈敬熊便接受了二院二十五所所长夏国洪的邀请，从事地下异物探测的理论研究。所谓地下异物探测，即利用无线电波探测浅层地表下的异物（如地雷之类）。这项技术早在第二次世界大战时期即被广泛应用，可是这个看似简单的问题在实际运用中却遇到一个难以突破的瓶颈：向地面发射无线电波后，如果地面下有异物，一部分信号就会被反射回来。但由于杂波的干扰（如发射机设备对接收机的干扰），给提取这个反射信号增加了困难，使得地下异物探测结果的准确性大打折扣。要减少干扰信号不是难事，只需给仪器设定一个角度之后，杂波就能被压下去，但这其中的原理却一直未能揭开。于是，陈敬熊被聘请到了二十五所，要从理论层面解释清楚降噪的原理。当时，协助他工作的是二十五所的董乃涵。陈敬熊负责理论分析，董乃涵则依据分析结果进行试验。就这样，理论分析与试验验证前前后后进行了好多个回合，终于弄明白了消阻干扰信号的原理所在。

根据电磁波原理，陈敬熊找到一种称之为“极化分集”的技术。其基本原理是：通过极化分解，使发射机溢漏至接收机信号的极化与接收机能接收信号的极化成正交，从而使发射机发射的信号不会直接被接收机接收到。地下异物的反射信号一般两种极化都存在，因而可以被接收机接收到。运用此项技术，使各种形状的异物，包括长角环、圆盘等在一系列试验中均清晰可见。

事实上，陈敬熊在二十五所进行的地下异物探测研究是一项军事科研项目，后来出于多种因素，该项目被终止了。

退休前后的这两项工作虽然不是陈敬熊的本职，但他可谓尽心尽力，全力以赴。尽管这是两桩未了的心愿，但陈敬熊依然谦虚地说："想起电视上介绍的那些离退休老同志，他们为人民发挥余热的事迹让我有些汗颜自愧，我应当向他们好好学习，多做些工作。"

1995年5月，陈敬熊当选中国工程院院士之后，按照政策规定，7月26日，中国航天工业总公司发文告知二院先行暂缓陈敬熊退休的决定，要求从评上院士之日起重新恢复工作。虽然此时，陈敬熊由于年龄和体力的关系，已很少参与具体工作，但他无论如何也割舍不了这份科研情怀。陈敬熊是个闲不住的人，他把主要的时间和精力集中到自己最钟爱的数学方面，也受聘担任了中国航天科工集团公司科技委顾问、航天二院二十三所科技委高级顾问、《电子学报》《航天学报》编委等职，参加各类国防重点型号的方案论证和评审工作；参与雷达任务的投标工作并对雷达技术发展积极建言献策；

2001年，陈敬熊参加某被动式雷达投标会后，同与会代表合影

参加各类学术活动，推动学术交流。2011 年，陈敬熊向中国航天科工集团公司总经理许达哲写信，对技术发展提出建议，并强调要注意基础研究和人才培养工作。为此，中国航天科工集团公司副总经理高红卫受总经理许达哲的委托，专程登门拜访陈敬熊，当面向他征求意见。

陈敬熊为国家的航天事业发展竭尽所能地发挥余热，不停地书写着属于自己的学术人生。

4. 与数学的“不了情”

抛开从事了几十年的专业工作不谈，陈敬熊最属意的还是数学。正如前文提及的，学生时代的陈敬熊就已是数学尖子，寻常的数学题已经满足不了他的解题欲望，大哥陈敬亚搜罗来的那些怪、难、偏的题目，反倒使他如获至宝。陈敬熊有时在课堂上提出某些深奥的数学问题，不但难倒了老师，还为此遭受了学校不公正的处罚。后来虽然出于职业生涯规划的考虑，他报考大学时并未选择数学专业，但那份对数学的热爱却从未泯灭。20 世纪 90 年代以后，由于年龄关系，陈敬熊逐渐从一线科研岗位上功成身退，但凭借着与数学那份割舍不断的“情缘”，他又开始在数字与符号的海洋里尽情遨游。

数学是一门古老而又广博的学科，其分支众多，而应用数学可以说是数学皇冠上的一颗璀璨明珠，

正在思索解题之道的陈敬熊

它着眼于利用数学模型解决实际问题，是现代科技发展的重要基石和强大后盾。多少年来，应用数学一直是陈敬熊的兴趣点所在，尤其在矩阵运算方面，他颇有心得。

学过高等数学的应该都知道，矩阵是数学中最重要的基本概念之一，也是线性代数的核心，常见于统计分析等应用数学之中，使用范围十分广泛。因此，退居二线后，陈敬熊就选择矩阵研究作为主攻对象。兵法云："知己知彼，百战不殆。"钻研学问亦是同理。陈敬熊在阅读了国内外大量有关矩阵的文献之后，受到较大启发。但凭借多年在数学知识方面的积累，他总觉得这些文献似乎更偏向于理论性描述，而在逆矩阵、矩阵函数求根等一些具有重大应用价值的理论问题探讨方面，似乎稍逊一筹。

陈敬熊是一个不迷信权威的人。书里语焉不详，他就自己动手推导，利用看似简单的矩阵恒等式证明了最具代表性的复杂矩阵恒等式。此外，在矩阵函数求根问题上，如逆矩阵、矩阵开方等方面，陈敬熊也得到一些尚未见诸文献的迭代表达式。特别在求解逆矩阵运算中，他一改诸多文献所提及的传统方法，采用著名的适合于处理非线性问题的牛顿法，完整地解出了迭代方程，结果发现其表达式极为简洁，从中能够清晰地发现它与矩阵本身、迭代次数以及初始值之间的明确关系。

陈敬熊还将牛顿非线性函数求根法扩展至多变量非线性函数。不仅如此，他还用自行研究出来的方法，为一般线性积分方程式提供了一种新解法；在非线性常微分方程方面，他完整地得出某一经典问题的解；在不等式理论方面，他扩大了明可夫斯基公式，由一般不等式形式扩展至积分不等式形式。

打开陈敬熊的书柜，各种各样的数学书籍塞得满满当当。为了更好地研究数学问题，前两年他专程到书店去买回了《矩阵迭代分析》《无约束最优化与非线性方程的数值方法》《模型参数估计的反问题理论与方法》等5本厚厚的数学专著。徜徉在数学的题海之中，陈敬熊乐此不疲。他每天都会抽出时间一边看书，一边不停地在草稿纸上圈圈画画。在他的笔记本上，密密麻麻地记录着他的阅读心得和一连串新发现。陈敬熊研读的这些书在一般人看来都无比艰涩，但对他来说却好似珍馐美馔，每当从阅读中有所斩获，他那种开心的心情就"没办法用言语来表达"。近来，他推导出一套"高阶矩阵求逆"公式，为快速高效地求解高阶矩阵的逆寻找到了新的途径。

当然，"冰冻三尺非一日之寒"。陈敬熊醉心于数学研究也不是始自近十来年，他的侄子陈一雄记得，早在20世纪五六十年代，二叔已是不折不扣的"数学达人"。"我叔叔每次从北京回上海休假的时候，都住在我奶奶这里。他第一天到家，第二天肯定到福州路的外文书店去。我当时也在奶奶家生活，好几次他都是带着我一起去的。叔叔到外文书店就是为了买与数学有关的原版书籍。”陈一雄后来到大连上大学。某次，陈敬熊正巧到大连休养，住在南山招待所。听闻此讯，陈一雄就兴冲冲地前往招待所探望二叔。当他走进二叔所住的房间时，那张铺满数学书和草稿纸的写字台，让陈一雄至今难以忘却。无论陈敬熊身在何方，数学可以说都是与他形影不离的好伙伴。

有好奇者曾问陈敬熊，为何如此钟爱数学？陈敬熊自幼就对数学感兴趣当然是最基本的原因，但还远不止于此，他还把数学视作攻克电磁场、天线、雷达等通信领域研究难题的一把利刃。“我认为干我们这一行，数学理论水平还得提高。不要认为我们是搞工程的，数学可有可无，实际上完全不是那么一回事。数学是一门逻辑性非常强的学问，直接用处谈不上，但它是基本功。”陈敬熊的这番话是他几十年科研工作的经验之谈，“我觉得工程技术人员容易凭经验和技巧做事，时间长了，可能放松对数学基础理论的积累，渐渐地变成了实验员、程序员、协调员、百事通等，当然如果你的人生定位就是如此，也无可厚非；如果你仍然有科技创新的愿望，数学基础理论积累就不可缺少；而且我国数学基础理论研究对应用的贡献太少，学界和应用方面多有微词。我们在做研究的时候，不仅要有刻苦钻研的精神，而且还要将眼光看得远一点，打好基础反而可以事半功倍，这一点很关键。”由此可见，学以致用、触类旁通才是陈敬熊痴迷于数学的又一重要原因。

“我退休以后，给自己定了一个目标，就是基础工作不能停。”陈敬熊口中的“基础工作”即是数学研究。为了将相控阵天线和微带天线的理论研究推导方法系统化，他在晚年仍反复阅读苏联列斯铁尔尼克和索伯列夫撰写的《泛函数分析概要》，以及加拿大欧文、克雷斯齐格所著的《泛函数导论与应用》等数学专著，运用数学知识来解决天线工程中的理论问题。比如，他在设计卫星通信地面站天线中提出了一套独特的、在实践中行之有效的降低天线副瓣的公式，同时还将香农采样定理应用于天线方向图的计算，其效果明显优于其他方法。

每个人心目中都有自己的英雄。陈敬熊在数学领域最崇拜的人非牛顿莫属。普通人对牛顿的印象大多停留于那个妇孺皆知的“牛顿与苹果”的故事。坐在苹果树下的牛顿被一个从树上落下来的苹果砸中了脑袋，这一下让这位科学伟人意外地发现了万有引力定律。可是，大多数人并不了解牛顿还是历史上最伟大的数学家之一。他发现了二项式定理；创立了微积分学；运用极坐标，发展了三次曲线理论；推进方程论，开拓变分法。陈敬熊对此了如指掌。“牛顿这个人了不起，他是力学家、数学家，他得出了方程的根与其判别式之间的关系，第一个提出可以利用方程系数确定方程根之幂的和数。牛顿在数学理论、应用数学、机械数学方面做出了很大贡献。”谈到自己的偶像，陈敬熊总是这般娓娓道来。

拥有兴趣爱好是人之常情，但一个人能将一份年幼时的兴趣保持 70 余年，且随着岁月的变迁，这份爱好非但没有消退，反而与日俱增，这不能不说是奇迹。陈敬熊与数学的“不了情”就是这样一种奇迹，且这种对数学的执着热爱非常人可以理解。

或许德国数学家赫尔曼·韦尔的一席话能够从专业人士的角度来诠释陈敬熊与数学的深深“情缘”:“数学是一种精神，一种理性的精神。正是这种精神，激发、促进、鼓舞并驱使人类的思维得以运用到最完善的程度，亦正是这种精神，试图决定性地影响人类的物质、道德和社会生活，试图回答有关人类自身存在提出的问题，努力去理解和控制自然，尽力去探求和确立已经获得知识的最深刻的和最完美的内涵。”

现如今，陈敬熊仍然在奇妙的数学王国里畅游，每日研究数学原理、推导公式，乐此不疲，“我觉得这样的研究再做 5 年也没有问题”，这位耄耋老人对自己信心满满，他与数学的这份“不了情”还将续写下去……

陈敬熊夫妇与二十三所职工、研究生在一起

陈敬熊大事年表

1921年

10月16日，出生于浙江省镇海县西管乡压赛堰村（今属宁波市江北区甬江街道）。

1928年　7岁

6月，入镇海县竞时私塾接受启蒙教育，学习国文、算术等。

1935年　14岁

8月，以总分第一名的优异成绩，跳级考入宁波市立四眼碶小学，直接就读该校二年级，开始接受正规的学校教育。

1936年　15岁

7月，高小毕业，考入鄞县私立正始初级中学（今宁波市鄞州区正始中学）。

1937年　16岁

9月，宁波遭日机轰炸，停学在家。后举家至慈溪山中避难。

1938年　17岁

5月，随全家迁居上海公共租界，随后转学至宁波效实中学上海分校，入读初中二年级。

1940年　19岁

7月，从宁波效实中学上海分校初中部毕业。

9月，考入上海私立育德中学高中部。

1941年　20岁

12月，太平洋战争爆发，公共租界沦陷，育德中学停办，休学在家自学。

1942 年　21 岁

转学至上海私立致远中学高中部。

1943 年　22 岁

9 月，考入上海大同大学电机系学习。

1947 年　26 岁

7 月，从上海大同大学毕业。

考取交通部电信总局实习生，被分配至第二区（苏浙皖）电信管理局长途电话工务处。期间，在南京电信局长途电话训练班接受为期四个月的业务训练。

1948 年　27 岁

3 月，被派至浙江省电话局杭州电信局机务站实习。

9 月，考入国立交通大学电信研究所，攻读硕士研究生。

1949 年　28 岁

在导师张钟俊和陈季丹的指导下撰写毕业论文——《有间隙的圆锥振子天线》。

1950 年　29 岁

7 月，交通大学电信研究所研究生毕业，进入华东邮电管理局工作，担任技术员。

9 月，调入邮电部电信科学研究所，在天线组从事通信天线理论研究工作。

1952 年　31 岁

在《无线电》杂志上发表参加工作后撰写的第一篇论文《垂直赫兹振子的电波在平地上的传播》。

1953 年　32 岁

任军委通信部电信技术研究所工会主席。

1954 年　33 岁

10月，任十级助理研究员。

对架于贴近地面或埋入地下军用短波天线及天线传播的理论进行研究，解决了特种天线一系列关键问题。

1955年　34岁

11月，与军委通信部电信技术研究所职工业余学校教员常菊芳结婚。

12月，晋升九级副研究员。

1956年　35岁

9月，女儿陈适雷出生。

12月，晋升五级副研究员。

1957年　36岁

7月，受聘于北京大学物理系，为该系无线电班讲授“天线设计与电磁场理论”，为期一学年。

11月16日，调入国防部第五研究院二分院。

12月，担任二分院第十研究室（天线、电波研究室）102工程组组长。

1958年　37岁

7月，二分院第十研究室等部门重组为第五专业设计部，调入该部天线设计研究室工作。

1959年　38岁

5月，儿子陈互雄出生。

在研究导弹上电磁波绕射问题的过程中，在国际上首先提出Maxwell方程直接求解法。

1960年　39岁

1月，受到二分院表彰，荣立三等功。

3月，二分院第五设计部撤销，成立试验处，调入试验处天线室工作。

10月，参加五院九级以上技术骨干座谈会，受到聂荣臻副总理接见。

11月28日，被任命为“老老红旗一号”控制系统天线主管副设计师。

1961年　40岁

1月5日，出席周恩来总理在人民大会堂举办的宴会。

4月1日，被任命为国防部第五研究院二分院试验处工程师。

在二分院最早提出并成功实践“师傅带徒弟”的青年人才培养模式。

1962年　41岁

2月，当选五院科学技术委员会委员。

3月30日，被任命为国防部第五研究院二分院第三设计部副主任。

1963年　42岁

6月29日，参加中国人民解放军，被授予少校军衔。

12月5日，晋升四级副研究员。

1964年　43岁

开展红旗一号地空导弹地面制导雷达测角、测距回路分析，为后续型号设计打下技术基础。

1965年　44岁

6月，任第七机械工业部第二研究院二十三所副所长。

7月，由钱学森指派，率领天线攻关小组赴西安786厂，解决“红旗一号”制导雷达天线系统误差超差问题。

1966年　45岁

1月，带领攻关小组成功解决“红旗一号”制导雷达天线系统误差超差问题。

1970年　49岁

6月，赴天津参加某工程会战，任会战办公室技术组副组长。

参与确定“715”雷达设计方案，指导分系统关键技术攻关。计算出脉冲压缩片尺寸，试验成功后做出实物。用特殊方法计算“#”字形带状移相器取得成功。

研究了采用波导辐射单元的相控阵天线的“盲点”问题，提出了解决互耦匹配的方法。

1971年　50岁

3月，参加“715”雷达小面阵研制工作。

1972年　51岁

3月，到位于河南正阳的二院“五七”干校参加劳动。

10月，结束干校劳动，回到北京。

1973年　52岁

参与“715”雷达室内角回路的试验工作。

1976年　55岁

4月，赴某基地参加试验，代表研制方向部队移交“101”单脉冲雷达设备。

1977年　56岁

10月，被北京市委授予“北京市科学技术先进工作者”荣誉称号。

1978年　57岁

1月，当选北京市第五届政协委员。

3月18日，参加全国科学大会。所在的二院二十三所研制的“101”单脉冲雷达获得科学大会成果奖。

10月，恢复副研究员职称。

当选北京市电子学会副会长。

1979年　58岁

12月26日，由叶建华、苏恩惠同志介绍加入中国共产党。

与徐燕生合作完成的成果《关于含有圆周切线方向磁化铁氧体波导中电磁波的理论研究》，荣获1978~1979年度国防科委重大科技成果二等奖。

受聘为北京航空学院兼职教授。

1980年 59岁

4月，赴加拿大魁北克参加第十届“天线与传播”国际年会，宣读《金属抛物柱面上天线的边值问题》等两篇论文。

9月，晋升研究员。

10月，由技术四级升为技术三级。

主持对“102”试验小面阵雷达鉴定。

担任中国电子学会天线专业委员会副主任委员、中国电子学会理事、中国宇航学会第一届理事。

论文《相控阵天线的“盲点”问题》获得中国人民解放军国防科学技术委员会颁发的二等奖。

1981年 60岁

8月，担任第七机械工业部第二研究院第一届科学技术委员会委员。

1982年 61岁

9月，招收电磁场与微波技术专业硕士研究生罗晓秋。

1983年 62岁

4月，赴美国休斯敦参加第十三届“天线与电磁理论”国际年会，并宣读论文《相控阵天线的“盲点”问题》等两篇论文。

6月，被任命为航天工业部第二研究院科技委员会常委。

9月，赴武汉参加中国电子学会天线专业委员会第四届年会。

招收电磁场与微波技术专业硕士研究生陈骊，与王励合作招收信号、电路与系统专业硕士研究生沈江林、黄佳。

赴上海参加中国宇航学会第三届飞行器天线、传播学术会议。

1984年　63岁

4月，参加天线测量技术讨论会。

12月，主持攻关的地空导弹（红旗一号、二号、二号甲）制导站天线关键技术荣获国家发明一等奖，为第一发明人。

1985年　64岁

9月，招收电磁场与微波技术专业硕士研究生程臻。

《天线学报》创刊，受聘担任编委。

1986年　65岁

6月，受聘为北京大学无线电电子学系兼职教授。

10月，《微带天线的理论与实践》论文荣获航天工业部科技进步奖三等奖。

担任《天线学报》副主编、《系统工程与电子技术》编委会副主任。

1987年　66岁

1月，受聘为清华大学无线电电子学系兼职教授。

与李桂生合著的《电磁理论中的直接法与积分方程法》由科学出版社出版，并在德国莱比锡国际书展上展出。

1988年　67岁

6月，担任国家自然科学基金委员会第二届学科评审组成员。

8月，担任《电子学报》编委会委员。

接受二院二十五所聘用，承担用无线电波探测浅层地表下异物的理论研究。

担任欧洲无线电联盟中国组成员。

1989年　68岁

4月，担任国防科技进步奖评审委员会军用电子行业评审组副组长。

9月，被航空航天工业部授予“航天系统科研机构优秀研究生导师”荣誉称号。

1990 年　69 岁

5 月，担任国家自然科学基金委员会第三届电子学学科评审组成员。

1991 年　70 岁

3 月，担任航空航天工业部科学技术委员会委员。

7 月，参加国家自然科学基金委员会信息学部第六次基金评审会。

7 月起享受国务院政府特殊津贴。

9 月，被航空航天工业部批准为“有突出贡献专家”。

1992 年　71 岁

5 月，当选中国电子学会第五届理事会理事。

1994 年　73 岁

12 月，论文《相控阵雷达方向图零点仅相位控制技术》荣获中国航天工业总公司部级科技进步奖三等奖。

1995 年　74 岁

5 月，当选中国工程院院士。

1997 年　76 岁

5 月，前往美国布朗大学参加儿子陈互雄的博士毕业典礼。

1999 年　78 岁

1 月，担任二院第五届学位评定委员会副主席。

8 月，担任中国航天机电集团公司第一届科学技术委员会顾问。

10 月 1 日，受邀在天安门城楼下的观礼台观看国庆 50 周年阅兵仪式。

2000 年　79 岁

11 月 3 日，应邀出席宁波镇海院士风采馆开馆仪式，并为该馆题词“科技创新在于勤奋，在于实践，在于不耻下问”。

2001 年　80 岁

在 304 试验场受到国务院副总理吴邦国接见。

2003 年　82 岁

10 月 29 日，为《科学时报》题词“科技创新靠英才，勤奋执着铸英才”。

2004 年　83 岁

5 月，担任中国航天科工集团公司第二届科学技术委员会顾问。

6 月，出席中国工程院成立十周年大会。

11 月，出席全国大学生电子设计竞赛——2004 嵌入式系统专题邀请赛颁奖典礼。

2005 年　84 岁

12 月，被评为中国航天科工集团第二研究院优秀研究生导师。

2006 年　85 岁

9 月，被授予中国航天事业 50 年“杰出贡献奖”称号。

10 月，接受中国航天科工集团公司中国航天事业 50 年功臣表彰。

担任《系统工程与电子技术》编委会顾问。

2007 年　86 岁

11 月，荣获中国航天二院 50 年突出贡献奖。

2008 年　87 岁

5 月，交纳特殊党费 5000 元，支援四川汶川抗震救灾。

10 月 31 日，作为主席团成员，参加第十届全国雷达学术年会。

12 月 10 日，与夫人常菊芳向北京大学捐赠儿子陈互雄生前 20 万美元的积蓄，设立“陈互雄物理教育基金”。

担任《航天学报》编委会委员。

2009 年　88 岁

4 月，担任中国航天科工集团公司第三届科学技术委员会顾问。

11 月，出席缅怀钱学森的座谈会，并发表纪念文章《钱老——航天人的楷模》。

2010 年　89 岁

10 月，担任《现代防御技术》编委会顾问。

2011 年　90 岁

4 月，被授予上海交通大学“杰出校友卓越成就奖”。

2012 年　91 岁

2 月 21 日，受到中共中央政治局常委李长春接见，并参加集体合影。

3 月 28 日，受到中共中央政治局委员刘延东接见，并参加集体合影。

7 月 2 日，参加北京大学物理学院举行的 2012 年毕业典礼，为获得“陈互雄物理教育基金”的师生颁奖。

2014 年　93 岁

4 月，担任中国航天科工集团公司第四届科学技术委员会顾问。

陈敬熊主要著作目录

[1] 陈敬熊 . 垂直赫兹振子的电波在平地上的传播 . 无线电，1952.

[2] 陈敬熊，李桂生 . 架于地面附近天线性能的研究 . 电子学研究，1957，2：1-55.

[3] 陈敬熊 . 无线电波在球面上传播中的半影区问题——留数级数的求和 . 电子学研究，1957，2：56-64.

[4] 李桂生，陈敬熊 . 长线的折射及其对改变天线方向性的作用 . 电子学研究，1957，2:1-55.

[5] 陈敬熊 . 天线理论中的一个问题 . 电子学研究，1957，12.

[6] 陈敬熊 . 计算在平地面上垂直赫芝偶极子的辐射的新公式 . 电信科学，1958，3.

[7] 陈敬熊，肖明，毛康侯 . 高速飞行器天线的理论与实际（一）. 研究与学习，1963，7

[8] 陈敬熊，毛康侯 . 高速飞行器天线的理论与实际（二）. 研究与学习，1964，8.

[9] 陈敬熊 . 关于离散线性系统中几个问题及在雷达中的应用 . 研究与学习，1964.

[10] 陈敬熊，李桂生 . 金属圆锥体、圆柱体上的边值问题 . 研究与学习，1964.

[11] 陈敬熊，王励 . 离散线性系统理论中的几个问题及其在雷达跟踪系统中的应用 . 中国电子学会雷达专业委员会 . 第二次全国雷达专业学术会议论文选集，1963，12:15-136.

[12] Chen Jingxiong, Mao Kanghou.Bovndary Value Problem of Antennas an the Metallic Parabefic Cylinder.Scientia Sinica, 1978, 11(2):173-192.

[13] 陈敬熊 . 用富利埃变换方法推导两个天线的互相阻抗 . 系统工程与电子技术, 1979, 1.

[14] 陈敬熊 . 相控阵天线的“盲点”问题 . 电子学报, 1979, 6:23-36.

[15] 陈敬熊 . 铁氧体波导中电磁波理论的研究 . 美国磁学杂志 (增刊), 1979, 80.

[16] 陈敬熊 . 各向异性介质自由空间电磁场理论 . 宇航学报 (创刊号), 1979.

[17] 陈敬熊 . 自由空间各向异性媒介中 Maxwell 方程的直接求解 . 宇航学报,1980, 1.

[18] Jingxiong Chen.On Directivity Optimization of the Aperture Antennas, Antennas and Propagation.Los Angoles California, 1980, 2-6:343-344.

[19] 徐燕生 , 陈敬熊 . 关于含有圆周切线方向磁化铁氧体波导中电磁波的理论研究 . 电子学报, 1980, 3.

[20] 陈敬熊 . 三度空间中的半无限大金属板的电流分布问题 . 系统工程与电子技术, 1981, 1.

[21] 陈敬熊 . 有关金属圆柱体绕射问题的新情况 . 宇航学报, 1982, 1.

[22] 陈敬熊 . 金属条周期性结构的电磁散射问题的求解 . 系统工程与电子技术, 1982, 1.

[23] 李桂生 , 陈敬熊 . 导电劈边界三维电磁场的单重积分表示式 . 系统工程与电子技术, 1982, 3.

[24] 陈敬熊 , 张钧 , 刘克成 . 微带天线的理论分析 . 电子学会年会论文集,

1982:402-406.

[25] Jingxiong Chen, Shimin Du.Theory and experiment of Microstrip Antenna.INT IEEE/APS Symposium Houston, 1983, 5:23-26, 39-62.

[26]陈敬熊.水平振子置于有衰耗地面时传播常数的计算与试验. International symposium digest and progagation Vol, 1983, IPP:134—137.

[27]陈敬熊.微带天线谐振点的确定. International Symposion on Ateana and EM theory, 1985.

[28]陈敬熊.平面格栅的理论与试验研究. International Symposion on Ateana and EM theory, 1985.

[29]陈敬熊，都世民.矩形微带天线谐振频率的确定及其在介质测量上的应用.天线学报，1985，1:4-13.

[30]陈敬熊.底馈微带天线的输入阻抗的解析表达式. International Symposion on Ateana and EM theory, 1985.

[31]陈敬熊，姜新发.平面金属栅的理论和实验研究.天线学报，1986，2.

[32]陈敬熊，都世民.底馈矩形微带天线输入阻抗的解析解.天线学报，1986，2:38-48.

[33]陈敬熊.电磁场理论中的某些问题.系统工程与电子技术,1988，1.

[34] Chen Jingxiong. An Alternative Method of Eigen Function Expansion Associate with Second Order Differential Equation in Infinite Domain and it Application.Systems Engineering and Electronics.1990, 1(1):32-36.

[35] Jingxiong Chen, Yansheng Xu.Analysis and Calculation of Radiation Aassegrain Antennas.IEEE Transactions on Antennas and Propagation, 1990, 38(6).

[36] Jingxiong Chen, Guotai Yin.Input Admittance and Current Distribution of Infinitely Long Circular Cylinderical Antenna.Systems Engineering and Electronics, 1991, 2(2):73-81.

[37] Wang weiling, Wang Shijin, Chen Jingxiong. Numerical40. Techniques Used in Noqtling Codes for Dual-Reflector Antenna Pesign and Analysis.Systems Engineering and Electronics, 1993, 4(2):63-74.

[38] Chen Jingxiong, Xie Lianggui.Discussion on Electromagnetic Missile.1993, 4(3):78-84.

[39]赵俊生，陈敬熊．含有多层铁氧体的平面传输线的色散特性分析．系统工程与电子技术，1995，11.

[40]赵俊生，陈敬熊．部分隔离器的网络特性分析．系统工程与电子技术，1996，1.

[41]谢衍，陈敬熊，苗俊刚．K波段微波高光谱辐射计的晴空定标方法．北京航空航天大学学报，2014，4.

[42]谢衍，陈敬熊，苗俊刚．K波段辐射计的超宽带多通道接收机设计与实现．电光与控制，2014，4.

陈敬熊主要科研成果获奖情况

时　间	项目名称	等　级	主要完成人	颁发单位
1979 年	关于含有圆周切线方向磁化铁氧体波导中电磁波的理论研究	国防科委重大科技成果二等奖	徐燕生 陈敬熊	国防科学技术委员会
1980 年	相控阵天线的“盲点”问题	国防科委重大科技成果二等奖	陈敬熊	国防科学技术委员会
1982 年	导电劈边界三维电磁场的单重积分表示式	航天工业部重大科技成果二等奖	李桂生 陈敬熊	航天工业部
1986 年	微带天线的理论与实践	航天工业部科技进步奖三等奖	陈敬熊 都世民	航天工业部
1984 年 12 月	地空导弹(红旗一号、二号、二号甲)制导站天线关键技术	国家发明一等奖	陈敬熊 李桂生	国家科学技术委员会
1994 年 12 月	相控阵雷达方向图零点仅相位控制技术	部级科技进步奖三等奖	陈敬熊	中国航天工业总公司

参考文献

[1]《上海新闻志》编纂委员会[M]. 上海新闻志. 上海：上海社会科学院出版社，2000.

[2]上海市档案馆. 上海租界志[M]. 上海：上海社会科学院出版社，2001.

[3]中国科学技术协会. 中国科学技术专家传略：工程技术编：航天卷2[M]. 北京：中国宇航出版社，2002.

[4]史贵全. 中国近代高等工程教育研究[M]. 上海：上海交通大学出版社，2004.

[5]盛懿，孙萍，欧七斤. 三个世纪的跨越：从南洋公学到上海交通大学[M]. 上海：上海交通大学出版社，2006.

[6]叶永烈. 钱学森[M]. 上海：上海交通大学出版社，2010.

[7]聂力. 山高水长：回忆父亲聂荣臻[M]. 上海：上海文艺出版社，2006.

[8] 苏恩惠. 红旗山上报春花[M]//航天事业三十年. 北京：中国宇航出版社，1986.

[9] 陈辉亭. 中国地空导弹作战部队作战实录[M]. 北京：解放军文艺出版社，2008.

[10] 邱霞. 雷达专家的绮丽人生[J]. 航天，1999(2).

[11] 徐志明，包丹红. 毕生勤铸苍穹剑：记电磁场与微波技术专家陈敬熊院士[J]. 宁波经济(财经视点)，2002(12).

[12] 苏邹. 不求隆隆烈烈也阳光灿烂：中国工程院院士陈敬熊的科学人生[J]. 今日科苑，2004(10).

[13] 陈敬熊. 我的科学人生[J]. 今日科苑，2005(9).

[14] 江雪莹. 鲐背之年的“不老传奇”[N]. 中国航天报，2011-11-17(4).

[15] Chen-To Tai, Dyadic Green’s Functions in Electromagnetic Theory[M]. International Textbook Company, San Francisco, 1971.

后 记

航天事业是一个国家综合国力的重要标志。一部中国航天史就是一代又一代航天工作者，肩负党和人民的重托，满怀为国争光的雄心壮志，团结一心，顽强拼搏，勇于创新，无私奉献的奋斗史。在这部群星闪烁的辉煌诗篇中，航天院士犹如一颗颗最璀璨、最耀眼的恒星，在他们的引领下，中华民族的航天梦正在一步一步地成为现实。由于工作的特殊性，航天院士献身航天事业发展，矢志航天科技进步的奋斗历程与精神风采，长期以来鲜为公众知晓。由此，中国航天科技集团公司、中国航天科工集团公司联合启动《中国航天院士传记丛书》撰写工程，为航天院士著书立传，不啻为一桩功在当代、利在千秋的大事。

《中国航天院士传记丛书》是在中国航天科技集团公司和中国航天科工集团公司统一组织下编写出版的，航天二院负责《陈敬熊院士传记》等9个分卷的组织编写工作，二院院士传记编审委员会办公室负责传记编撰的具体组织工作。

根据《中国航天院士传记丛书》编撰总体要求与实施方案，二院二十三所于2012年12月成立了《陈敬熊院士传记》编写工作领导小组和编写组，所长金立亮担任《陈敬熊院士传记》编写工作领导小组组长，科技委主任鲁耀兵担任副组长，科技委秘书长安洁担任编写组组长，党办副主任徐英淑担任副组长，编写组成员主要由二十三所科技处原副处长苏恩惠、天线室副主任周恩、研究生姚成祥，上海交通大学校史研究室副主任欧七斤，上海市档案馆编研部张姚俊，上海社会科学院院刊张爱华，上海交通大学钱学森图书馆吕成冬等各方专家学者组成。

经过一年多的共同努力，编写组于2014年2月完成《陈敬熊院士传记》初稿，并于3月通过二院院士传记编审委员会办公室组织的初稿审查。随后，根据审查意见进行了多次修改，6月完成初稿修订，并提交二院院士传记编审委员会办公室进行再次审查。依照专家和保密处的审查建议，经进一步修改补充，又经陈敬熊院士亲自审阅，书稿于8月底最终定稿。

作为陈敬熊院士的晚辈，我们有幸参与这一重大出版工程，执笔《陈敬熊院士传记》写作，感到十分荣耀和自豪，同时也因责任重大而忐忑不安。此前，我们对陈敬熊院士的履历和成就略有所知，但仅是流于表面。自接手《陈敬熊院士传记》编撰任务后，我们多次拜访陈院士，聆听他的教诲，还采访了陈院士的亲友、同事等，获取了大量珍贵的口述资料，并查阅了许多档案史料。正是通过亲眼所见、亲耳所闻，我们才真正了解了这位可亲可敬的老人。

陈敬熊出生在浙江镇海，在当地进取开放的地域文化熏陶下，从小就立志学有所成。在旧中国那段战乱频仍、烽火连天的峥嵘岁月里，尽管由于时局动荡而连遭辍学，他却未曾放弃对知识的渴求，凭借持之以恒、孜孜不倦的信念，终于完成了学业。“好男儿志在四方”。青年陈敬熊研究生毕业后不久便放弃了安逸工作，投身新中国电信科技事业，随后又转入航天领域，成为第一代中国航天人。凭着坚韧不拔的意志品质与深厚扎实的学术功底，他在航天事业中找准了自己的人生坐标，实现了学以致用、报效祖国的人生追求，取得了一系列令人瞩目的科研成果，攀上了航天科技的高峰。

至2014年，陈敬熊院士从事航天科研工作已整整57个年头，中国航天事业也走过了半个多世纪波澜壮阔、光辉灿烂的漫漫征程。陈敬熊院士不但亲身见证了航天事业从无到有、由弱及强的不平凡历程，更是将个人理想与祖国需要紧密结合在一起，为之倾注了毕生心血。陈敬熊院士57年如一日，在航天科研战线上辛勤耕耘的人生经历，无疑是对“自力更生、艰苦奋斗、大力协同、无私奉献、严谨务实、勇于攀登”的航天精神的最佳诠释。

陈敬熊院士胸怀全局，淡泊名利，不计得失。为了国家整体利益，将个人利益置之度外；关键时刻顾全大局，勇挑重担，率领团队同舟共济、攻坚克难；不迷信权威，敢于跳出窠臼，以求真务实的态度，坚持探索创新；悉心培育航天英才，甘为人梯。他的崇高境界、人格魅力、胆识魄力和奉献精神着实令我们感动，敬佩之情油然而生。通过撰写《陈敬熊院士传记》，我们收获的是一笔无比宝贵而丰厚的精神财富。

正如科学巨匠牛顿所言："如果说我比别人看得更远些，那是因为我站在了巨人的肩上。"《陈敬熊院士传记》最终得以如约付梓，首功当归于陈敬熊院士学术成长资料采集项目打下的扎实基础。该项目启动于2011年，二院二十三所选拔精兵良将，由二十三所科技委秘书长安洁领衔，组织采集小组，在二十三所老同志苏恩惠的倾力协助下，着手陈敬熊院士学术成长资料的采集与整理。采集小组于2012年12月撰写完成《陈敬熊院士学术成长研究报告》。《陈敬熊院士传记》的基本构思与内容，即源自这本研究报告。

在此，要特别感谢参与陈敬熊院士学术成长资料采集项目的所有工作人员：苏恩惠、余有成、安洁、吴晓兵、姚成祥、周恩、高洪峰、邢涛、肖贤杰、郑忠亮、王冠勇、贺丹、李颖、黄博谦、赵军等。

在《陈敬熊院士传记》编撰过程中，我们还得到了有关方面的鼎力支持与配合。在此，我们谨向为传记编写提供帮助的单位和个人致以最真挚的谢意。

感谢二院科技委、二院院士传记编审委员会办公室和二十三所所领导、科技委、人力资源处、情报（档案）信息中心、党办、所办、保密处等相关单位和领导的关心与支持。

感谢航天档案馆、二院档案馆、上海市档案馆、上海交通大学党史校史研究室、上海交通大学档案馆、上海交通大学钱学森图书馆、浙江省档案馆、宁波市档案馆、南京市档案馆等单位为查阅资料提供的便利。

感谢中国宇航出版社副社长张铁钧为本书顺利出版给予的热情支持与帮助。

感谢谭邦治、孙庚臣、路志忠、王励、黄槐、熊继衮、李桂生、文定、彭润初、毛康侯、蔡庆宇、姜新发、王世锦、秦忠宇、常永生、谢良贵、程臻、匡勇等专家审阅全书并提出中肯的修改意见。

在整个资料采集和传记撰写过程中，陈敬熊院士和常菊芳女士一直给予热情支持。陈院士虽年逾九旬，但老当益壮、精神矍铄、思路敏捷，配合采集与写作小组进行了多次口述访谈，并提供了大量手稿和照片。

本书第一章、第二章由张爱华执笔；第三章至第八章由吕成冬执笔；第九章、第十章由张姚俊执笔并负责全书的文字统稿工作；苏恩惠、周恩、安洁负责全书史料及专业技术方面的统稿和审定；徐英淑参加了部分审定工作；姚成祥、郑忠亮、陈杭等负责资料的收集整理工作。

由于著者水平有限，且时间仓促，书中难免存在疏漏和不当之处，恳请广大读者批评指正。

《陈敬熊院士传记》编写组

2015年1月